I0184650

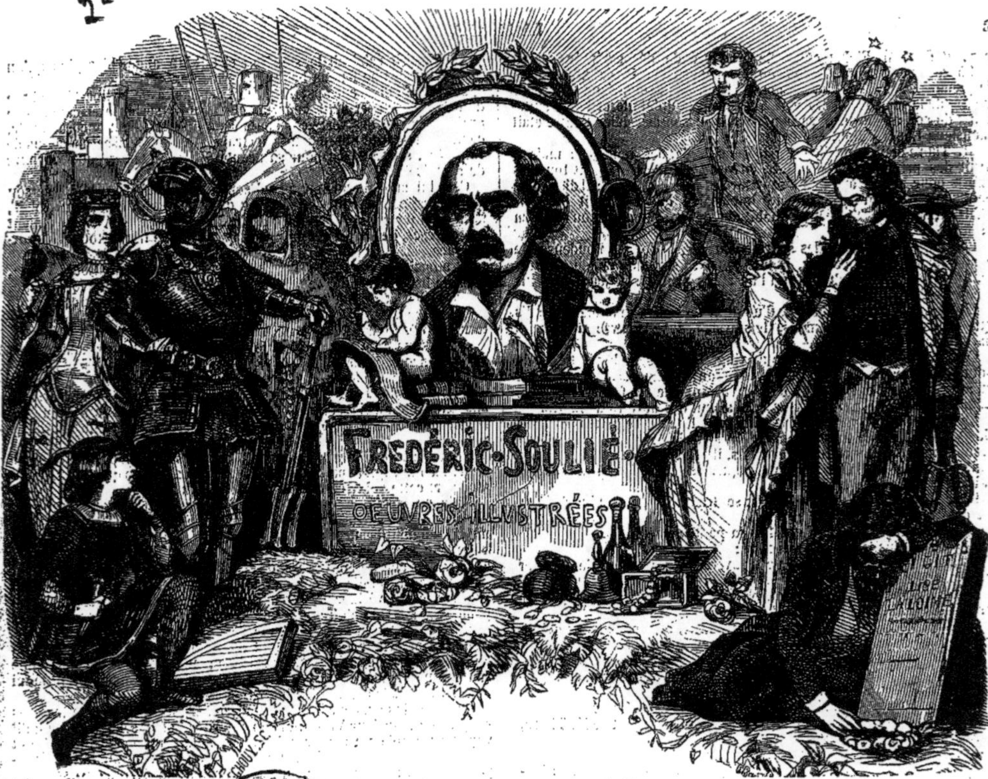

LA COMTESSE DE MONRION.

A LA LIBRAIRIE THÉATRALE,
12, boulevard Saint-Martin.

BIBLIOTHÈQUE IMPÉRIALE

PREMIÈRE PARTIE.

F. Barrias, del.
L. Deghouy, sculp.

LA LIONNE.

I.

LA FAMILLE THORÉ.

Il y a quelques années, on voyait, rue de Paradis-Poissonnière, une enseigne en demi-cercle, accompagnant le contour de la voûte de la porte cochère. Cette enseigne portait ces trois mots :

Magasin de Porcelaines.

En entrant dans la maison, on arrivait à une vaste cour, sur les côtés de laquelle on avait construit des appentis qui ne laissaient au milieu que le passage d'une voiture. Ces appentis, élevés seulement jusqu'à la hauteur du premier étage, étaient complétement vitrés par devant, et laissaient voir les monceaux de porcelaines qui couvraient les tablettes de ces immenses magasins.

— Eh bien! ma chère, qu'as-tu donc à me dire de si important? — Page 3.

On pénétrait dans celui de la gauche par une porte vitrée.

Dans cette énorme cage de verre, il y avait, l'une en face de l'autre, deux cages en fil de fer ; celle qu'on rencontrait d'abord en entrant, contenait un double bureau en chêne et très-élevé, lequel permettait aux commis qui tenaient les écritures de travailler, soit debout, soit perchés sur de hautes chaises à siége tournant. Sur ce bureau à deux pentes, les employés se trouvaient par conséquent face à face.

Au fond de cette enceinte étaient de grands casiers et une caisse en fer qu'aucun *monseigneur* n'eût pu for-

S167

cer, et dont M. Fichet eût défié M. Huré de découvrir le secret.

Là se tenaient, au moment où commence ce récit, deux hommes: le premier, âgé de cinquante ans environ, était monsieur Thoré, le maître de la maison, dont l'aspect respirait la quiétude et le contentement de soi, ainsi que de sa bonne position commerciale; l'autre était monsieur Louis Villon, son commis.

M. Thoré était le meilleur et le plus faible des hommes; mais il avait des principes de conduite en vertu desquels il faisait tous ses efforts pour mentir à la fois à sa nature et à sa personne: il disait que ce n'était que par une sévérité implacable qu'on menait bien les affaires; aussi avait-il pris l'habitude de parler d'un ton bourru et bref.

Ce jour-là, M. Thoré, les sourcils froncés, la bouche boudeuse, le coude appuyé sur le bureau, la tête appuyée sur son coude, examinait des registres que lui passait l'un après l'autre son jeune commis placé en face de lui.

M. Thoré tournait les feuillets d'un geste de mauvaise humeur, tandis que Louis Villon, le commis, le suivait des yeux avec un sourire narquois.

Celui-ci était un jeune homme de vingt-cinq ans, de haute taille, de bonne tournure, mais d'un visage commun, quoique assez beau. Rien qu'à le voir, on eût deviné que c'était là une de ces âmes honnêtes, franches, et qui ne font bon marché d'aucun des devoirs de la vie.

Le patron, ayant parcouru jusqu'au bout l'un des registres qu'il vérifiait, le poussa sur une table avec brusquerie. Au moment où il en prenait un autre des mains du commis, il jeta les yeux sur la seconde petite enceinte en fil d'archal, dans laquelle se trouvaient deux femmes qui le regardaient en souriant.

L'expression de ce sourire eût pu se traduire pour la plus âgée de ces dames par ces mots:

« Allons, voilà mon mari qui fait sa petite comédie. »

Et pour la plus jeune, par ceux-ci:

« Papa aura beau faire, il ne trouvera pas occasion de gronder monsieur Villon. »

Monsieur Thoré surprit sa femme et sa fille l'examinant ainsi d'un air presque railleur, et s'écria d'une voix terrible:

— Eh bien! qu'est-ce que vous faites là?.... Est-ce que vous croyez que c'est en bayant aux corneilles que nous finirons cette balance?

La mère et la fille baissèrent vivement la tête sur les livres de commerce qu'elles compulsaient, tandis que M. Thoré continua, en regardant Louis Villon en face...

— Quant à vous, monsieur, vous prétendez être à jour?

Louis ne baissa pas les yeux devant le regard menaçant de M. Thoré, et répondit d'un ton froid:

— Monsieur peut s'en assurer.

— C'est bon... c'est bon, repartit le patron, et reprenant son inspection: Mais, tenez... Hum!... (et il tourna un feuillet), voilà... (et il tourna un autre feuillet), voilà un report qui... non, le report est juste (il tourna encore un feuillet); et il continua en grommelant, les sourcils froncés, cherchant quelque chose à reprendre sans le trouver, et dépité de ne pouvoir faire une petite scène d'autorité.

Pendant ce temps, les deux femmes avaient repris leur travail, établissant sur des feuilles volantes, par doit et avoir, les comptes des clients de la maison.

La cage où elles se tenaient était juxtaposée au vitrage qui donnait sur la cour; elle était meublée avec une sorte de luxe; les bureaux étaient en palissandre; une épaisse moquette couvrait le plancher, les siéges étaient couverts d'étoffes élégantes, et une petite cheminée à la prussienne ajoutait sa chaleur à celle de l'immense poêle qui chauffait tout le magasin. Indépendamment des bureaux et des casiers qui meublaient cette enceinte, on y voyait un métier à broder et une table à ouvrage qui annonçaient que les occupations de ces dames ne se bornaient pas au travail des écritures.

Madame Thoré était une femme de quarante ans, à qui la tranquillité d'une vie honnête et laborieuse avait laissé presque toute sa beauté. L'âge avait amené l'embonpoint; la figure était empâtée et d'un rose plus que vif, mais aucune ride n'avait sillonné ce visage d'un dessin correct, calme, heureux. La taille n'était plus souple, mais l'ampleur des formes la faisait encore paraître mince; les pieds et les mains étaient restés charmants.

Mille femmes dans le monde passent pour belles et en font état, qui n'eussent pu approcher de madame Thoré; mais il était facile de voir qu'elle n'avait plus aucune prétention au sujet de sa beauté, et elle devait son élégance au soin parfait qu'elle prenait de sa personne, et point du tout à une envie de plaire ou d'être remarquée.

Il était fort heureux pour madame Thoré qu'il en fût ainsi; car si elle avait été de ces coquettes qui usent de leurs avantages jusqu'au dernier lambeau, elle eût trouvé dans sa fille une rivale qu'il eût fallu éloigner, sous peine de la voir intercepter tous les regards et s'emparer de tous les hommages.

En effet, Julie était un rêve de beauté: grande, svelte, souple, elle avait à la fois la majesté d'une reine et la grâce d'une nymphe. Son visage avait cette rectitude de dessin qui trop souvent n'est qu'un beau masque qui cache la nullité de l'esprit et la froideur de l'âme. Chez Julie, au contraire, la pensée habitait le front, la passion animait les yeux, l'esprit éclairait le sourire: c'était un ange, bien plus qu'un ange; c'était une femme belle et charmante.

Julie avait dix-sept ans, et portait cet âge avec la liberté modeste d'un bon esprit et d'un cœur simple et pur; sérieuse et calme, elle avait cependant des vertiges d'enfance qui la faisaient encore courir, comme une petite fille joueuse, à travers les immenses magasins de son père, sans respect pour sa beauté achevée et sa grande tournure de demoiselle.

Cela lui arrivait surtout quand son frère Charles revenait de son atelier, rapportant quelque fleur ou quelque dessin qu'elle lui volait, sans pitié pour la destination qu'il lui avait marquée. Alors, c'étaient des courses, des rires, des cris, un tapage à faire frémir toutes les porcelaines.

Et monsieur et madame Thoré, le nez en l'air, et M. Louis Villon, aussi la bouche béante, regardaient, avec un sentiment de joie inouïe, ces deux beaux grands enfants jouant ensemble; tous deux charmants gais, insoucian s, finissant toujours leur lutte par un franc baiser fraternel, après lequel Charles ne manquait jamais de dire:

— Puisque tu m'as pris ça aujourd'hui, je te le laisse; mais si cela t'arrive encore, je me fâcherai.

Et cela recommençait, et Charles ne se fâchait point.

D'autres fois, Julie semblait pensive, et elle l'était alors avec la même naïveté qu'elle était gaie. A quoi pensait-elle dans ces moments-là? A rien, eût-elle répondu, si on l'eût interrogée; et elle eût dit la vérité.

Seulement ce rien a un nom qu'elle ne savait pas encore; ce rien c'est l'inconnu qui appelle toutes les jeunes âmes sans qu'elles sachent d'où par cette voix, et où elle veut les conduire.

Julie ne s'était encore troublée à la vue de personne, elle ne s'était encore bercée d'aucune espérance, ni préoccupée d'aucun souvenir. Elle aimait beaucoup monsieur Louis Villon, parce que c'était un honnête garçon, qui faisait admirablement les affaires de M. Thoré; mais jamais elle ne riait avec lui.

Lorsque les détails du commerce les obligeaient de collationner des factures ou de vérifier des comptes ensemble, Julie appelait ou répondait d'une voix claire et ferme, comme eût fait un commis avec son collègue, tandis que le jeune homme ne disait pas un mot sans trembler ou s'embrouiller, surtout lorsqu'ils étaient seuls. Julie s'en était-elle aperçue? Cela est probable; mais le trouble du jeune commis ne l'embarrassait nullement; elle n'en éprouvait ni pitié ni ennui: c'était le comble de l'indifférence.

Quelquefois monsieur Thoré faisait remarquer à sa femme les gros soupirs de monsieur Villon, et son regard satisfait semblait dire qu'il voyait avec joie un amour qui lui promettait un gendre honnête et capable, un associé excellent, un successeur qui continuerait la prospérité de la maison Thoré, un héritier dont la fortune personnelle serait un jour considérable.

Mais ordinairement madame Thoré répondait à ces regards confidentiels en secouant doucement la tête. Sans que rien de positif le lui eût appris, elle sentait que le bonheur de sa fille ne pouvait pas être là.

Lorsque M. Thoré voulait savoir les raisons de cette opinion, madame Thoré était fort empêchée de les lui donner.

Comme nous l'avons dit, Julie aimait et estimait monsieur Louis Villon; souvent même elle le défendait courageusement contre les fausses mauvaises humeurs de son père; mais c'était tout: et madame Thoré savait qu'on a dans le cœur autre chose qu'une exacte justice pour celui qu'on se destine en secret. Celui-là, on l'accuse sans raison, comme on le défend sans raison: on lui fait un tort aujourd'hui de ce qu'on lui eût demandé la veille; celui-là on le raille, on le plaint, on le vante, on le dédaigne; celui-là, enfin, on l'aime.

Quelquefois, monsieur Thoré disait qu'il était impossible que Julie n'aimât pas monsieur Villon, à moins, ajoutait-il en attachant sur sa femme un regard qu'il croyait rendre profondément inquisiteur, à moins qu'elle n'aime quelqu'un. Mais Julie n'aimait personne, sa mère l'affirmait, et elle en était sûre.

Cependant, Julie rêvait quelquefois, et lorsque sa mère l'interpellait dans son silence, Julie devenait rouge et disait toujours qu'elle ne rêvait à rien. Sa mère faisait semblant de la croire; elle se gardait bien de la presser de questions. Elle était trop prudente pour risquer de donner un nom et un sens à ces vagues élans d'un jeune esprit et d'un jeune cœur qui sentent que l'heure est venue où une nouvelle vie va s'ouvrir devant eux.

La joie, le calme et la sécurité habitaient donc au milieu de cette famille, et ce bonheur s'accroissait pour M. Thoré, du magnifique résultat de ses affaires de l'année. Cependant, il avait fini l'examen de ses comptes, et il restait plongé dans une profonde méditation; ses traits avaient gardé l'expression menaçante d'un vif mécontentement.

En effet, le brave M. Thoré n'ayant rien trouvé à blâmer, il lui avait été impossible de gronder son commis, et de lui donner une leçon tirée de l'exemple de sa propre manière de gérer les affaires: il était donc mécontent. Louis Villon considérait son patron avec attention depuis que celui-ci avait jeté le dernier registre avec humeur; Julie, ainsi que sa mère, attendaient l'explosion sans trop d'inquiétude, mais avec curiosité.

Tout à coup le visage de M. Thoré s'assombrit, son front se ride, ses sourcils se rapprochent, il relève soudainement la tête, fixe un regard terrible sur Louis et lui dit d'une voix rude :

— Combien gagnez-vous dans ma maison, monsieur ?

Comme Louis, deux petits commis aux courses et deux garçons de magasin, composaient toute la maison commerciale de M. Thoré, le digne négociant savait à merveille la quotité des appointements de M. Villon, cependant celui-ci, fort surpris de la question, lui répondit sur-le-champ :

— Mais, monsieur, je gagne dix-huit cents francs.

— C'est bien, fit M. Thoré, en sortant du bureau, les mains derrière le dos, à la façon de Napoléon : c'est bien, je porte vos appointements à mille écus.

— Ah ! monsieur, c'est trop de bonté, s'écria le jeune homme... et ma reconnaissance...

— Il suffit, dit solennellement le patron... je suis juste. Nous avons quelques personnes à dîner... Si vous voulez être des nôtres... Vous avez le temps d'aller passer un habit.

— C'est trop d'honneur, dit le jeune homme, en rangeant de la façon la plus désordonnée ses plumes et ses registres, et en s'échappant aussitôt du magasin.

Pendant ce temps, M. Thoré était entré dans le bureau de sa femme qui lui serrait la main, tandis que Julie lui sautait au cou en lui disant :

— C'est bien, ce que tu as fait là, papa.

— J'ai été juste, rien que juste..., repartit M. Thoré d'un ton sentencieux. Vous me connaissez : impitoyable, cruel même pour les paresseux et les méchants, grand et généreux pour les bons et les travailleurs... juste... toujours juste...

— Je dis que tu es bon, fit Julie en l'embrassant encore... Je veux que tu dises que tu es bon.

— Allons, allons, dit M. Thoré, vous ne savez ce que vous dites, mademoiselle... Mais je ne veux pas de discussions chez moi... Voilà cinq heures, et il est temps que vous montiez faire votre toilette.

— J'y vais, dit la jeune fille, en s'apprêtant à fermer les registres à l'exemple du commis.

— Va, mon enfant, lui dit madame Thoré, je rangerai tout cela, j'ai à parler à ton père.

Julie s'échappa du magasin en bondissant comme une biche, et monta vivement l'escalier qui menait à l'appartement du premier.

Sur le palier, et près de la fenêtre d'où l'on voyait, à travers le vitrage, dans le magasin qu'elle venait de quitter, elle trouva Louis Villon, la tête basse, et absorbé dans une pensée triste.

— Eh bien ! monsieur Villon, lui dit-elle gaîement, est-ce que vous n'êtes pas content?

— Moi... dit celui-ci en tressaillant... Ah ! votre père a fait pour moi plus que je ne mérite... et je serais bien ingrat si...

— Peut-être cela vous contrarie-t-il de dîner avec nous... et si vous aviez d'autres projets...

— Moi, dit le jeune homme, je n'ai pas de projets, et certes, je me trouve très-honoré et très-heureux de l'invitation de monsieur votre père.

— En ce cas, dépêchez-vous, car vous savez que ni moi ni maman ne sommes longues à notre toilette.

Et Julie entra en chantant dans l'appartement pendant que Louis montait tristement à la chambre haute qu'il occupait : et tout en montant il se demandait pourquoi la pensée lui était venue qu'il serait sage à lui de quitter la maison de M. Thoré.

Comprenait-il donc que le cœur de cette charmante fille, si bonne et si franche, ne devait jamais lui rendre la moindre parcelle de l'amour tout-puissant qu'il éprouvait pour elle?

Cependant M. Thoré était demeuré avec sa femme, et semblait lui demander comment elle s'était permis de disposer de sa personne en le retenant pour lui parler sans l'en avoir averti.

— Eh bien ! ma chère, qu'as-tu donc à me dire de si important ? fit-il en s'essayant comme un roi qui donne audience à un sujet.

— Mais rien de plus important que de savoir qui nous avons à dîner.

— Mais il me semble que tu le sais, puisque tu as fait les invitations.

— Sans doute : j'ai invité M. et madame Boucherat avec leur fille, M. et madame Lampin... Mais est-ce que Charles ne nous amène pas quelqu'un?

— Qui ça, quelqu'un ? dit M. Thoré,

— Eh bien ! son patron, le peintre dans l'atelier duquel il travaille.

— Quel peintre ?

— Hé ! bon Dieu, fit madame Thoré, M. Victor Amab.

— *Pourquoi le demander, puisque vous le savez*, répliqua M. Thoré d'un ton d'Agamemnon.

— Je le demande, dit madame Thoré en haussant doucement les épaules, parce que si je sais quel est le nom et l'état de ce monsieur, je ne le connais pas du tout de sa personne. C'est un artiste; et depuis que Charles a quitté la peinture sur porcelaine pour devenir un peintre d'histoire, je l'entends dire de si drôles de mots, marmotter de si singulières chansons, raconter quelquefois à M. Villon des aventures d'atelier si extravagantes, que j'ai peur de tous ceux qui portent ce nom d'artiste.

— Madame Thoré, je sais qui je dois et qui je puis inviter chez moi, fit M. Thoré en s'approuvant lui-même d'un signe de tête... Je connais personnellement monsieur Victor Amab ; il ne sera point déplacé dans notre société, puisque je l'y invite.

— C'est-à-dire que tu as permis à Charles de l'amener.

— C'est la même chose, ma chère.

— Tu as raison; mais à quel propos ce jeune homme, qui n'est jamais venu chez nous depuis un an que Charles travaille chez lui, à quel propos, dis-je, a-t-il demandé à Charles de nous être présenté ?

— C'est un avantage qu'il eût dû solliciter plus tôt; mais enfin, à tout il y a un commencement.

— Oui, oui... dit madame Thoré, à voix basse, à tout il y a un commencement... enfin !...

— Qu'est-ce que cela veut dire ! fit M. Thoré... Que signifie cet enfin ?...

— Je ne sais... je pensais à autre chose... Je vais m'habiller, et je te conseille d'en faire autant.

Madame Thoré rentra chez elle, triste et mécontente. Cependant rien d'extraordinaire ne s'était passé. Seulement, huit jours avant celui-là, se trouvant en famille dans une seconde loge de l'Opéra, madame Thoré avait vu son fils saluer un jeune homme de l'orchestre. Elle lui demanda quel était ce monsieur. — C'est M. Victor Amab, lui répondit-il.

Madame Thoré regarda mieux de ce côté, et crut s'apercevoir que M. Amab contemplait Julie avec une sorte d'étonnement. Quant à Julie, elle était restée complétement étrangère à cet incident, tout occupée qu'elle était de la scène.

L'acte achevé, madame Thoré voulut savoir si M. Amab les examinerait de nouveau. Mais il disparut aussitôt.

Madame Thoré le croyait parti, lorsqu'en parcourant la salle de l'œil, elle remarqua au fond du couloir du balcon qui lui faisait face, un jeune homme parfaitement élégant et qui ne quittait pas la loge de sa lorgnette. Ce jeune homme était monsieur Amab.

Il vit qu'on le voyait et se détourna; mais, durant tout le reste de la soirée, Victor demeura à cette même place, et, quoiqu'il affectât de ne pas quitter la scène des yeux, madame Thoré surprit plus de vingt fois ses regards attachés sur la loge où elle était.

— As-tu vu le professeur de ton frère ? dit-elle à sa fille, lorsqu'elles furent rentrées.

— Où donc? fit Julie.

— A l'Opéra.

— Charles te l'a montré? reprit la jeune fille.

— Oui. Il était en face de nous.

— J'avais bien autre chose à voir, dit joyeusement Julie; c'est si beau *la Juive !* Ah ! cette pauvre Rachel... trompée !... aussi elle meurt... c'est bien... Oh ! oui, elle fait bien de mourir !

Madame Thoré détourna la pensée de sa fille et de la position de Rachel et de la rencontre de M. Amab, et elle-même n'y pensait plus, lorsque le jour même où commence ce récit, Charles, en partant le matin, apprit à sa mère qu'il avait obtenu de son père la permission d'amener M. Amab à dîner.

Cette présentation, après cette rencontre, alarma madame Thoré, et ce fut pour cela qu'elle essaya de s'informer près de son mari de ce qu'était ce M. Victor Amab; mais à la façon dont M. Thoré lui répondit, elle jugea à propos de ne pas lui faire confidence de ses craintes. M. Thoré en eût fait tout de suite une grosse affaire. Il eût défendu peut-être à sa fille de regarder M. Amab, et n'eût pas manqué, comme font tous les sots pères (pères ou maris) de créer le danger qui n'existait pas.

Quand madame Thoré entra dans sa chambre, elle trouva sa fille qui s'ajustait devant la grande glace de son armoire.

Julie se retourna en entendant venir sa mère, et lui dit gaîment :

— Tu vois que je n'ai pas été longue. Suis-je bien ?

Il y avait tant de grâce, tant d'ingénuité dans cette charmante enfant, et elle était si admirable de beauté et de jeunesse, que madame Thoré s'arrêta un moment à la contempler.

Un mouvement de fierté et de bonheur lui passa dans le cœur; mais presque aussitôt une pensée triste comprima cet élan d'orgueil maternel.

— Allons, viens donc, dit la jeune fille à son tour, que je t'habille, que je te fasse belle.

— Tu me dois bien cela, lui dit sa mère en souriant... car...

— Quoi donc?

— Rien, dit madame Thoré, dépêchons-nous; on va arriver.

Elle ne voulut pas que sa fille pût achever la phrase que lui avaient inspirée ces mots : « Viens, que je te fasse belle, » et auxquels elle avait répondu : « Tu me dois bien cela. » En effet, Julie ne devait-elle pas quelque chose à la mère qui l'avait faite elle-même si belle... belle à étonner sa mère d'admiration, et comme le disait le vieux docteur de la famille, monsieur Janson : belle à faire peur.

L'expression était juste; car bien souvent madame Thoré s'était alarmée de cette perfection; souvent elle s'était dit : que tant de beauté attirerait trop d'hommages autour de Julie, pour que le bonheur de sa vie passât pur et intact au milieu de tant d'adorations.

La toilette de ces dames était à peine achevée que madame Thoré entendit frapper à la porte.

— Qui est là?

— C'est moi, maman, répondit une voix joyeuse et sonore.

— Tu peux entrer.

II. — LE PORTRAIT.

Tout aussitôt parut un beau jeune homme aux cheveux noirs, fièrement campé, l'œil hardiment ouvert, respirant la bonne humeur, la force, le courage. Il embrassa sa mère et passa vers sa sœur... Mais avant de l'embrasser, il tourna autour d'elle, et fit un signe d'approbation.

— Bien chiquée!... très-bien chiquée!...

— Que veut dire ce monsieur? fit Julie en riant.

— Allons, dit Mme Thoré, Charles, laisse là tes mots d'atelier.

— Ça veut dire qu'elle est jolie aujourd'hui comme... toujours...

Et il embrassa sa sœur, lissa du bout du doigt les longs bandeaux de ses blonds cheveux, et lui fit une moue comique en répétant :

— Parfaitement chiquée!

— Ah çà! fit Mme Thoré, quelle heure est-il donc? Est-ce que ton professeur est arrivé avec toi?

— Non pas, fit Charles en passant à sa mère, et en ajustant les boucles de ses cheveux avec un bon sourire heureux... non, il viendra à six heures, heure militaire... Dis donc, mademoiselle ma sœur... sais-tu que maman est plus jolie que toi?

— Voyons, fit sa mère, laisse mes cheveux tranquilles, et réponds-moi.

— Bien chiquée aussi... très-bien chiquée!...

Il embrassa sa mère, et se frappant le front, il s'écria tout à coup :

— Ah! bon! j'ai oublié que Victor m'a dit qu'il m'attendrait passage de l'Opéra.

— Mais tu ne viens donc pas de l'atelier?

— Oui, moi, mais pas lui; c'est que, ce matin, j'ai eu bien peur qu'il ne vînt pas du tout.

— Pourquoi donc?

— Je vous conterai ça... Un duel ce matin... où il a blessé son adversaire... Alors au lieu de venir tout droit il a passé chez le malade pour avoir de ses nouvelles.

— Comment! ce monsieur qui vient dîner ici, s'écria Julie, s'est battu ce matin?

Elle prononça ces paroles comme s'il lui paraissait impossible qu'un homme qui, quelques heures avant, avait risqué sa vie, pût venir tranquillement s'asseoir à la table de son père.

— Avec ça qu'il s'en occupe, dit Charles en s'éloignant : on s'est battu à midi, et Victor travaillait encore à onze heures à son tableau. Je vais le chercher; il est si timide qu'il n'oserait pas venir tout seul.

— Qu'est-ce qu'il dit donc? fit Julie tout étonnée d'entendre appeler timide un homme qui avait osé se battre en duel.

— Ton frère est un fou qui parle à tort et à travers.

Mme Thoré savait combien il y a de ces hommes que n'épouvante aucun danger et qui se troublent devant un regard. Elle savait aussi que ceux-là plaisent par ce charme tout-puissant qui accompagne la force obéissant à la faiblesse. C'est la vieille et charmante histoire du lion qu'un enfant mène avec un fil de soie.

Mme Thoré espéra que sa fille n'avait pas arrêté sa pensée sur les dernières paroles de son frère; mais déjà ce contraste du courage uni à la timidité était un problème que la jeune fille cherchait à résoudre. Déjà elle était curieuse de voir M. Amab.

La mère avait eu raison de dire avec effroi :

« Il y a un commencement à tout! »

Et le commencement le plus dangereux de l'amour, c'est la curiosité.

Trois semaines s'étaient écoulées depuis le jour que Victor avait été présenté dans la famille de M. Thoré.

On était au 31 décembre.

Les magasins du négociant étaient encombrés de caisses, de paniers d'emballage; on expédiait, on faisait des factures... Tout à coup M. Thoré s'écria :

— Voyons, a-t-on fini cette facture pour le service Louis XV, façon Saxe?

— A l'instant, dit Louis Villon, qui portait la note des objets sur un registre tandis que Julie la mettait sur une feuille volante, l'un et l'autre écrivant sous la dictée de Mme Thoré, qui appelait chaque pièce à son tour.

— A quelle adresse expédiez-vous ce service? dit Julie à Louis Villon.

— A l'adresse de M. le comte de Monrion, faubourg Saint-Honoré, numéro...

— Pas du tout, fit monsieur Thoré en prenant la facture et en vérifiant l'addition, on enverra les factures par le garçon de caisse à monsieur le comte; quant au service, voici l'adresse.

Il tira un carnet de sa poche, y chercha une carte au dos de laquelle on avait écrit quelques mots au crayon, et dit :

— Faites porter le service chez madame Léona de Cambure, rue Joubert, 20.

Ce petit incident passa sans aucune observation de la part de personne, et l'on continua l'expédition des marchandises.

La besogne de ce jour important était à peu près achevée, lorsque Charles parut à la porte du magasin, et fit à son père un petit signe. Monsieur Thoré lui répondit en lui montrant du doigt l'appartement, et se retourna en criant :

— Allons donc, monsieur Villon, que faites-vous là à regarder madame Thoré? nous n'en finirons pas. Julie, votre livre de factures n'est pas sous la porte cochère.

Monsieur Thoré eut beau faire; il ne put empêcher Julie de voir passer un commissionnaire portant un grand cadre enveloppé d'une toile verte, et que Charles fit monter dans l'appartement.

— Oh! maman, dit-elle tout bas à madame Thoré, c'est le premier tableau de Charles, j'en suis sûre : ce sont tes étrennes.

La mère était rayonnante, il y avait des larmes dans ses yeux; elle serra la main de Julie et lui dit seulement :

— Dépêchons-nous.

Ce qui restait à faire fut rapidement expédié, quoique monsieur Villon ne parût point partager l'empressement de madame Thoré et de sa fille. Il fallut même l'interpeller plusieurs fois sur sa lenteur.

Enfin, tout s'acheva. Madame Thoré et Julie montèrent vivement à leur appartement, tandis que monsieur Thoré les suivait derrière en disant à monsieur Villon :

— Venez jouir de leur surprise, elles vont être renversées.

— C'est donc bien beau? dit Louis Villon avec un profond soupir.

— C'est parfaitement ressemblant, repartit l'auguste négociant.

En disant cela, toute la famille arriva, à peu près en même temps, dans le salon où Charles venait de poser à son meilleur jour un portrait richement encadré.

Julie poussa un cri de surprise, madame Thoré resta immobile, elle fut obligée d'essuyer ses larmes pour mieux voir, tendit la main à son mari, puis se tourna vers son fils en lui disant :

— Eh bien! tu ne viens pas m'embrasser?

Charles regarda sa mère d'un air de surprise.

Pendant ce temps, Julie s'écriait :

— Ah! que c'est ressemblant... Que c'est bien là papa... que c'est beau...

Et à son tour elle se tourna vers Charles en lui disant :

— Ah! que c'est bien, Charles, que je te remercie! Je le disais bien, maman, qu'il aurait un grand talent.

La figure de Charles avait pris une expression de chagrin... Il était à la fois honteux pour lui, de ne pas être ce qu'on croyait, et triste pour sa mère, de donner un démenti à cette douce et fière croyance qu'elle avait en son fils.

Il lui fallut pourtant parler, et il dit en baissant la tête :

— Hélas! maman, je n'en suis pas encore là.

— Mais ça viendra, ça viendra, fit monsieur Thoré en se caressant le menton et en s'admirant dans son image.

— Et de qui donc est ce portrait? dit madame Thoré.

— Mais il est de monsieur Victor Amab, dit Louis Villon avec humeur.

Madame Thoré devint sérieuse et Julie attacha un regard ardent sur le portrait. Ce regard fut remarqué à la fois par sa mère et par Louis; puis Julie murmura tout bas :

— Oh, oui, c'est bien, oh! c'est bien!

— Et après celui-là, dit monsieur Thoré joyeusement, nous aurons le tien et celui de Julie.

— Non, non, dit doucement madame Thoré, une femme ne doit se faire peindre que quand elle est jeune et belle. Maintenant je suis trop vieille.

Et comme monsieur Thoré fronçait le sourcil, elle ajouta en souriant :

— Que veux-tu? c'est une coquetterie bien excusable.

— C'est une vilaine coquetterie, maman, dit Julie; tu feras faire ton portrait... je t'en prie... je le veux; papa, dis donc que tu le veux.

— Certainement, dit monsieur Thoré, et je veux le tien aussi.

— Oh! pour ça, repartit vivement madame Thoré, je ne le permettrai pas — une jeune fille.

— N'as-tu pas dit, reprit M. Thoré, qu'il fallait qu'une femme se fît peindre quand elle était jeune et belle?

— Oui, mais... reprit Mme Thoré avec une légère humeur.

— Madame voulait dire sans doute, fit Louis vivement, qu'une jeune femme peut se faire peindre après son mariage.

M. Thoré regarda M. Villon comme si celui-ci eût avancé une proposition révoltante, ou fait une action d'une inconvenance inouïe. Quant à Julie, elle était devenue toute rouge.

— Est-ce que toutes les expéditions sont faites? dit solennellement M. Thoré.

— Toutes, répondit sèchement M. Villon, mais j'ai des courses à faire.

Et tout aussitôt il se retira.

En passant dans l'antichambre, il rencontra Victor qui avait trouvé la porte de l'appartement ouverte, et qui lui dit :

— Peut-on entrer, monsieur?

— Demandez aux domestiques, répondit brusquement Louis, ça les regarde.

Il partit en fermant la porte avec violence; mais au lieu de faire les courses annoncées, il alla s'enfermer dans sa chambre : là, il frappa à grands coups de poing sur sa table, sur son lit, sur les murs, jusqu'à ce que, fatigué de cet exercice, il tombât assis sur une chaise en disant :

— Ah! ce damné rapin, je lui casserai la tête un de ces jours.

Pendant que le commis s'éloignait désespéré, M. Thoré s'approchait de sa femme, qui lui avait reproché d'un regard triste sa dureté envers M. Villon, et lui disait d'un ton superbe :

— Sa passion l'aveugle, je ne la désapprouve pas, mais je veux qu'elle se contienne dans des bornes respectueuses.

— Assurément, dit Mme Thoré, il a eu tort de se mêler de ce qui ne le regardait pas, et cependant il a peut-être raison, je ne trouve pas convenable qu'une jeune fille...

D'un autre côté, Julie disait tout bas à Charles :

— N'est-ce pas que c'est bien...

— Oh! lui répondit son frère.... Victor sera un de nos plus grands peintres, il se fera un nom célèbre...

On en était là lorsque M. Victor Amab, qui n'avait trouvé personne à qui s'adresser, arriva dans le salon et frappa doucement à la porte pour s'annoncer lui-même.

— Venez donc triompher, dit M. Thoré, en lui tendant la main, ces dames sont dans une admiration profonde de votre chef-d'œuvre.

— Ces dames sont contentes? dit Victor en saluant avec un modeste embarras; je puis donc espérer qu'elles voudront bien consentir à ce que j'essaye de faire aussi leur portrait?

— C'est une affaire arrangée, dit M. Thoré.

— Il me semble... dit Mme Thoré avec embarras.

— Et nous commencerons le plus tôt possible, n'est-ce pas? dit joyeusement Charles.

— Par vous d'abord, madame, reprit Amab, croyant prévenir un refus par cette attention...

— C'est trop juste, ajouta M. Thoré, et Julie passera en dernier.

— Certes, je ne refuse pas, dit Mme Thoré, mais nous sommes en plein hiver... les jours sont bien sombres, bien courts, les heures dont je pourrais disposer, ainsi que ma fille, ne conviendraient peut-être pas à monsieur.

— Toutes mes heures sont à vous, madame, si vous voulez me donner quelques-unes des vôtres, dit Amab avec une aimable insistance.

— Eh bien! soit, quand les beaux jours seront venus...

— Oh! madame, dit Victor d'un ton suppliant, l'exposition a lieu dans deux mois, ce n'est pas trop de temps pour faire deux portraits, si bien inspiré que je puisse être par le modèle.

— Quoi! reprit Mme Thoré, vous comptez mettre nos portraits, celui de Julie, à l'exposition?

— Pardieu, fit M. Thoré, pourquoi fait-on donc faire son portrait?

— Non, dit Mme Thoré, non : je suis peut-être fort ridicule; mais je trouve que c'est une coutume peu convenable d'exposer le visage d'une jeune fille à côté de toutes sortes de peintures. « Qui est-ce ça? » se demande-t-on... et on se le demandera; le talent de monsieur fera remarquer toutes ses œuvres. Les gens qui ne nous connaissent pas feront peut-être de sots propos, d'autres diront tout haut : « C'est mademoiselle Thoré! » cela se répétera; il y aura sur le nom de ma fille une sorte de célébrité.

— Eh bien! fit M. Thoré en se rengorgeant, où est le mal?

— Il n'est jamais heureux, reprit Mme Thoré d'une voix décidée, qu'on parle d'une jeune fille, de quelque façon qu'on en parle.

— Eh bien! madame, dit M. Amab, ce portrait restera chez vous.

— En ce cas, dit Mme Thoré, il est inutile qu'il soit fait pour l'exposition.

— Vous avez raison, nous ne nous occuperons que du vôtre, et, pour ne pas vous forcer à sortir, Charles m'a promis de faire arranger un coin de votre magasin. En l'entourant de toile et coupant le jour à une certaine hauteur, nous serons à merveille.

Plus de résistance eût été impolie, et Mme Thoré consentit à ce que l'on commençât dans le courant de la semaine suivante. Elle avait eu à la vérité des craintes qui s'étaient dissipées d'abord et qui la reprenaient à ce moment. Mais il fallut céder.

Depuis le jour où il était venu dîner chez M. Thoré, Victor n'avait pas remis les pieds dans la maison; il s'était contenté de déposer une carte à la porte, et Mme Thoré avait vu cette indifférence avec plaisir; l'attention avec laquelle le jeune peintre avait regardé Julie durant ce dîner, avait d'abord alarmé la mère prudente.

Mais la franchise avec laquelle Victor s'en était lui-même expliqué dans la soirée l'avait tout à fait rassurée.

Au moment de sortir, il s'était approché de Mme Thoré et lui avait dit :

— Veuillez recevoir mes remercîments, madame, pour le bon accueil que vous avez bien voulu me faire; veuillez aussi recevoir mes excuses pour une inconvenance bien involontaire, et dont cette demoiselle fort laide, qui est près du piano, m'a averti.

— Vous a-t-elle dit quelque chose de désobligeant? C'est une petite personne fort maussade.

— Elle ne m'a point parlé, mais je l'ai entendue qui disait tout bas à sa mère : « Vois donc comme ce monsieur regarde Julie. » Pardon, c'est ainsi qu'elle a parlé.

— C'est une sotte, dit Mme Thoré fort piquée...

— Non, madame; elle avait raison... je l'ai senti, et je viens vous demander pardon de mon inconvenance.

— Si vous trouvez l'expression juste, pourquoi la mériter? dit Mme Thoré.

— Pourquoi? dit Victor avec enthousiasme et en regardant encore Julie. Mon Dieu! madame, je suis peintre, voilà pourquoi je suis coupable, et c'est là aussi mon excuse. Charles m'a dit toute votre bonté... Eh bien! madame, comprenez-moi : supposez que j'aie à peindre une image de la Vierge, supposez que fort embarrassé de rendre la divine chasteté de cette figure, je l'aie vue tout à coup se révéler à moi, plus belle que nos plus grands maîtres ne l'ont rêvée. Comprenez alors ma joie, mon enthousiasme.

Pardon, madame, ce sont là des idées d'artistes qui vous paraîtront bien bizarres : mais j'en connais cent qui paieraient un pareil modèle je ne sais quel prix, s'il était de ceux que l'on peut payer. Eh bien! moi, je l'ai étudié pour rien, ajouta-t-il en riant. J'y ai mis de l'indiscrétion... Non, ajouta-t-il en regardant encore Julie, ce n'est pas à moi qu'il appartient de jamais rendre cette pureté de dessin, ce transparent de la peau, cette limpidité de l'œil, ce parfait ensemble; et les mains! ah! cela fait cruellement regretter de ne pas avoir un grand talent.

Mme Thoré examinait Victor pendant qu'il parlait ainsi, et quoique ses idées fussent choquées de l'étrange liberté avec laquelle l'artiste détaillait les beautés de sa fille, elle comprit qu'elle s'était tout à fait trompée sur le sentiment qui avait poussé M. Amab à se faire inviter chez elle. Il n'y avait pas le moindre trouble, la moindre émotion dans la voix du peintre, il eût parlé de même devant une belle statue.

Les craintes de Mme Thoré, au sujet de ce jeune homme, se calmèrent aussitôt; mais le soir même elles se réveillèrent au sujet de sa fille.

Quand tout le monde fut retiré, Julie demeura avec sa mère plus tard qu'à l'ordinaire, plus prévenante, plus caressante encore qu'à l'ordinaire.

Évidemment Julie avait quelque chose à dire, et elle craignait de le dire. Mme Thoré s'en aperçut, et évita de prononcer la moindre parole qui ressemblât à une question.

Mais la curiosité de la jeune fille fut plus persévérante que la prudence de la mère, qui avait fini par lui dire :

— Pourquoi ne rentres-tu pas dans ta chambre?

— J'y vais; mais dis-moi donc, maman, qu'est-ce que le maître de Charles te disait de moi?

— De toi?

— Oui, un moment avant de s'en aller, pendant qu'il te parlait tout bas, près de la cheminée.

— Mais, dit Mme Thoré du ton le plus naturel, il ne m'a point du tout parlé de toi.

— Ah! fit Julie d'un ton dépité... Bonsoir, maman, bonsoir.

Elle se retira rouge de honte et peut-être de chagrin.

Le lendemain Julie n'avait pas fredonné une seule de ses romances, n'avait pas eu un seul mouvement de folle gaieté, et depuis trois semaines elle ne riait plus, elle était distraite, quelquefois triste.

Alors était venu ce portrait, et Mme Thoré avait remarqué le regard ardent et enthousiaste dont Julie l'avait contemplé, du moment qu'elle avait connu l'auteur de ce chef-d'œuvre.

Cette nuit-là, Mme Thoré ne dormit point; elle chercha longtemps comment elle pourrait se délier de l'engagement qu'elle avait pris de faire faire son portrait, et par conséquent d'autoriser M. Amab à revenir chez elle. Ce n'est pas que Mme Thoré repoussât l'idée d'une alliance entre Julie et le jeune peintre. Il n'avait point de fortune, mais la fortune vient vite aux hommes de talent.

D'ailleurs un pareil obstacle n'eût pas arrêté Mme Thoré une minute, si le bonheur de sa fille eût pu être dans cette union; mais par un singulier pressentiment, cette mère avait compris que cet homme lui amenait un chagrin. Elle l'avait bien étudié, bien considéré, et elle avait gardé de cet examen une opinion défavorable.

Cependant c'était un loyal jeune homme, plein de probité et de courage. Il avait cette qualité si charmante dans la jeunesse de douter de son présent et d'avoir foi dans son avenir; peu content de ce qu'il faisait, il s'était juré de bien faire, avec cette volonté qui est une grande puissance.

Lorsque Mme Thoré avait envoyé Charles dans l'atelier d'Amab, elle s'était informée de ses mœurs, et avait appris qu'il était studieux, rangé, et infatigable travailleur; n'y avait-il pas là de quoi rassurer une mère, dans la supposition même que sa fille vînt à s'éprendre d'un pareil homme?

le plus enthousiaste, le plus ardent; quelques amis, que le succès n'éloigne pas, contaient les cris, les admirations de la foule.

L'un citait le mot d'un grand seigneur; celui-là, l'appréciation d'un connaisseur; un autre, le cri naïf d'un enfant; celui-ci, le rude enthousiasme d'un ouvrier ou l'approbation sentencieuse d'un bourgeois: chacun avait son anecdocte, son éloge, et tous répétaient à Amab qu'il venait enfin de conquérir le pas sur tous ses jeunes rivaux, et que les grands maîtres auraient bientôt à compter avec lui.

Et lui?... Oh! c'était un homme fort, car il recevait bien ces éloges; il les recevait sans modestie fausse et sans enivrement. A la vérité, une ombre avait passé sur son triomphe : un peintre de pauvre talent avait dit :

— Sans doute, c'est beau, mais ce n'est qu'une figure.

Ce mot, ce mot terrible : « Ce n'est qu'une figure, » résonnait sans cesse à l'oreille du triomphateur, comme un son discordant au milieu de cette harmonie d'applaudissements... et l'insatiable orgueil de Victor en était d'autant plus blessé, qu'il se disait tout bas :

— Ah! cet homme a raison, ce n'est qu'une figure; il l'a dit; donc cela se dira : et cela sied trop bien à l'envie pour qu'elle ne donne pas crédit à ce jugement; il faut encore attendre pour que la foule m'appelle un grand peintre; eh bien! je prendrai une toile de vingt pieds, j'y mettrai cent mille hommes comme Decamps, ou quelques-uns comme Delaroche, et ils m'appelleront un grand peintre. Je le veux.

Et au milieu de son triomphe, incomplet pour lui seul, Amab rêvait déjà le tableau qui devait le venger d'un mot.

Cependant, parmi les mille propos qui couraient dans l'atelier du peintre, on demandait à Victor si cette admirable création était sortie de son génie, tout armée de sa beauté et de sa pensée, ou s'il avait donné la vie et l'immortalité à une beauté vivante.

A cela Victor répondait en souriant finement :

— C'est mon secret.

C'était aussi celui de Charles; mais le maître avait demandé de la discrétion à l'élève, et l'élève était de ceux pour qui le maître est le dieu; bien plus encore que le dieu... Il est le prêtre et l'apôtre de leur religion.

On en était au plus fort des félicitations et des récits de toutes sortes sur la gloire du jeune grand homme, lorsqu'on lui remit un paquet de lettres. La plupart lui apportaient des compliments; il les lut rapidement, en passa quelques-unes aux personnes présentes en se félicitant d'avoir tant d'amis, puis il en ouvrit une qui le surprit vivement.

En effet l'enveloppe était vide: il allait la jeter, pensant que c'était une de ces mystifications stupides qui passent dans la cervelle de certains idiots, lorsqu'en la froissant il sentit quelque chose qui roulait dans les plis de l'enveloppe. Il la déchira et trouva au fond une pensée et un myosotis qui devaient sans doute lui dire : « Ne m'oubliez pas. »

A qui avait-il promis un souvenir qu'on réclamait si modestement? Il se souvint de ce qu'il avait dit à Julie, son absence ne l'avait donc pas désillusionnée. Il devint triste, puis chagrin, puis mécontent; il déchira l'enveloppe et cacha les fleurs dans sa poche.

Pauvre Julie!

Oui, véritablement, cet amour le gênait, il en prit de l'humeur, et c'est peut-être cette humeur qui le poussa à faire ce qui, en toute autre circonstance, lui eût sans doute paru une sotte plaisanterie, sinon une mauvaise action.

Victor ouvrit une dernière lettre, la lut d'abord, et puis en examina la signature et l'écriture; il la relut encore et s'écria tout à coup, en interrompant l'enthousiasme forcené d'un de ces causeurs d'atelier qui gagnent de belles petites collections d'ébauches, de dessins, et quelquefois de petits tableaux à crier sans cesse :

« Tu es un homme de talent!... Voilà qui est adorable!... c'est écrasant!... A., B., C., D. sont enfoncés, etc., etc. »

Victor interrompit donc le parasite (il en avait déjà quelques-uns à sa suite) en disant :

— J'ai plus de succès que vous ne pensez, messieurs, et voici un rendez-vous d'un genre particulier.

On se pressa avec curiosité autour de Victor qui lut à haute voix le billet suivant :

« Monsieur,

» Une femme à qui son extrait de naissance dit qu'elle est jeune, à » qui mille voix disent qu'elle est belle; à qui son cœur dit qu'elle » n'est pas sotte, cette femme veut voir l'auteur de *la Vierge aux* » *pleurs*. Si vous n'avez pas peur d'une admiration de plus, venez ce » soir à dix heures, rue Joubert... »

Victor s'arrêta. Cette lettre était signée Léona de Cambure.

— Le numéro? cria-t-on de tous côtés.

— En voilà assez, dit Amab, mais il faut avouer qu'il y a de singulières femmes dans la rue Joubert.

— Iras-tu? lui demanda-t-on.

— Non, certes, c'est une bonne fortune que je cède à qui la veut.

Dix voix la réclamèrent.

Parmi ces dix, la plus ardente, la plus empressée fut celle de Charles; dès qu'il se mit sur les rangs tout le monde se retira.

Charles était le roi des charges d'atelier; on avait dit de lui, en argot de peintre : « Qu'il aurait fait poser M. de Talleyrand, » tant il avait d'audacieux sang-froid dans l'exécution de ses plaisanteries.

Victor lui jeta dédaigneusement la lettre en lui recommandant d'être sage.

— Bon, dit Charles. Je crois la recommandation inutile, ce doit être quelque bas-bleu suranné, ou quelque baronne mariée dans la blonde Germanie. C'est égal, nous tâcherons que ce soit amusant.

Un moment après, Victor, retiré dans le salon qui touchait à son atelier, regardait silencieusement la pensée et le myosotis, ingénieux messagers de l'amour le plus chaste et le plus ardent, et il se disait avec toute la tristesse d'un homme contrarié :

— C'est fâcheux!

C'était là le véritable sentiment de son âme; puis il se mit à réfléchir et se laissa absorber par une profonde préoccupation.

Etait-ce l'amour qui s'éveillait en lui? sentait-il enfin s'agiter dans son cœur ce besoin de vivre dans un autre, qui complète la vie humaine? ou bien était-il seulement à la poursuite d'une pensée qui venait de se montrer à lui? avait-il découvert que l'amour persévérant de Julie pourrait l'aider, plus qu'il ne l'avait cru d'abord, à sa gloire et à sa fortune?

Quoi qu'il en fût, Victor, revenu parmi ses amis, demeura distrait et presque sombre au milieu des joies qui se succédaient dans son atelier.

Le soir venu, il se présenta chez Mme Thoré et apprit que toute la famille était au spectacle; il laissa sa carte et se dit en s'éloignant :

— Evidemment, cela vaut mieux.

VI. — UNE BONNE CHARGE.

Le lendemain, Charles racontait dans ce même atelier sa visite à la rue Joubert. A l'en croire, c'étaient des salons de velours, des boudoirs de satin, des tapis d'Aubusson, des meubles de Martin, des lampes d'or, des fleurs à profusion, des glaces de Venise, des parfums enivrants, et, au milieu de tous ces enchantements, une femme d'une fière beauté, aux yeux noirs et éclatants, hardie et enthousiaste, folle, pleine de passion, d'éloquence et de faiblesse.

Charles passait tellement pour un faiseur de contes, que c'était à qui l'accablerait de plaisanteries. Victor, placé devant un carton, où il jetait, avec l'abondance du génie, l'esquisse d'une grande composition, interrompit tout à coup le récit pompeux de son élève et lui dit :

— Et que vous a dit cette superbe créature, quand vous lui avez avoué que vous n'étiez pas moi?

— Je me suis bien gardé de le lui dire, elle m'aurait fait jeter à la porte par un de ses laquais, car elle a des laquais.

— Comment, vous avez dit que vous étiez...

— J'ai dit que j'étais Victor Amab; aussi ai-je été reçu... Ah! complétement bien reçu.

— Ça se conçoit comme ça, s'écria-t-on.

Victor était contrarié de cette plaisanterie à laquelle il n'avait pas d'abord attaché grande importance; mais la pensée que la puissance de son nom avait excité un si vif enthousiasme, arrêta la désapprobation sur ses lèvres, et il se contenta de dire :

— J'espère, Charles, que vous ne m'avez pas compromis.

— Qu'entendez-vous par là? dit Charles en riant... rassurez-vous, j'ai votre gloire à cœur plus que vous-même, et j'ai prouvé à la belle des belles que vous saviez cueillir toutes les couronnes.

Un hourra d'incrédulité s'éleva contre Charles, qui le laissa passer avec la dédaigneuse indifférence d'un homme qui est sûr d'une réponse victorieuse.

— Messieurs, reprit-il enfin, j'ai donné un rendez-vous à cette divinité, ici, dans mon atelier, c'est-à-dire dans l'illustre atelier de

Victor Amab; elle y va venir, et si j'ai menti d'un iota, je me déclare indigne de remettre les pieds dans cette auguste assemblée. J'avais même à ce sujet rêvé un assez bon tour.

— Voyons, s'écria la folle jeunesse.

— Songez que je ne veux pas y être mêlé, dit Victor.

— Vous n'y serez pour rien... Jouez seulement votre rôle au naturel...

On va venir demander M. Amab, et vous répondrez bien simplement :

— C'est moi.

Victor résista d'abord ; mais les supplications de ses élèves d'une part, d'une autre le prix que Charles paraissait mettre à sa discrétion au sujet du fameux tableau, discrétion que Charles lui rappela en lui disant :

« Moi, j'ai été bon enfant, c'est votre tour. »

Enfin ce manque de réflexion, ou plutôt cette fatalité qui pousse les hommes à dire ou à faire des choses qui semblent sans conséquence et qui pèsent sur la vie entière; tout cela, disons-nous, décida Victor à se prêter à la plaisanterie de Charles. On voulut savoir son projet, mais il refusa constamment de le dire.

Bientôt après, une voiture s'étant arrêtée à la porte de l'atelier de Victor, Charles courut à la petite fenêtre d'un cabinet voisin, revint en disant :

— Silence ! c'est elle.

Puis il disparut derrière un vaste rideau, destiné à protéger les apprêts de toilette des modèles.

Amab se retira dans le salon qui ouvrait sur son atelier.

Un coup discret fut frappé à la porte, un des élèves alla ouvrir, et demeura comme ébloui en voyant entrer une femme voilée, d'une taille imposante, et vêtue avec ce luxe qui a besoin d'un goût exquis pour ne pas paraître lourd et commun.

— M. Victor Amab ? dit-elle d'une voix ferme et sonore, tandis que tout l'atelier restait muet d'étonnement et d'attente.

L'élève lui indiqua le salon; la dame y passa.

Amab se retourna pendant qu'elle levait son voile, de façon qu'ils se trouvèrent face à face : elle, tournant le dos aux élèves, lui, voyant se dévoiler à ses yeux la plus fière beauté qu'il eût jamais admirée.

— Monsieur Amab, reprit-elle.

— C'est moi, madame, dit Victor d'une voix tremblante, tant l'apparition de cette femme l'avait troublé.

A cette réponse, Léona, car c'était elle, fixa ses yeux étincelants sur Victor, et lui dit d'une voix altérée :

— Vous, monsieur ?

— Moi-même !

Léona baissa son voile, se retourna, et parcourut l'atelier d'un regard rapide. La force parut lui manquer; elle chancela.

— Un siége ! s'écria vivement Victor, qui commençait à regretter cruellement la plaisanterie qu'il avait permise.

A ce moment, Charles sortit de derrière son rideau en tenant un siége.

Le malheureux avait remplacé sa vareuse de travail par un gilet de livrée : il tenait un plumeau et avait toute la tournure d'un domestique. Il offrit le siége qu'il tenait à Léona, et, comme s'il était surpris de la voir, il poussa un cri et laissa échapper le plumeau.

Léona l'aperçut alors et se recula avec un sourd gémissement.

Victor, surpris de la mascarade de Charles, lui dit d'un ton impérieux :

— Que veut dire cela, Charles ?

— Hélas! monsieur, répondit le jeune homme, avec cette férocité de *farceur* qui tue pour un instant de rire, c'est Madame qui avait écrit à Monsieur; c'est Madame qui lui avait donné rendez-vous... et chez qui j'ai eu le malheur... je veux dire le bonheur...

— Quel est cet homme ? dit Léona, en montrant Charles d'une main tremblante.

— Hélas ! dit Charles d'une voix larmoyante, je suis le valet de chambre de Monsieur...

— C'est Monsieur Thoré, dit Victor avec colère ; c'est un de mes élèves, Madame.

Léona se leva, s'approcha d'Amab, et lui dit à voix basse et avec une expression cruelle :

— Un de vos élèves, à qui vous avez donné la lettre qu'une folle vous a écrite.

Amab voulut répondre...

Léona souleva son voile, regarda l'un après l'autre l'élève et le maître; puis, après un moment de silence solennel, elle s'éloigna en leur disant :

— Au revoir, Messieurs.

La *farce* était jouée, mais avec un triste succès.

Victor était souverainement mécontent et avait peur; quant à Charles, il ne comprenait pas encore tout le sérieux terrible d'une pareille rencontre; mais il n'avait point fait rire, et il considérait le morne silence des spectateurs comme une chute.

— Bah ! s'écria-t-il après que Léona fut partie, c'est une bégueule.

Nous avons raconté cette scène dans toute sa brutalité: d'abord parce c'est ainsi qu'elle est arrivée; ensuite parce qu'elle seule peut expliquer, peut-être, les sentiments et les actions qu'elle inspira à celle qui en avait été la victime.

Du reste, qu'on sache bien une chose, c'est que nous n'avons rien inventé, ni les événements, ni le caractère de nos personnages. C'est de *l'histoire*, et ce sont des portraits.

Qu'on nous permette à ce sujet quelques réflexions.

VII. — RÉFLEXIONS.

Une aventure comme celle que nous venons de raconter paraîtra peut-être incroyable à quelques-uns de nos lecteurs ; beaucoup d'entre eux, tout en acceptant comme possibles l'enthousiasme dévergondé de Léona, le dédain impertinent de Victor, n'admettront pas l'infamie de Charles; ils ne pourront croire qu'un jeune homme puisse pousser la bassesse jusqu'à donner en spectacle, à une assemblée de camarades, la femme qu'il a trompée.

A défaut d'honneur, ils prétendront que la vanité d'une si charmante conquête a dû les arrêter. Nos lecteurs se tromperaient plus qu'ils ne pensent: les hommes comme Charles ne manquent point.

Ce sont de braves jeunes gens qui commencent par une réputation de bonne gaieté, et dont on dit, quand on les voit :

« Voilà Charles, il va nous faire rire. »

Ils acceptent ce rôle de plaisant, ils mettent à le bien remplir tous leurs soins, tout leur esprit, toutes leurs forces.

Peu à peu, ils s'accoutument au succès, et ils en ont besoin ; s'il leur manque, ils le poursuivent au prix de leur dignité, ils lui sacrifient leur personne, quelquefois leurs amitiés, et, plus tard (si le succès devient plus difficile), leurs plus tendres affections. Quelquefois, enfin, ils immolent, à ce besoin de succès, la délicatesse, le respect du monde et les sentiments qui tiennent le plus près à l'honneur.

Ainsi avait fait Charles, et, s'il le fallait, nous pourrions nommer les modèles illustres sur lesquels il s'était formé. Cette race d'histrions de salon a été surtout féconde sous le Directoire ; on les appelait alors *mystificateurs ;* aujourd'hui, la pudeur des académiciens s'alarme quand on prononce le nom de *blagueurs* que leur a donné notre génération.

La femme qui avait pu faire ce qu'avait fait Léona est aussi un des bizarres produits de notre époque.

En effet, et il faut bien le reconnaître, à la barbe de ceux qui la laissent pousser, comme de ceux qui la rasent, notre existence actuelle manque d'émotions. Les femmes surtout y sont tout à fait déshéritées de ces ardentes luttes où elles pourraient occuper la force et la dextérité qui surabondent en elles, et que nos lois et nos mœurs ont détournées des affaires sérieuses.

Ne parlons pas des beaux temps de la chevalerie, non point que nous ayons en grande estime ces fades tournois où on les proclamait reines de beauté ; pauvre passe-temps qui ne leur eût point suffi, s'il ne s'y était mêlé la chance de voir emporter par un brutal voisin le castel où elles demeuraient près de leur mari, et de le voir mettre à sac et à viol.

Ce temps avait de bien autres charmes pour les femmes.

Alors on les fiançait au berceau, on les épousait et on les répudiait; on les tuait et on les vengeait; elles étaient enfin des occasions d'alliances et de guerre. C'était le bon temps : elles étaient horriblement malheureuses.

Ne rappelons pas non plus la Ligue et la Fronde ; alors elles faisaient battre leurs frères entre eux et leurs maris contre leurs amants; alors on tuait son ami pour leur plaire ; alors on empoisonnait sa femme pour être un jour empoisonné par sa maîtresse : c'était le bon temps, elles régnaient.

Plus tard, elles menèrent les affaires, cachées derrière les rideaux du lit royal : c'était encore le bon temps, elles intriguaient.

Enfin, au bout de tout cela, elles ont eu la révolution, où elles ont donné aux hommes l'exemple de bien mourir : c'était un noble temps, elles étaient martyres.

Durant tous ces temps divers, elles ont vécu ; mais aujourd'hui à quoi voulez-vous qu'elles s'occupent? Il n'y a plus d'événements, et il n'y a plus d'hommes.

Quelle passion voulez-vous qu'allume un député qui aura singulièrement éclairé la Chambre sur la question du tarif des douanes?

Quel délire peut exciter le plus puissant orateur qui se sera débraillé et enroué pour faire supprimer quinze cents francs de frais de représentation à un consul de Malaca, s'il y en a un?

Où sont les grands héroïsmes qui sauvent la patrie! où sont ces terribles turbulents qui la mettent à deux doigts de sa perte, et qui tiennent l'intérêt haletant entre le bon et le mauvais droit?

Où sont ces marches incomparables qui aboutissent du Capitole à l'échafaud?

Il n'y a plus rien de grand, ni dans les haines, ni dans les vengeances. On met les duellistes en prison, comme les boulangers qui vendent à faux poids. Tout est tombé au-dessous de rien.

Aussi, voyez comme les femmes s'éprennent de ces scandales hardis, de ces crimes héroïques dont le spectacle se donne aux cours d'assises. Dans ce monde désert où elles ne trouvent pas une émotion à cueillir, c'est comme une oasis dans le Sahara.

A la vérité, les arbres en sont pelés et hideux, l'eau qu'elles abritent est sale et pleine de reptiles; mais, bien ou mal, on espère y étancher sa soif; enfin c'est autre chose que ce qui est toujours la même chose.

On dira que c'est abominable. Eh! messieurs les honnêtes gens, essayez de faire concurrence aux voleurs, les femmes ne demandent pas mieux que de s'enthousiasmer au récit de vos belles actions et de vos aventureuses entreprises, car c'est l'ennui où vous les laissez qui fait le succès de ces misérables.

C'est lui aussi qui fait le succès de quelques hommes qui, dans les arts, dépassent de la tête ce flot immense de médiocrités qui parle, qui sculpte, qui peint, qui écrit : ceux-là du moins valent quelque chose par eux-mêmes; ils luttent le plus souvent, d'abord avec la misère, toujours avec l'envie.

Et quand je parle de l'envie, je ne veux pas dire celle qui existe, nécessairement, des petits aux grands, dans une même carrière; je parle de l'envie publique, de celle qu'éprouvent le marchand, le financier, le commis, le bourgeois, contre toute réputation quelle qu'elle soit.

Un nom trop souvent répété importune leur vaniteuse nullité; il n'est sottise qu'ils n'inventent et ne disent pour dénigrer ce nom qui n'est pas de leur monde, et qu'on y connaît plus que le leur; ce dénigrement procède toujours de cette façon petite, lâche :

« Je ne suis point peintre ou sculpteur, ou écrivain, ou, etc.; on ne m'accusera pas de jalousie ; eh bien! je trouve que M*** est... (ici vient la sottise).

Eh bien! ces hommes incessamment dénigrés par le vulgaire des hommes, les femmes s'en occupent pour leurs œuvres qui les animent, et les font sentir et rêver.

S'il arrive que la vie de la femme qui rêve soit chaste et retenue, cette occupation s'arrête aux œuvres et à une secrète curiosité de voir par hasard celui qui a rempli d'émotions une heure de son désœuvrement; mais si, au contraire, comme chez Léona, les liens de la pudeur ont été brisés depuis longtemps, si l'esprit, au lieu de maintenir les sens dans des bornes sévères, est habitué à les lui faire franchir; si cette femme n'a plus rien à perdre du côté de la considération; si, tout au contraire, elle aspire à se faire, dans le désordre, une grande renommée, cette femme fera ce qu'a fait Léona.

De pareilles tentatives ne sont pas rares de la part de pareilles femmes; mais ce qui est extraordinaire, c'est l'événement. Il fallait, en effet, pour que cela arrivât, trouver réunis, dans une même conjoncture, et en face de cette femme, un homme aussi froidement concentré dans le soin de sa gloire que Victor Amab, un petit jeune homme aussi gangrené du mauvais esprit de la *charge* que l'était Charles Thoré.

C'est de cette rencontre que naquirent les autres événements de cette histoire.

Nous allons, en conséquence, poursuivre notre récit.

VIII. — CORRESPONDANCE.

Le lendemain du jour où s'était passée cette scène brutale, Victor rêvait dans son appartement à l'aventure scandaleuse de Léona et au chaste envoi de Julie. Sa vanité se complaisait dans ce double triomphe.

D'un côté, cette charmante fille si pure, si modeste; de l'autre, cette courtisane si belle, si fière, si hardie, toutes deux s'offrant à lui. Son orgueil souriait.

En effet, il n'avait qu'à vouloir, il n'avait qu'à choisir; et l'une deviendrait la chaste compagne de sa vie, ou bien l'autre serait l'éclatante maîtresse que les plus riches, les plus nobles et les plus beaux lui eussent enviée. Mais celle-là, il l'avait repoussée, et soit que la pensée de voir cette femme à jamais perdue pour lui irritât cette nature volontaire et absolue, soit que cet homme au cœur de glace eût besoin d'aiguillons ardents pour s'arracher à l'éternelle contemplation de lui-même et de son avenir, il regretta que Léona lui eût échappé.

D'ailleurs, n'était-ce pas aussi une admirable beauté aux teintes chaudes, ambrées, à la chevelure bondissante, aux yeux brûlants? N'était-ce pas un admirable modèle duquel il pouvait tirer une merveilleuse Phryné?

Julie l'avait charmé. Mais n'en avait-il pas obtenu tout ce qu'il voulait en avoir. Chez cet homme bizarre, Julie, dont il avait retracé l'image, était dans son imagination à l'état d'une maîtresse dont on commence à dédaigner les faveurs, tandis qu'il avait besoin de Léona pour le tableau qui venait de se révéler à lui.

Nous ne cherchons pas à expliquer Victor Amab, nous l'avons connu tel que nous le racontons; la nature l'avait fait, pour ainsi dire, d'un seul métal; ce qui s'y mêlait de l'alliage qui diversifie tous les autres individus y était à peine sensible; de pareils hommes se rencontrent rarement dans les arts; la politique en a plus souvent, mais là aussi nous ne pourrions guère en citer qu'un.

Amab cherchait par quels moyens il arriverait à retrouver Léona, et il se disait que rien ne pourrait jamais le rapprocher d'elle, lorsque le garçon de caisse de M. Thoré fut introduit, et lui remit une lettre de sa maîtresse.

Cette lettre était ainsi conçue :

« Monsieur,

» Je ne comprends rien au prix réel des choses d'art; s'il fallait les » payer ce qu'elles valent pour la gloire, je ne pourrais jamais m'acquitter envers vous pour mon portrait ni pour celui de mon mari; » mais je crois savoir que vous estimez à un prix bien faible le temps » que vous donnez à vos œuvres, ce prix, je vous l'envoie.

» Si je m'étais trompée, je ne rougirais pas de l'entendre dire, et je » serai toujours prête à réparer une erreur qui ne viendrait que de » mon ignorance. Je suis, etc. »

— Monsieur Villon, fit le garçon, m'a dit, au moment que je sortais, de demander un reçu : · · ·

Victor haussa les épaules et se mit à écrire. Voici sa réponse :

« Madame,

» Je croyais que Charles vous avait expliqué que je n'entendais point » recevoir le prix de votre portrait ni de celui de votre mari.

» Charles est plus que mon élève, il est mon ami, et il y a, entre » artistes, une fraternité qui n'admet pas de marchés où l'un vend, où » l'autre paye.

» Permettez-moi de vous le dire, madame, vous avez gâté le bonheur que j'avais éprouvé à faire quelque chose pour les parents de » mon ami. Votre billet m'a fait mal.

» Du reste, madame, si vous pensez que toute peine mérite salaire, » j'ai le mien, plus riche, plus grand, plus magnifique que tout ce que » vous pourriez m'offrir.

» N'est-ce pas dans votre maison, n'est-ce pas près de vous, que j'ai » trouvé le modèle idéal de la Vierge sainte qui me vaut aujourd'hui » tant de succès? trouvez-vous que j'aie payé ma gloire trop cher en » vous priant de garder ces deux modestes portraits que M. Thoré a » bien voulu déjà accepter.

» Et maintenant, madame, si vous comptez ce que j'ai emporté dans » cet échange, c'est moi qui ne pourrai jamais y mettre un prix assez » élevé. Veuillez donc reprendre cet argent, madame, je serais honteux de l'accepter, vous seriez cruelle de me l'offrir encore.

» J'ai l'honneur, etc., etc. »

— C'est ça le reçu? dit le garçon qui trouvait que c'était bien long.

— Il n'y a pas besoin de reçu, dit Victor, en remettant les billets de banque dans la lettre, vous donnerez tout cela à Mme Thoré.

Puis, quand le messager fut parti, Victor se dit :

« Charles sera informé de cela; il mentira cruellement à ses habitudes de bavardage s'il ne raconte pas que j'ai refusé le prix de ces portraits; cela se dira; cela me posera. Il est vrai que cela me coûte deux mille francs. »

Victor repoussa cette pensée avec dédain.

Cet homme aspirait cependant à la fortune, mais il n'aimait pas l'argent. Il voulait être riche, immensément riche, parce que la richesse est, dans notre siècle, une représentation de la puissance du talent; mais cette fortune n'était pas nécessaire à la satisfaction de ces désirs. Amab n'avait pas de besoins.

D'ailleurs il était de ceux qui jouent le jeu de la fortune sur une vaste échelle. En effet, qu'étaient ces deux mille francs pour celui qui comptait bientôt mettre à ses œuvres un prix que les rois seuls et les princes de la finance pourraient aborder.

Victor se réjouissait et suivait, dans l'avenir, l'effet de ce refus auquel il comptait donner bientôt une tournure qui l'entourerait d'une auréole poétique, lorsqu'on entra de nouveau chez lui.

Un laquais en livrée lui remit un billet, l'enveloppe renfermait seulement un petit papier, sur lequel étaient écrits ces mots :

« On prie M. Victor Amab de remettre au porteur le nom et l'a-
» dresse de la personne à laquelle il a cédé sa place, il y a quelques
» jours. »

— De quelle part venez-vous? dit Victor avec dépit.

— De la part de ma maîtresse, Mme de Cambure.

— Qui demeure rue Joubert?...

— Oui, monsieur.

— Voilà l'adresse, dit Amab avec humeur.

Le domestique s'éloigna, Victor devint pensif... et bientôt mécontent.

« Charles, se dit-il, est beau, gai, jeune, et tout l'enthousiasme de cette femme s'est tourné du côté de celui qui a été assez insolent pour profiter de son erreur. Allons, il n'y faut plus penser. »

Cependant, c'était le jour aux correspondances. Dix minutes après que le domestique fut parti, un commissionnaire arriva; il était également porteur d'une lettre, l'écriture de celle-là avait ce caractère commun qui appartient à la main des écrivains publics.

Victor pensa que c'était une lettre anonyme; en effet, elle ne portait pas de signature, mais ce n'était pas à vrai dire une lettre tout à fait anonyme, car il ne tenait qu'à Victor de savoir qui l'avait écrite.

Voici le texte de cette lettre :

« Monsieur, on désire vous rencontrer, demain, à midi, sur le bou-
» levard Bourdon, avec vos témoins et des armes.

La personne, qui vous attendra avec les siennes, sera dans un
» remise, en face du grenier d'abondance, le long du trottoir qui borde
» le canal. Il vous est facile de la trouver si vous n'avez pas peur. Dans
» ce dernier cas, on vous prie de ne pas envoyer de remplaçant.

» On croit devoir vous avertir que si vous manquiez à ce rendez-
» vous, ce serait vous exposer à des désagréments qui vous feraient
» éternellement regretter d'avoir été deux fois lâche et infâme. »

Victor était au-dessus d'une accusation de lâcheté, il l'avait prouvé; cependant cette provocation le contraria plus vivement que n'avait jamais fait la certitude d'une rencontre dangereuse. Il arrive un moment où l'homme le plus insoucieux des affaires d'honneur prend sa personne en assez haute considération pour ne pas la commettre légèrement avec le premier venu. Victor en était là; il lui était donc fort désagréable de ne pas savoir de qui lui venait cette provocation.

Il ne doutait pas que Léona ne la lui eût suscitée; mais il se demandait à quelle espèce d'homme elle avait pu demander sa vengeance. S'il se rendait à ce rendez-vous, peut-être se trouverait-il en face d'un de ces énormes goujats, spadassins qui payent de leur épée les bonnes grâces que la vieillesse paye de son or.

Victor sentait qu'une fois là il ne serait plus le maître d'arrêter les suites d'une querelle qui pouvait procéder par les outrages les plus grossiers; d'ailleurs, n'était-ce pas accepter l'adversaire qu'il rencontrerait que de se rendre à ce rendez-vous? Il résolut donc de ne pas y aller, mais il garda une fâcheuse inquiétude.

En effet, c'est une position insupportable que d'avoir à craindre, dans la rue, chez un restaurateur, à la promenade, au théâtre, une injure qui doit venir d'un ennemi inconnu, et qui peut venir à tous moments.

On observe chaque regard, on s'inquiète de toute attention, on se met en défense contre tout homme qui vous aborde ou qui s'arrête devant vous. C'est un supplice odieux.

Cependant Victor le préféra à la chance de se salir dans quelque ignoble altercation; mais, pour la première fois de sa vie, il fut mécontent de lui-même. Il avait manqué de prudence, de dignité, de calcul, et il trouvait juste que la belle Léona de Cambure se vengeât d'une façon quelconque.

Alors, et tout à coup, il lui vint à la pensée que Charles était peut-être compris dans ce plan de vengeance, et qu'en lui demandant l'adresse de ce jeune homme, Léona n'avait sans doute eu d'autre but que de l'atteindre plus vite. Victor eut un moment de crainte sérieuse.

Charles n'était pas venu à l'atelier; il était déjà tard.

Il lui écrivit par la poste, car il ne voulait ni se présenter ni envoyer dans sa maison, après l'échange de lettres qui venait d'avoir lieu entre lui et madame Thoré.

Il attendit donc avec impatience le lendemain.

IX. — ÉPREUVES.

Il nous faut dire maintenant ce qui s'était passé dans la famille Thoré pendant ces deux jours.

On sait que Victor s'y était présenté le jour même où il avait reçu le myosotis et la pensée de Julie. Il n'avait trouvé personne et s'était retiré après avoir déposé sa carte.

Lorsque madame Thoré rentra chez elle, on la lui remit : et certes, elle l'eût supprimée, si son mari n'avait été là. Mais monsieur Thoré était un de ces hommes avec lesquels il ne faut essayer d'aucune adresse, car ils en font immédiatement une balourdise.

Si madame Thoré ne lui eût point passé la carte de monsieur Amab, il eût demandé tout haut ce que c'était; et si sa femme lui eût répondu qu'elle le lui dirait plus tard, il eût voulu le savoir tout de suite.

— Qu'est-ce que c'est que ces cachoteries-là? eût-il crié sous la porte cochère.

Et il eût continué en montant l'escalier :

— Je hais les mystères. Tout le monde peut connaître les gens qui viennent me voir; je suis comme cet ancien qui eût voulu habiter une maison de verre : eh! ma foi, la mienne est suffisamment de verre comme cela... etc., etc.

Madame Thoré, qui ne voulait pas faire un événement d'une simple visite, remit la carte à son mari, qui s'écria :

— C'est de monsieur Amab! ah! il est venu; je m'y attendais... Il nous devait cela...

Sais-tu que ce jeune homme nous a de grandes obligations? *Moi*, ma fille et toi, nous lui ferons un succès...

Je suis bien aise de le voir... J'ai une observation à lui faire sur le portrait de Julie, car c'est Julie déguisée en sainte Vierge...

Oui, j'ai remarqué quelque chose : le cadre est moins riche que les nôtres...

Et puis... mais je lui dirai tout cela.

Pendant que son père débitait ce chapelet de paroles bêtes, Julie s'était écriée :

— Monsieur Amab est venu?... Ah! c'est bien à lui.

— Pourquoi donc? lui dit sa mère.

— Ah! pour rien, dit Julie qui rayonnait de joie.

Victor avait donc compris l'envoi de la pensée et du myosotis; car, lui qui n'était pas venu depuis plus de quinze jours, il était accouru ce jour-là même.

Elle était fière, elle était heureuse, elle se croyait aimée.

Ainsi, l'absence n'avait point influé sur cette exaltation qui épouvantait madame Thoré : elle pensa qu'il était temps de prendre un parti et d'amener une explication.

Le lendemain, elle entra de meilleure heure que d'habitude dans le magasin, et alla droit au bureau de Louis Villon.

— Monsieur Louis, lui dit-elle, donnez-moi deux mille francs.

Louis la regarda avec surprise, la comptabilité de monsieur Thoré avait d'invariables habitudes.

Au commencement de chaque mois, la caisse remettait à madame Thoré la pension mensuelle qui devait suffire à toutes les dépenses de la maison.

Jamais, depuis longues années, monsieur Villon n'avait vu madame Thoré faire la plus petite demande d'argent.

— Vous avez dit, Madame? fit Louis avec une sorte d'effroi...

— Je vous ai demandé deux mille francs.

— Et pourquoi?... Pardon! reprit le commis en ouvrant la caisse avec un tremblement convulsif, à quel compte faut-il inscrire cette somme ?

— Au mien !

— Ah ! très-bien... très-bien... à votre compte... bien, fit-il encore en prenant un volumineux portefeuille, très-bien, et nous passerons l'article... au journal... pour... dépenses personnelles.

Et ce disant, il tendit les billets à madame Thoré d'une main tremblante.

Elle examina le commis et ne sut que penser de son effroi.

— Mais qu'avez-vous donc? lui dit-elle.

— Moi, Madame, mais je n'ai rien... vous me demandez deux mille francs, c'est mon devoir de vous les donner.

— Sans doute; mais vous semblez étonné de ma demande.

— Point du tout... Ah ! mon Dieu ! je pense bien que vous voilà arrivée à un moment où ces demandes vont revenir... coup... sur coup... jusqu'au jour où nous déchargerons le compte de monsieur Gobert, notre banquier, de cent cinquante ou deux cent mille francs. Ah ! c'est une belle dot !...

Madame Thoré comprit enfin la terreur de Louis.

Il n'avait trouvé d'autre justification à une demande soudaine de deux mille francs que les dépenses causées par un prochain mariage... C'était un commencement de trousseau.

— Non, lui répondit amicalement madame Thoré, il ne s'agit pas de marier Julie...

Si je vous demande ces deux mille francs, c'est qu'il est une dette que monsieur Thoré a tort d'oublier, et que l'on doit acquitter sur-le-champ ; je vais envoyer ces deux mille francs à monsieur Amab.

— A monsieur Amab, dit vivement le commis en tendant la main comme pour reprendre les billets... et pourquoi ?

— C'est le prix du portrait de mon mari et du mien.

— C'est sans doute aussi celui de la sainte Vierge qu'il a faite, car vous ne lui laisserez pas le portrait de mademoiselle Julie, je suppose.

— Je ne sais pas de quoi vous voulez parler, dit froidement madame Thoré... Vous préviendrez monsieur Thoré de la disposition que vous avez faite de cette somme.

— Oui, oui... je la porterai sur le journal, et pourtant, ajouta-t-il en caressant les billets des yeux... deux mille francs pour deux ou trois semaines de travail, c'est beaucoup... Est-ce un prix convenu ? car sans cela, ce serait exorbitant.

Mais à ce compte ce monsieur gagnerait vingt ou trente mille francs par an.

Il y a des avocats, enrichis au métier de parler, qui trouvent, comme monsieur Villon, qu'un artiste qui a un nom est assez rétribué dans la vie avec une centaine de louis par an ; et ces avocats sont députés, passent pour des hommes intelligents, et font les lois après les avoir exploitées : c'est triste pour notre pays.

Madame Thoré était plus avancée que ces messieurs, car elle répondit à monsieur Villon :

— C'est un prix modeste, mais je le crois convenable ; c'est ce qu'il a demandé à une dame qui a refusé de le payer.

— C'est bien... très-bien, dit Villon ; mais je comprends que cela rende ces messieurs bien impertinents.

— Monsieur Amab m'a paru fort poli...

— Lui ! Madame ! s'écria Villon ; lui ! mais il a cru... Ah ! vous ne savez pas... Il a l'insolence de croire...

— Quoi donc?

— Au fait, cela ne me regarde pas.

— Expliquez-vous, lui dit madame Thoré ; avez-vous à vous plaindre de monsieur Amab ?

— Je ne lui ai jamais adressé la parole.

— Que vous a-t-il donc fait?

— Ce qu'il m'a fait? Pardon, Madame, pardon ; mais j'avais cru... j'avais pensé... assurément c'est une prétention folle.... mais jusqu'au jour où ce jeune homme est entré ici... j'étais comme de la famille... Vous étiez si bonne pour moi... et je me disais qu'un jour peut-être... enfin j'ai eu tort.

Madame Thoré écoutait patiemment ces phrases, entrecoupées de grands soupirs, de regards jetés au ciel, de papiers mis sens dessus dessous, de registres bousculés.

Le commis reprit sa place, ferma violemment sa caisse et se remit à ses écritures en s'écriant d'un ton désespéré :

« Cent quatre saucières à feuillage. »

Et il écrivit l'article.

Madame Thoré ne put s'empêcher de rire.

Tout à coup elle entendit son mari qui déclamait dans la cour une admonestation à un garçon de magasin, et elle dit rapidement au commis :

— Monsieur Villon, je vous autorise à demander formellement à mon mari la main de Julie.

Louis se retourna comme ferait un débiteur à qui un huissier apporterait de l'argent.

— Vous avez dit... Madame... il faut que...

— Il faut que vous ayez parlé à mon mari avant ce soir.

Madame Thoré était rentrée dans son bureau particulier, laissant Villon abasourdi, ivre, fou.

Un moment après Julie parut et elle alla s'asseoir près de sa mère.

Madame Thoré écrivit une lettre de quelques lignes, la mit sous enveloppe, y glissa ostensiblement les deux billets de banque qu'elle venait de recevoir de Villon ; puis elle écrivit l'adresse, et jeta négligemment la lettre sur la table de Julie en lui disant :

— Tu feras remettre ceci à son adresse par le garçon de recette.

Julie prit la lettre, et à peine eut-elle jeté les yeux sur l'adresse, qu'elle jeta un cri étouffé.

Madame Thoré ne fit pas semblant d'entendre, mais elle pria monsieur Villon d'aller terminer dans l'autre magasin une vérification qui demandait beaucoup de temps ; elle voulait donner à Julie la liberté de parler. Villon sortit.

Madame Thoré attendit, Julie ne lui dit rien.

Madame Thoré la regarda furtivement.

Julie, de son côté, regardait la lettre d'un œil fixe. C'était bien celle dans laquelle on avait enfermé deux billets de banque, celle qu'on lui avait dit de faire porter par un garçon de recette, comme on faisait d'une facture ou d'une commande... et cette lettre était adressée à Amab.

C'était là quelque chose que Julie ne comprenait pas, mais qui l'épouvantait et qui l'humiliait aussi.

Alors elle regarda sa mère comme pour bien s'assurer que c'était elle qui avait commis cette énormité ; en effet, Julie eût compris une pareille brutalité faite par son père; mais de sa mère, cela lui semblait inouï ?

— Eh bien ! à quoi penses-tu donc? lui dit madame Thoré.

Julie resta un moment indécise, mais elle refoula la question qui lui venait aux lèvres, et elle répondit avec une expression amère :

— Je ne pense pas... je cherche mon dé...

— Tu l'as à ton doigt.

— C'est vrai... j'ai tort... j'ai tout ce qu'il me faut.

Et elle reprit la broderie qu'elle tenait, les dents serrées pour étouffer ses sanglots, la tête basse pour abriter ses larmes du regard de sa mère.

Madame Thoré fut prête à l'appeler dans ses bras pour la consoler. Elle avait blessé Julie sans réussir à la faire parler.

Cependant elle voulut mesurer cet amour au courage que Julie mettrait à cacher sa douleur, et elle se tut.

Bientôt après, elle comprit combien il était puissant, lorsque le garçon de magasin ayant paru, Julie lui dit d'une voix nette et vibrante :

— Portez cela à son adresse.

Cette obéissance cachait une révolte. Toutefois, madame Thoré resta impassible, car elle avait provoqué de la part de monsieur Villon une démarche qui devait enfin faire éclater le désespoir de Julie.

Un silence glacé régnait entre elles ; mais ni l'une ni l'autre ne se sentait la force de le rompre, lorsque monsieur Thoré entra tout à coup.

Il avait le visage gonflé d'importance, son regard était irrité, sa démarche était tempêtueuse. Il parcourait le vaste magasin dans toute sa longueur, et à chaque fois qu'il passait devant la case grillée où travaillaient sa femme et sa fille, il poussait un énorme soupir ou une sourde exclamation.

Évidemment, il attendait qu'une question quelconque, sur cette furieuse agitation, ouvrît une issue à la colère qui l'animait. Mais sa fille était trop occupée d'elle-même pour s'apercevoir de ce gros manége, et madame Thoré ne voulait pas venir en aide à son mari.

Monsieur Thoré, fort désappointé de ne pas produire le moindre effet, passa à des moyens plus énergiques ; il se mit à parler tout seul :

— C'est incroyable ! c'est monstrueux ! c'est indécent !

Et comme madame Thoré ne levait pas la tête, il prit une porcelaine, et la brisant avec fureur sur le plancher, il s'écria :

— Je ne souffrirai pas que cela se passe ainsi !

— Eh! bon Dieu! qu'y a-t-il? demanda madame Thoré, qui ne pouvait pas jouer plus longtemps la cécité et la surdité.

— Ce qu'il y a, Madame... ce qu'il y a... Vous le savez, je le suppose... Un commis qui se permet, à l'improviste... sans qu'il m'ait fait sonder pour avoir vent de mes intentions... qui se permet de...

— Que s'est-il permis?

— L'ignorez-vous?... Et me mentait-il avec la dernière impudence, lorsqu'en voyant mon indignation, il a osé me dire que vous l'aviez autorisé... que dis-je, autorisé?... que vous lui aviez enjoint de... A-t-il menti?

— Non, mon ami, dit doucement madame Thoré : c'est vrai... et je croyais avoir bien fait... je croyais avoir agi dans le sens de vos projets.

— On n'exécute pas tous les projets qu'on forme... et d'ailleurs... quand on les exécuterait... il y a une manière... convenable... oui, convenable, c'est le mot... de... de s'y prendre.

Mais concevez-vous rien de pareil à un homme à qui vous venez demander un compte-courant, et qui vous arrête en vous disant :

« Pardon, monsieur, j'aurais quelque chose à vous dire.

» — Parlez, mon cher, parlez.

— Eh bien? monsieur, je voudrais vous demander la main de » mademoiselle votre fille! »

A ces mots, madame Thoré ne put s'empêcher de sourire; Julie tressaillit et regarda son père, tandis que celui-ci continuait, en disant :

— C'est comme ça.... absolument comme s'il m'avait dit :

« Pardon, monsieur, j'ai oublié de vous dire qu'il y avait un colis » au roulage. »

Julie devint pâle et immobile; monsieur Thoré continua :

— Et c'est vous, Madame, qui avez autorisé M. Villon à agir vis-à-vis de moi avec ce sans-façon impertinent.

— Si vous saviez... dit madame Thoré.

— Je sais, reprit son mari d'un ton solennel, que je vous ai aimée, que je vous ai épousée, mais que je ne me suis pas conduit comme ça; je ne suis pas allé à monsieur votre père, lui crier :

« Eh! dites donc, monsieur... eh! là-bas... je voudrais bien épou» ser votre fille!... »

Car, plus j'y pense, plus je suis révolté... J'ai été traité...

— Mais, Monsieur... dit madame Thoré.

— Madame, reprit monsieur Thoré avec une majesté redoutable, mon père s'est rendu officiellement chez le vôtre, et lui a fait officiellement la demande de votre main. Votre père lui a répondu favorablement.

Alors et seulement alors, j'ai osé lui parler... Sans compter les préliminaires avant cette démarche importante... les avis secrets... j'avais sondé le terrain, je savais où j'allais.

Mais moi, on m'aborde, et v'lan! on me demande ma fille, comme une douzaine d'assiettes. Et c'est ma femme qui autorise de pareilles insultes....

Quel siècle que le nôtre! Quelles mœurs, mon Dieu! Quelles mœurs!

Cette tirade avait épuisé la force pulmonaire de M. Thoré, qui tomba assis en soufflant, sous prétexte de soupirer.

— Je comprends, dit doucement sa femme, je comprends votre humeur contre une démarche qui, certes, n'est pas adroitement faite; mais réfléchissez, je vous prie, que, depuis longtemps, vous considérez cette union comme convenable...

— C'est possible...

— Pensez que M. Villon est loin de sa famille.

— On fait écrire...

— N'oubliez pas que l'amour est inconsidéré...

Le regard que madame Thoré envoya à son mari renfermait un volume de souvenirs.

On pouvait affirmer, d'après ce regard, que la démarche officielle du père, si pompeusement rappelée, avait été la conséquence de quelque démarche particulière.

Monsieur Thoré eut un mouvement de fatuité superbe : il se leva, s'approcha du bureau et dit :

— Bon Dieu! je ne veux que le bonheur de mes enfants... mais encore faut-il que les choses se fassent dans les formes.

— He! mon Dieu! on les oublie aisément quand on est emporté par la passion... dit madame Thoré.

Toi-même, ne viens-tu pas d'oublier que la dernière personne devant qui tu pouvais me faire une pareille scène, c'était notre Julie, qui ne sait quelle contenance tenir, toute troublée qu'elle est de son bonheur?

Julie se leva, regarda madame Thoré et quitta le magasin, en disant d'une voix brève :

— Vous êtes cruelle, ma mère.

Madame Thoré resta atterrée de ce mot.

— Que veut-elle dire? s'écria monsieur Thoré.

La mère se prit à pleurer.

— Je vous dirai cela, mon ami; mais il faut que je parle à ma fille, il faut que je lui parle.

Elle suivit Julie dans l'appartement; elle la trouva dans sa chambre, pâle de colère et de douleur.

— Que signifient, lui dit-elle, les mots que tu as prononcés en me quittant?

Julie domina la violente émotion qui l'agitait, et répondit :

— J'ai eu tort de vous parler comme j'ai fait, j'ai eu tort de quitter le magasin, je vous en demande pardon.

— Mais en quoi, comment me suis-je montrée cruelle à ton égard?

— J'ai eu tort... je vous le dis.... j'étais folle... j'ai eu tort...

— Ce mariage te déplaît-il?

Julie hésita à répondre.

En ce moment son père entra, il avait entendu la question et la renouvela.

— Je n'ai pas le droit, dit Julie, de répondre à mes parents qu'un mariage qu'ils trouvent convenable me déplaît; mais je vous le déclare avec tout le respect que j'ai pour vous, mon père, pour vous, *madame*.... jamais... non, jamais je n'épouserai monsieur Villon... J'aimerais... ah! j'aimerais mieux mourir!

Cette réponse si ferme et si sèche attestait cependant l'empire que Julie gardait sur elle-même. Son agitation était si terrible, sa pâleur si effrayante, que sa parole était mesurée, relativement à l'émotion qu'elle éprouvait.

Monsieur Thoré n'y vit qu'un refus qu'il trouva grandement audacieux.

Madame Thoré y sentit un sanglant reproche.

La proposition d'un pareil mariage venant de son père, n'étonnait point Julie; mais cette proposition venant de sa mère, semblait l'avoir frappée comme une trahison. Julie comptait sur sa mère pour échapper aux projets de monsieur Thoré, et c'était elle qui en pressait l'exécution.

Cependant, monsieur Thoré, à peine sorti de sa bouillante tirade contre l'outrecuidance de commis, voulut aussitôt rentrer en campagne contre la désobéissance de sa fille.

— Qu'est-ce à dire?... Jamais ce mariage ne se fera, avez-vous dit? Apprenez, Mademoiselle, que *jamais* est un mot qui n'appartient pas au dictionnaire des jeunes personnes bien élevées...

— Mon père, lui dit Julie avec une humble tendresse, vous êtes bon, vous... c'est mon bonheur que vous voulez... Eh bien! je vous le jure, il n'est pas là, il ne peut pas y être...

Vous ne me forcerez pas, *vous*, à épouser un homme que je n'aime pas, que je n'aimerai *jamais!*

Pardonnez-moi ce mot... je le sens, je serais bien malheureuse d'être forcée de vous désobéir; ne me contraignez pas à vous résister... ayez pitié de moi, mon père...

Madame Thoré écoutait sa fille avec une cruelle douleur. Le soin que Julie mettait à l'exclure de la prière qu'elle adressait à son père seul, lui montrait sous un nouvel aspect cette âme d'enfant qu'elle savait exaltée, mais qu'elle ne croyait pas si résolue.

M. Thoré tenait beaucoup à ce mariage : c'était un projet qu'il caressait depuis longtemps. Il connaissait la valeur commerciale de Villon, et savait aussi qu'il devait hériter d'une fortune assez ronde.

Mais, comme nous l'avons dit, il était incapable de résister à une larme de sa femme ou de sa fille. Il ne se sentait pas le courage de lui répondre avec fermeté; mais comme il lui fallait quelqu'un à gronder, il se tourna vers sa femme

— Parbleu! vous avez fait là une *belle ambassade!* Voilà votre fille dans les larmes, M. Villon dans une position fausse...

Moi-même, que voulez-vous que je fasse? Je ne puis garder ce jeune homme... chez moi... il faut que je le renvoie, et c'est la clé... oui, madame, la clé de voûte de mes affaires... Que vais-je faire?

— Mais, parlez donc! après avoir fait le mal, trouvez-y remède.

— Eh bien! monsieur, dit Mme Thoré, je suppose que vous n'avez pas dit à M. Villon que vous me feriez part de ses intentions.

— Ses intentions, vous les savez, puisque vous les avez encouragées.

— Sans doute; mais Julie peut les ignorer. Dites à M. Villon que le moment n'est pas venu.. que plus tard... Gagnez du temps...

En ce moment, je voudrais causer avec Julie...

— Pas de menace envers votre fille surtout, point de système d'intimidation; je veux que ma Julie soit libre et heureuse...

Plus tard, quand elle aura réfléchi, je lui parlerai aussi... et... j'espère qu'elle entendra raison.

M. Thoré se préparait à sortir à l'instant même où un domestique apportait à Mme Thoré la lettre de Victor.

— Une lettre d'affaires, sans doute, dit M. Thoré... Donnez, car il faut que j'aie la tête à tout dans cette maison.

— Non, mon ami, une lettre qu'il faut que je montre peut-être à Julie.

— Quel est donc ce mystère? — Je vous le dirai plus tard.

— J'y compte, fit M. Thoré, et il s'éloigna.

Comme si cette lettre eût été un puissant auxiliaire dans l'explication que la mère voulait avoir avec sa fille, Mme Thoré s'empressa de briser l'enveloppe.

Les deux billets de banque n'échappèrent point au regard de Julie, et un sourire de triomphe glissa sur ses lèvres.

Mme Thoré lut la lettre et ne put dissimuler le dépit qu'elle éprouva. Elle avait deviné le personnalisme d'Amab; mais elle n'était pas capable de comprendre le calcul hardi par lequel il voulait arriver.

Elle demeura un moment silencieuse, elle hésitait; un doute se glissa dans son esprit; elle se demanda si elle ne se trompait point sur le caractère de Victor, et voulant enfin sortir de l'étrange position où elle se trouvait vis-à-vis de sa fille, elle lui tendit la lettre.

— Lis cela, lui dit-elle, et sois franche avec moi.

Julie prit la lettre.

A la pâleur qui couvrait son visage succéda une douce animation, puis une vive rougeur, puis des larmes lui vinrent aux yeux; elle regarda sa mère qui lui tendait ses bras suppliants, et la belle enfant courut s'y cacher, en lui disant :

— Eh bien! oui... c'est vrai, je l'aime...

— Pauvre enfant! lui dit sa mère, en l'embrassant, heureuse de sentir sur son cœur le cœur de sa fille qui s'était un moment séparé d'elle; triste encore, car elle n'avait pas perdu la conviction que cet amour était un malheur.

Puis Julie lui dit, au milieu de ses baisers et de ses larmes :

— Pardonne-moi de ne pas te l'avoir dit.

— Hélas! je le savais.

— Tu le savais! dit Julie avec une vive surprise, exempte toutefois du ressentiment de ce qu'elle venait de souffrir, car toute sa colère s'était fondue dans les larmes de sa mère; tu le savais, et c'est toi qui as dit à M. Villon de demander ma main?

Mme Thoré ne jugea pas prudent d'alarmer le cœur de sa fille, après ce qui venait de se passer; elle ménagea cette âme dont la vive sensibilité l'effrayait, et elle répondit en souriant :

— N'ai-je pas bien fait, puisque c'est ce qui a amené un aveu que tu aurais dû me faire depuis longtemps?

— C'est que je n'osais pas...

Je voyais bien que tu n'aimais pas M. Victor... Oh! si tu l'avais seulement aimé comme M. Villon, dont tu fais toujours l'éloge... je t'aurais tout dit...

Mais, pourquoi donc te déplaît-il?... que t'a-t-il fait?... que t'a-t-il dit?... Est-ce parce qu'il m'aime sans t'en avoir demandé la permission?...

Mme Thoré prit sa fille dans ses bras et pressa sa tête sur son sein; elle voulait lui cacher les larmes qu'appelait dans ses yeux la folle confiance de Julie.

— Pardonne-moi, mon enfant, de ne pas t'avoir demandé plus tôt ton secret... mais promets-moi une chose... c'est que jamais tu ne diras une parole, tu ne feras une démarche, si indifférente qu'elle soit, que je n'en sois informée, et cela surtout envers M. Amab...

La jeune fille baissa les yeux.

— Tu ne réponds pas... Ne veux-tu pas me faire cette promesse?

— Oh! dit la jeune fille confuse, maintenant je te dirai tout...

— Tu ne m'as donc pas tout dit?...

— Non... pas tout...

Et la belle enfant, tremblant, rougissant, hésitant, caressant sa mère, tordant les rubans de sa ceinture, lui raconta comment elle s'était laissé regarder par Victor, et puis comment elle lui avait envoyé cette pensée, et ce *ne m'oubliez pas.*

— Et tu n'as pas écrit?...

— Oh! maman...

— Et tu pourrais, au besoin, dire que ce n'est pas toi qui as envoyé ces fleurs.

— Mentir?... et pourquoi?

— Monsieur Amab n'est pas sûr que c'est toi qui les as envoyées.

— Oh! il m'a devinée; car le soir même il est venu.

— N'importe, il doit l'ignorer; tu ne dois pas le lui avouer; je t'en prie, Julie.

Crois-moi, mon enfant, je ne parle pas de monsieur Amab plutôt que d'un autre; mais aucun homme ne sait gré à une femme de l'imprudence qu'elle commet pour lui, alors même qu'il la sollicite avec ardeur; on y perd toujours quelque chose de son estime, quelquefois même de son amour.

Tu m'as confié ton cœur, laisse-moi le guider.

— Oh! merci, ma mère, merci! dit Julie avec joie.

Puis se ravisant tout à coup :

— Mais quelle figure vais-je faire à M. Villon, à présent?

— Tu dois ignorer sa démarche; reste donc naturelle avec lui... naturelle et bonne... c'est un honnête homme, un homme de cœur... D'ailleurs, il souffre.

Tu ne sais pas encore ce que c'est que d'aimer et d'être dédaigné.

— Aussi, pourquoi m'aime-t-il?

Il n'y a que les coquettes et les méchantes femmes qui pardonnent à l'homme qu'elles n'aiment pas de les aimer : cela les amuse. Quant aux naïves et aux meilleures, elles sont sans pitié pour les importuns de cette espèce.

Mme Thoré gronda doucement sa fille, et puis il lui fallut accepter à son tour d'être grondée des préventions qu'elle avait contre Victor;

« Cent quatre saucières à feuillage. » Et il écrivit l'article. — Page 14.

Paris. — Typ. de Ve Dondey-Dupré, rue St-Louis, 46, au Marais.

86

car elle avait beau ne pas les dire, Julie les devinait; elle avait compris que c'était pour l'humilier dans son amour pour Victor, que sa mère lui avait écrit devant elle, et l'avait chargée de faire porter cette lettre et l'argent qu'elle renfermait.

Mme Thoré lui laissa dire tout ce qui murmurait de craintes et d'espérances au fond de cet amour; elle écoutait parler cette jeune imagination, s'épanouissant en rêves charmants, frais, jeunes, teints de rose. Le bonheur que se promettait ce cœur d'enfant était si candide!

C'était cet amour inépuisable qui donne sans cesse et qui demande si peu en retour qu'il semble qu'on ne puisse le lui refuser. C'était toute une vie arrangée d'avance avec un époux, avec une famille, avec les grands soins et les petits chagrins qu'elle entraîne à sa suite.

Et telle était la pureté de cet esprit exalté, qu'il n'y avait rien de plus chaste que cette jeune fille parlant de son mari, de sa maison, de ses enfants à venir; elle était comme les anges, elle voyait tout cela du ciel; ses pieds ne s'étaient pas encore salis à la boue du monde, ses ailes ne s'étaient pas déchirées aux tranchants aigus des intérêts égoïstes, elle nageait à plein vol dans une atmosphère limpide et lumineuse...

Et sa mère l'écoutait toujours, l'admirant ainsi, l'adorant d'être si confiante, et s'attristant cependant à la pensée qu'elle s'élançait peut-être vers un but où elle ne trouverait qu'un sol aride et un air glacé.

Enfin, la mère interrompit ce doux babil, et pour ne pas laisser s'accroître l'embarras d'une rencontre entre Julie et M. Villon en leur donnant le temps de réfléchir l'un et l'autre, elle demanda à sa fille de descendre sur-le-champ au magasin.

Amab éprouvait la plus triste inquiétude en voyant cet évanouissement se prolonger, — Page 27.

X

LA LIONNE EN QUÊTE.

Le basard fit que cette rencontre eut lieu d'une façon plus facile que ne l'espérait Mme Thoré.

Toutes deux, en entrant au magasin, trouvèrent M. Villon fort occupé à faire étaler devant une belle dame les plus riches marchandises de la maison.

— Tout cela est fort beau, disait cette dame; vous êtes une riche maison, à ce que je vois. M. Thoré est établi depuis longtemps?

— C'est une des plus anciennes maisons de Paris. M. Thoré l'a reçue de son père.

— Ah! disait la jeune dame tout en examinant un thé, c'est donc un jeune homme?

— Non, Madame, non.

— Il est marié?

— Oui, Madame...

Regardez ceci; les Anglais n'ont rien qui approche de cette finesse de découpures...

— Oui, vraiment... c'est très-bien... Et il a des enfants, M. Thoré?

— Oui, Madame.

Mme Thoré entrait avec Julie au moment où cette dame faisait cette question.

— Voilà sa femme et sa fille, Madame.

L'étrangère se retourna et ne put retenir un vif mouvement de surprise à l'aspect de ces dames. Elle les examina avec une attention qui eût pu passer pour de l'insolence, s'il ne s'y était mêlé un singulier étonnement et une expression de sombre colère.

Cependant Julie et sa mère rentrèrent dans leurs bureaux, après avoir salué la dame, qui dit assez bas à M. Villon :

— Ah! c'est là Mme et Mlle Thoré?

— Oui, Madame.

— Il me semblait que vous m'aviez dit que M. Thoré avait un fils?

— C'est vrai, mais je ne crois pas en avoir parlé à Madame...

— C'est possible, j'aurai mal entendu. Veuillez me faire envoyer ce thé.

— A quel nom et à quelle adresse?

L'étrangère s'arrêta au moment où elle allait répondre...

— Ne me l'envoyez pas, faites-le emballer, on viendra le prendre un de ces jours... Dites-moi le prix, je vais le payer.

En parlant ainsi, elle regardait Julie avec une expression menaçante et un sourire sardonique.

— C'est inutile, dit Villon, et quand Madame l'enverra chercher...

— Non, Monsieur... je pars pour la campagne... je préfère payer... la personne qui viendra chercher ces porcelaines me les enverra...

— Alors, Madame, pour la campagne, il faudra une caisse, et nous ajouterons le prix de l'emballage.

— Ajoutez tout ce que vous voudrez, dit la dame avec impatience.

Pendant tout ce temps elle n'avait pas quitté Julie du regard.

— Mademoiselle Julie, dit Villon, voulez-vous faire facture du service anglais numéro 5?...

Julie prit une facture, Mme Thoré un registre.

— Madame veut-elle une facture détaillée?

— Oui, oui, dit la dame d'une voix particulière, oui, je désire une facture détaillée.

Villon lui offrit une chaise dans le bureau des dames, mais elle la refusa et resta en dehors du grillage, pendant que la mère et la fille écrivaient sous la dictée de Villon.

Mme Thoré regarda plusieurs fois pour voir si cette étrangère continuait à les examiner avec la même curiosité. Mais elle était plongée dans de profondes réflexions, et, soit qu'elle se rappelât le passé, soit qu'elle méditât quelque projet à venir, on eût pu juger, à la sombre expression de son visage, qu'elle soulevait en elle de cruels souvenirs, ou qu'elle se promettait une terrible vengeance.

A peine Julie eut-elle fini, qu'elle passa la facture par un petit guichet, en disant :

— Voilà, Madame.

Celle-ci la prit et la regarda avec une attention qui eût fait dire à M. Thoré que cette dame ne payait pas sans vérifier ses comptes, et qui fit presque peur à Mme Thoré.

Cette dame plia soigneusement la facture, et en jeta le montant sur la tablette du bureau, puis elle s'éloigna rapidement, sans un mot qui eût rapport à l'achat qu'elle venait de faire, sans une inclination pour répondre aux saluts empressés et commerciaux de M. Villon.

Personne ne se doutait qu'avec cette femme un horrible malheur était entré dans la maison.

— Hum ! fit le commis, en prenant l'argent déposé sur la tablette, voilà une drôle de pratique.

— Singulière, en effet, dit Mme Thoré qui tendit au commis les billets que Victor lui avait renvoyés, et qui ajouta :

— Faites rentrer ces deux mille francs en caisse.

— Ces deux... mille... fit Villon stupéfait.

— Oui...

— Comment passerai-je ce versement ?

— J'ai pris deux mille francs ce matin... Je vous les rends ce soir, il est inutile que cela paraisse sur les livres.

— Pardon, Madame, dit Villon avec amertume, l'article est passé, je ne puis pas sortir d'argent de ma caisse sans en passer écriture... Je ne puis pas en faire rentrer sans faire de même... et Madame sait bien que les livres de commerce n'admettent pas de ratures... Il faut donc que je sache...

— Monsieur... dit Mme Thoré avec impatience.

— Il faut que Madame veuille bien me dire, reprit Villon en baissant la tête, comment je dois...

— Eh bien ! dit Julie d'un air moqueur, écrivez : pour refus de les recevoir de la part de celui à qui ils étaient destinés.

—Vraiment ! dit Villon d'une voix altérée et en regardant Mme Thoré.

— Oui, dit celle-ci, c'est la vérité... Arrangez cela comme vous l'entendrez...

Villon ne dit rien, prit l'argent de l'étrangère et les billets, il alla à son bureau où il écrivit d'abord la vente du thé, et ensuite, sur sa main courante :

« Reçu 2,000 francs destinés au sieur Amab, et que celui-ci a refusés. »

Sa main tremblait en passant cet article, et, ce qui n'était peut-être jamais arrivé à un livre de commerce, une larme d'amour et de désespoir vint faire un pâle pâté sur cette somme de deux mille francs.

Pendant ce temps, Julie disait tout bas à sa mère :

— Ce pauvre M. Villon, il ne comprend pas ce fier désintéressement.

— Tais-toi, Julie ! tais-toi !... il le comprend plus que tu ne crois.

La fin de cette journée fut triste et pénible pour tout le monde.

Charles, contre son ordinaire, ne rentra que fort tard.

XI. — PRISME DE L'AMOUR.

Le lendemain fut plus triste encore.

Quand Mme Thoré demanda Charles, avec lequel elle voulait avoir un moment d'entretien, elle apprit qu'il était parti de très-grand matin, d'assez grand matin pour n'avoir pas reçu une lettre qui fut remise à Mme Thoré, et sur l'adresse de laquelle elle reconnut l'écriture d'Amab.

Du reste, cette sortie matinale n'avait rien d'étonnant : Charles vivait avec une entière liberté.

A part le sot métier de bouffon qu'il avait accepté, c'était un loyal garçon qui travaillait avec zèle, qui ne faisait point de dettes, et qui menait une vie assez rangée pour que sa mère fermât les yeux sur les petites irrégularités qu'il se permettait très-rarement, et qu'il avait grand soin de tenir cachées.

A ce propos, il faut dire qu'il y a des gens qui déblatèrent avec feu contre l'hypocrisie des jeunes gens qui mentent à leurs parents sur certaines petites fautes. Ils ont de gros mots tout prêts pour qualifier l'impudence de ces mensonges et le déplorable avenir qui attend ces malheureux.

Mme Thoré n'était point de cet avis : si elle ne trouvait pas une excuse aux fautes de son fils dans le soin qu'il mettait à les cacher, elle y voyait du moins un témoignage de respect et de soumission.

Peut-être, dans une autre famille que la sienne, avait-elle vu quelques-uns de ces jeunes progressistes, qui discutent insolemment avec leur père le droit qu'ils ont de découcher, de faire des dettes, de mener joyeuse vie, chez qui la franchise du vice est un vice de plus; âmes corrompues sur lesquelles la famille n'a plus d'action, car ils ne la respectent plus assez pour lui mentir, car ils prétendent lui imposer leur scandaleuse conduite.

Or donc, Mme Thoré savait les escapades de son fils, et, en toute autre circonstance, cette sortie matinale ne l'eût point alarmée. Mais il est des jours où tout prend un sens triste et menaçant, et il fallut à Mme Thoré toute la force de sa résolution, pour ne pas envoyer chez Amab, afin d'avoir des nouvelles de Charles.

Elle était au plus fort de son inquiétude, lorsqu'elle vit arriver le jeune peintre.

En effet, on doit se rappeler que la veille, Amab avait écrit à Charles. Dans cette lettre il le priait de venir sur-le-champ, et déjà les deux tiers de la journée étaient passés sans que Charles eût paru à l'atelier.

Amab, alarmé de cette absence, venait pour savoir ce qu'était devenu ce jeune homme, car il supposait avec quelque raison que la vengeance de Leona avait pu entraîner Charles dans quelque piége dangereux.

Il fallait que cette crainte fût bien sérieuse pour déterminer Victor à aller chez madame Thoré, car il avait compris que Julie pourrait voir dans cette visite un empressement amoureux.

« Eh bien ! s'était-il dit, si on me laisse entrevoir que c'est ainsi qu'on comprend ma venue, je répondrai assez clairement pour qu'on n'ait plus de doute sur mes intentions. »

Par une étrange bizarrerie, cet amour, qui lui était indifférent, le préoccupait sans cesse. Il lui causait un malaise et un embarras dont il voulait dégager sa vie.

On verra ce qui advint de cette résolution et de la manière dont il l'exécuta.

Madame Thoré avait eu la force de ne pas envoyer chez Amab; mais elle ne put contenir le vif mouvement d'anxiété qui la fit s'avancer vers le jeune peintre qui, sans doute, allait la rassurer.

Julie comprit ce mouvement comme un accueil plus amical par lequel sa mère voulait réparer l'espèce d'injure qu'elle avait faite à Victor, et l'en remercia du fond de l'âme.

Victor reçut cette démonstration empressée avec une timidité triste.

— Je suis charmée de vous voir, Monsieur, dit madame Thoré, car j'allais envoyer chez vous pour...

— Madame, reprit Victor en l'interrompant vivement, je suppose qu'il y a un sujet sur lequel toute correspondance est finie entre nous; je vous le demande en grâce.

Monsieur Villon toussa bruyamment et écrasa une plume sur son bureau.

— Nous parlerons de cela avec mon mari, dit madame Thoré assez froidement; mais je voulais savoir si vous aviez vu Charles aujourd'hui.

Victor essaya de cacher l'inquiétude que lui donnait cette question, et il répondit :

— Non, Madame, non, je n'ai point vu Charles; je lui avais écrit pour le prier de venir chez moi.

— N'est-ce pas là votre lettre ?

— Oui, Madame, et comme je n'ai pas encore reçu de réponse, je supposais que Charles était indisposé, et je venais pour savoir de ses nouvelles.

Toute l'âme de cette mère fut saisie d'un froid glacial.

Sans s'en rendre compte, madame Thoré prévit quelque affreux malheur.

— Quoi ! vous n'avez pas vu Charles aujourd'hui ?

— Non, madame.

— Et vous n'avez aucune idée des causes de son absence ?

— Aucune, dit Amab avec embarras; car il reconnaissait que ses craintes étaient justifiées.

— Vous n'avez pas entendu parler de quelque partie de plaisir projetée avec ses amis ? Vous ne supposez pas qu'il ait quelque raison ou peut-être quelque... occupation qui l'éloigne ?

Et la façon dont madame Thoré prononça ce mot *occupation*... permettait à Victor de le prendre dans son sens le plus étendu : c'était lui demander si Charles n'avait pas été entraîné dans un de ces rendez-vous qui n'ont pas de nom qu'on puisse dire devant une jeune fille.

Victor le comprit; et voulant se donner le temps de savoir ce que Charles était devenu, il répondit avec un trouble qui venait du mensonge qu'il allait faire, et que madame Thoré prit pour l'embarras qu'il éprouvait à confirmer les soupçons d'une mère :

— Il est possible qu'il ait, comme vous dites, une occupation qui l'ait tenu éloigné toute la journée... Cependant, ce n'est pas dans ses habitudes, il est exact, et si je le retrouve à l'atelier, ce que je suppose, je le gronderai.

— Ainsi, vous n'avez aucune crainte ?

— Aucune; mais j'ai besoin de lui, et je comptais le trouver ici; et comme je vous l'ai dit, si je le trouve chez moi, je vous l'enverrai.

Victor se leva et salua.

Depuis qu'il était entré, Julie, les yeux baissés sur son ouvrage, n'avait pas levé la tête. Pour elle, l'absence de Charles était un prétexte que Victor avait pris avec empressement.

Son départ précipité était un acte de complaisance, une de ces humbles servilités par lesquelles un amant cherche à gagner les bonnes grâces d'une mère. Elle regarda Victor pour le remercier. Celui-ci était levé et prêt à sortir. Ce regard l'arrêta; il parut hésiter, puis il reprit sa place. A ce moment, il se décida à mettre en exécution le plan de conduite qu'il s'était tracé vis-à-vis de Julie.

Alors seulement aussi, Mme Thoré se souvint que c'était là une visite difficile à soutenir pour elle et pour sa fille.

Elle tenta de jeter l'entretien bien loin des pensées qui pouvaient les occuper l'un et l'autre, et elle dit à Victor :

— Est-ce pour quelque nouveau tableau que vous aviez besoin de Charles?

— Non, Madame, je ne suis pas encore assez pressé de travaux pour être obligé de faire travailler mes élèves, et ce n'est qu'aux grands maîtres qu'il appartient de dédaigner assez certains détails de leurs œuvres, pour les confier à des mains moins habiles que les leurs.

— Cependant, vous préparez sans doute quelque nouvelle composition?

— Je travaille toujours, répondit Amab en appuyant sur ses paroles : il y a tant à faire pour devenir un grand artiste.

— Ne l'êtes-vous pas déjà?

— Oh! non, Madame, s'écria Victor avec chaleur, et comme s'il se jetait avec empressement dans une voie dont on avait abaissé la barrière devant lui. C'est par d'autres travaux, d'autres efforts que les miens, qu'on arrive à cette haute renommée, à cette position puissante qui est la couronne des artistes.

Pour être digne de ce nom de grand artiste, il faut avoir le courage de lui sacrifier son repos, sa santé... sa vie, s'il le faut...; bien plus que cela, ses plus chères espérances, le bonheur rêvé et qui vous sourit au réveil.

Quand on veut la gloire, il faut oublier la fortune; il faut presque déserter sa famille, quand on a le bonheur d'en avoir une; la vie d'un artiste, c'est une perpétuelle lutte, une abnégation de toutes les heures. Ce sont les études incessantes, les voyages lointains qui dévorent les jeunes années que d'autres donnent aux plaisirs.

— Mais aussi, quand on revient, on est heureux, dit Mme Thoré, qui cherchait à voir clair dans les sentiments d'Amab.

— Oui, Madame, heureux, quand on retrouve une famille à qui l'on peut dire : Voilà ce que je rapporte de gloire, en échange du chagrin qu'a fait mon absence.

Mme Thoré ne put se méprendre à l'intention que Victor mettait dans ses paroles.

Evidemment, Amab désirait qu'elles eussent un sens particulier pour celle qui l'écoutait. C'était comme une explication de ses sentiments et de ses projets.

Mme Thoré voulut que cette explication fût aussi complète que pouvait le désirer Victor; et elle lui dit d'une voix émue :

— Mais la tendresse de sa propre famille n'est pas la seule à qui l'on puisse rapporter sa gloire?

Julie se prit à trembler à ces paroles, M. Villon s'agita sur sa chaise tournante qui gémit aigrement, et Mme Thoré attendit.

Victor ne répondit pas sur-le-champ, tant il fut surpris de l'ouverture qui lui était faite.

Enfin, il se prit d'un grand courage, et il répondit :

— Je ne suis pas assez vaniteux pour croire que je puisse inspirer une affection assez vive... peut-être assez patiente... pour attendre... un retour incertain... peut-être.

Julie étouffait : sa respiration était pénible...

Victor continua :

— Car s'il était possible que quelqu'un me sût gré du peu que je suis, croyez-vous, Madame, que je fusse assez fou pour espérer que cette affection survivrait à l'absence... car je partirai sans doute bientôt. Que peut le souvenir d'un pauvre artiste vagabond contre les hommages, contre les tendres sollicitations de tout ce qui entoure cette affection laissée derrière lui? ce serait l'exposer à une lutte bien chanceuse...

Et, ajouta-t-il avec un soupir, il trouverait probablement une déception au retour.

Julie le regarda, et ne baissa les yeux que devant le regard sévère que lui jeta sa mère.

Victor continua :

— Ce n'est pas qu'il eût le droit de blâmer l'oubli qui l'accueillerait.

Que doit-on à celui qui fait des promesses qu'il ne tiendra pas peut-être? Peut-on compter sur un cœur qui préfère les chances d'une carrière éclatante, mais aventureuse, au bonheur qui venait s'asseoir près de lui?

Pour ma part, Madame, si jamais (ici la voix de Victor se troubla) si jamais, dis-je, j'avais pu espérer qu'une pareille tendresse me fût promise, j'aurais cru de mon honneur de lui dire : « Ne confiez pas les rêves de votre bonheur à un de ces êtres capricieux, fantasques, qui vivent avec leur pensée comme avec leur plus chère compagne; craignez de voir se briser vos espérances contre un dépit, contre une colère où vous ne serez pour rien.

Ne demandez pas votre bonheur à celui qui ne peut pas vous devoir le sien tout entier; n'approchez pas votre âme délicate et faible de ces esprits de fer qui, lancés par leur ambition comme une flèche par un arc puissant, déchirent et brisent tout ce qui les arrête, et se brisent quelquefois eux-mêmes avant d'arriver au but. »

Julie tremblait à faire peur à sa mère.

Madame Thoré voulut rompre l'entretien, et dit d'une voix suppliante :

— Vous avez peut-être raison; mais Charles ne revient pas... Seriez-vous assez bon...

— C'est juste, Madame, dit Victor avec empressement, je vais le chercher et je le trouverai, je vous le promets.

Il sortit.

Julie étouffait.

Sa mère tout alarmée lui dit tout bas :

— Eh bien! tu l'as entendu?

— Oh! ma mère, fit la jeune fille en laissant éclater son cœur, qu'il est noble et grand!

— Mais tu ne l'as pas compris? s'écria sa mère alarmée; il va partir, il l'a dit.

— Hé bien! ma mère, repartit Julie avec une joie fière, je l'attendrai.

Quand l'incendie est largement allumé, tout lui profite, jusqu'à l'eau qui éteindrait un faible brasier : c'est de même en amour.

Madame Thoré se tut, monsieur Villon écoutait.

Victor avait-il parlé sincèrement? Madame Thoré l'avait cru d'abord, et elle admirait cet homme qui se sacrifiait pour guérir une blessure qu'il avait faite sans le vouloir.

Mais en voyant que tout cela n'avait fait qu'exalter davantage la passion de Julie, elle douta, elle se demanda si elle n'avait pas affaire à un séducteur d'une habileté supérieure.

Madame Thoré se perdait dans ce langage hautain et sonore de Victor Amab.

Pour elle, la gloire, la renommée, n'étaient pas des mots vides de sens; mais elle ne comprenait rien à ces sublimités religieuses que certains écrivains ont mises à la mode au sujet de l'art et des artistes. Elle comprenait qu'on travaillât beaucoup, qu'on négligeât pour cela ses plaisirs, sa femme même, sa maîtresse au besoin; mais cela ne s'appelait pas, dans son style, de sublimes abnégations, d'ardentes luttes.

Pour elle, un peintre était un peintre; mais ce n'était pas un prêtre de l'art drapé dans ses inspirations célestes et sa mission divine. Elle ne trouvait pas cela ridicule, elle ne connaissait pas assez les artistes pour cela; mais elle était étourdie, incertaine, et, en voyant sa fille s'éprendre à ce langage métaphorique, elle se sentit tout à fait découragée.

Elle pensa à son fils qui pouvait l'éclairer, la guider, et reprit sa première inquiétude, en voyant que l'heure du dîner était passée, et que Charles n'avait pas encore reparu.

XII. — LE LION.

Le lendemain, Victor était dans son atelier, se félicitant du courage qu'il avait montré la veille, et se disant :

« Cette jeune fille a dû me comprendre, ou tout au moins sa mère; il est impossible de dire plus clairement à une femme : je ne puis pas vous aimer, et c'est une folie à vous de m'aimer.

» D'ailleurs, qu'est-ce que tout cela? un petit roman que cette petite a fait à elle toute seule... car, que lui ai-je demandé, moi? de me laisser faire un croquis de son visage... ce n'est pas là une déclaration. Elle est bien avertie à présent, et, ma foi, si elle ne m'a pas compris, je finirai par m'expliquer clairement avec son frère. »

Alors il se souvint qu'il avait promis la veille à Mme Thoré de retrouver Charles et de le lui ramener.

Il allait s'informer à quelqu'un de ses élèves, lorsqu'il vit entrer dans son atelier un homme de vingt-cinq ans tout au plus, mis avec une parfaite élégance, d'un visage noble, mais déjà usé, et couvert de cette pâleur tachée de veines pourprées qui disent que la mort habite dans ce corps vivant. Il était d'un blond fade, d'une taille élancée, et qu'il portait avec une certaine raideur.

Une ardeur fébrile allumait ses grands yeux bleus. Des lèvres pâles et minces, un nez busqué, un front large et développé, dénotaient chez ce jeune homme l'intelligence, la volonté et le courage.

Mais nul sentiment tendre ne semblait avoir place dans cette nature puissante et passionnée.

Il demanda M. Victor Amab d'une voix douce, mais fatiguée, et après que celui-ci se fut nommé, il lui dit :

— Peut-on vous parler d'affaires devant ces messieurs?

— C'est à vous, monsieur, à juger si ces affaires peuvent avoir des auditeurs.

— Ma foi, dit le jeune homme, je n'en sais rien ; je viens pour vous acheter un tableau.

— Vous pouvez parler, dit en souriant Victor.

— J'ai envie d'avoir votre *Vierge aux pleurs*, dit le jeune homme ; n'est-ce pas comme ça qu'on la nomme?

Ce nom n'était encore arrivé à Amab que par la lettre de Léona ; il se demanda si cet inconnu n'avait pas quelque rapport avec elle.

— Un pareil désir me flatte, monsieur ; il me montre que ce tableau vous a frappé.

— Je ne l'ai pas vu. C'est quelqu'un qui le veut absolument, et à qui j'ai absolument envie de le donner... Voilà la vérité...

Vous voyez que je n'y mets pas de finesse. Aussi, je vous prie, ajouta-t-il en riant, ne m'écorchez pas trop.

— Vous me rendez curieux, dit Victor ; et peut-on savoir quelle est la personne qui veut absolument avoir ce tableau?

— Elle m'a formellement défendu de la nommer. Pourquoi? je n'en sais rien. C'est bien l'esprit le plus fantasque... Mais enfin, elle le veut, j'obéis...

Voyons, quel est votre prix?

« *Elle* le veut, » avait dit le jeune homme ; c'était donc une femme dont il s'agissait. Amab ne douta plus que l'acheteur ne vînt de la part de Mme de Cambure ; et il repartit en mettant une question à la place d'une demande :

— Quel serait le vôtre?

— Léona m'a dit que cela valait au moins dix mille francs.

C'était le nom qu'attendait Victor, et qui devait le décider à faire ou à ne pas faire le marché.

Les élèves s'entre-regardèrent. Le tableau était richement estimé.

— Eh bien! reprit le jeune homme, cela vous va-t-il?

Avant qu'il répondît, on vint annoncer à Victor que deux dames l'attendaient dans son appartement : c'était sans doute quelque portrait à faire.

Victor dit qu'on les priât d'attendre dans le salon qui communiquait à son atelier par une issue fermée d'épaisses portières de vieux brocart.

S'il eût été tourné de ce côté, Amab eût vu une main soulever la portière, un regard rapide parcourir l'atelier, et il eût peut-être entendu ce mot échappé à l'anxiété maternelle : « Mon Dieu! où est-il? » mot que prononça Mme Thoré, car c'était elle.

A ce moment il suivait des yeux le jeune homme qui, ayant aperçu dans un coin de l'atelier une panoplie, se mit à la frapper de sa badine, en s'écriant :

— Tiens! ce n'est pas mal, ça...

Puis l'acheteur se retourna :

— Eh bien! votre juste prix? dit-il, voyons...

Pendant ce temps, Victor avait cru comprendre que madame de Cambure, cette femme si grossièrement insultée par le frère de Julie et par lui-même, ne pouvait désirer l'image de cette charmante fille que dans un but de vengeance. Peut-être, se dit-il, voulait-elle acquérir cette œuvre, qui l'avait enthousiasmée jusqu'à la folie, pour l'anéantir.

Cette pensée fit peur à Amab ; et comme le dandy renouvela sa question :

— Monsieur, dit froidement Victor, mon tableau n'est pas à vendre.

— Voilà! s'écria le jeune homme, j'en étais sûr!... je m'y ferai toujours prendre... J'aurais dû vous envoyer quelque brocanteur... Vous refusez dix mille...

— Oui, Monsieur.

— Eh bien! douze...

— Non, Monsieur.

— Quinze, dix-huit, vingt mille francs...

Les élèves regardaient Amab, à qui de pareilles offres paraissaient une fortune inespérée ; plus qu'une fortune, une consécration de son succès.

Il fut sur le point d'arrêter l'élan financier du jeune homme en lui disant :

— Donnez-moi donc dix mille francs, et ce tableau vous appartient.

Mais il avait dit que ce tableau n'était pas à vendre, et il eût rougi de faire de cette assertion une ruse de spéculateur ; son orgueil s'y opposait.

— Non, monsieur, répondit-il avec effort.

Le jeune homme resta stupéfait du refus, pendant que les élèves admiraient le désintéressement de leur maître, à moins qu'ils ne s'étonnassent de le voir mettre à son œuvre un prix qu'elle ne valait pas.

— Tenez, dit enfin l'acheteur, j'ai promis ce tableau... Soyez franc ; dites votre prix tout de suite.

J'ai bien donné en une heure quatre-vingt mille francs de diamants pour un bal... Je puis bien donner trente, quarante mille francs pour une fantaisie. Je l'ai promis ; faites-en votre profit... Je paierai ce que vous voudrez, cinquante, soixante mille...

La parole de ce jeune homme avait quelque chose de fiévreux : c'était l'émotion de ces malheureux dissipateurs, esclaves à la fois d'une passion folle et d'une vanité féroce... à qui le bon sens qui leur reste montre toute la fureur des sottises qu'ils font, mais qui les font avec une sorte d'acharnement. C'est l'homme habitué à l'ivresse de l'eau-de-vie, qui sait qu'il en mourra, et qui en boit avec rage, désespéré qu'il est d'en boire

Amab comprit ainsi ce jeune homme, et lui dit en l'interrompant vivement :

— Ni pour soixante mille francs, ni pour deux cent mille vous n'aurez ce portrait : il n'est pas à vendre.

Le jeune homme s'arrêta, et dit avec un accent amer :

— Alors, c'est le portrait de votre maîtresse.

— Monsieur, dit fièrement Amab, je ne permets à personne...

— Pardon, dit l'autre, je sais que vous êtes brave ; j'ai entendu raconter de vous un duel assez bizarre... Je n'ai pas voulu vous offenser...

Mais, avouez que si ma supposition n'est pas juste... ceci devient une énigme inexplicable...

— Vous en savez peut-être le mot sans vous en douter, lui dit Amab.

— Et probablement je l'ai dit sans m'en douter.

— Peut-être, dit Amab, qui pensait qu'en nommant *Léona*, ce jeune homme lui avait fait prendre le parti de ne pas lui vendre ce tableau.

Celui-ci prit ce *peut-être* d'une tout autre façon ; il en revint à l'idée que c'était le portrait d'une maîtresse adorée et qu'Amab lui sacrifiait sa fortune ; il répliqua donc :

— Pardieu, Monsieur, vous êtes un aussi grand fou que moi... Si cependant il vous vient une lueur de sagesse, tirez un bon à vue sur le comte de Monrion, en m'envoyant votre Vierge ; je m'en fie à votre probité.

— Ne comptez pas sur ce tableau, Monsieur, dit Amab, et veuillez cesser des instances... qui...

— Qui vous sont pénibles, dit M. de Monrion d'un ton railleur... Est-ce que vous seriez homme à finir comme la reine Anne et à vous écrier : « Vous m'en direz tant! »

Eh bien! Monsieur, je ne fais pas, comme Mazarin, une supposition, je ne dis pas : Si on vous offrait cent, deux cent mille, etc... moi, j'offre cent, deux cent mille...

— Monsieur, dit Amab avec impatience, nous jouons un jeu d'enfants. J'ai refusé, parce que j'ai des raisons particulières de refuser. Si j'acceptais la moindre des propositions folles que vous me faites, je serais un malhonnête homme.

— Vous vous trompez, dit le comte, je paierais le double de ce que je vous offre, pour ne pas avoir la scène qu'on va me faire, et le double encore, pour pouvoir dire à quelqu'un :

« Vous avez désiré... vous êtes obéie... »

Vous me brouillez probablement avec elle, je vous pardonne le mal que vous me faites, mais il est possible que je m'en venge.

— Que voulez-vous dire?

— Je ne le sais pas trop moi-même... mais je vous en avertis, peut-être dans deux heures, je serai votre ennemi mortel...

Adieu, monsieur.

Le jeune homme sortit, et un murmure confus glissa dans l'atelier : Victor Amab avait refusé deux cent mille francs d'un tableau ! Raphaël et Rubens n'étaient que des polissons comparés à lui.

Amab resta un moment immobile et muet ; un profond soupir s'échappa de sa poitrine ; il venait de soutenir une lutte terrible ; non pas qu'il eût cru à la possibilité d'un marché aussi fou que celui que lui avait proposé en dernier lieu M. de Monrion, mais parce qu'il y avait entre le prix réel du tableau et cette exagération un milieu qui pouvait être une excellente affaire pour Amab.

Il chercha une consolation dans l'enthousiasme de ses élèves, et voulant donner à cette scène un sens qui le posât d'une façon héroïque, il leur dit :

— Messieurs, l'amour d'un homme est comme l'honneur d'une femme, rien ne doit pouvoir le payer.

XIII. — A LA RECHERCHE D'UN FILS.

Il avait à peine prononcé ces paroles, qu'il entendit un léger cri dans le salon où il avait fait attendre les dames qu'on lui avait annoncées.

Il y alla avec l'espérance qu'elles avaient pu entendre la magnifique comédie qu'il venait de jouer. Il ne s'était pas trompé, on l'avait entendue ; mais un vif mouvement de dépit remplaça la joie que Victor en éprouvait, lorsqu'il reconnut Mme Thoré et sa fille.

Le soin de sa propre gloire, et peut-être aussi le soin de la réputation de Julie, venait de coûter trop cher à Amab pour qu'il ne lui en voulût pas quelque peu.

Le trouble de Mme Thoré était grand : il lui semblait impossible de douter de la passion insensée d'Amab.

Quant à Julie, il y avait en elle une extase qui rayonnait dans ses regards, dans son sourire, dans ce je ne sais quoi de divin dont le bonheur illumine la beauté.

Pour d'autres que pour ces dames, le vif mouvement qui agita Amab à leur aspect, eût été ce qu'il était véritablement, du déplaisir et du dépit : mais pour des yeux prévenus comme ceux de Julie, ce fut la douloureuse confusion d'un cœur fier, surpris dans un de ses plus nobles sacrifices.

Comment se faisait-il que Julie fût là ? C'était le résultat de l'absence de Charles.

Mme Thoré, n'ayant pas vu revenir son fils, avait enfin conçu les plus sérieuses alarmes. Déjà Villon, déjà M. Thoré couraient dans Paris à la recherche du fugitif.

Après leur départ, Julie avait fait observer à sa mère qu'on n'était pas convenu d'aller chez M. Amab.

— Il m'eût fait informer de lui, s'il en avait eu des nouvelles, lui avait-elle répondu.

— Peut-être n'a-t-il pas osé, avait dit imprudemment la jeune fille.

— S'il n'a pas osé, c'est donc qu'il est arrivé quelque affreux malheur ! s'écria la pauvre mère.

Et, sur cette supposition, le cœur de Mme Thoré s'était figuré des désastres accomplis ; un danger de mort : la mort peut-être. Elle avait quitté sa maison dans une telle agitation, que sa fille avait voulu la suivre, et que sa mère l'avait laissée faire.

Pour être vrai, il faut dire que ni l'une ni l'autre n'avaient pensé, en ce moment, à aucun autre intérêt que celui de Charles.

Mais ce que toutes deux venaient d'entendre ne les avait pas laissées dans cette sympathie d'inquiétude : la sœur avait oublié son frère, lorsque la mère pensait toujours à son fils.

Elle courut vers Amab, et lui prenant les mains :

— Charles ! lui dit-elle, avez-vous des nouvelles de Charles ?

— Aucune, Madame, dit Amab, charmé de voir aborder ce sujet ; je n'en ai aucune...

— Mais il est donc mort !... s'écria la mère avec désespoir... O mon Dieu ! mon Dieu ! mon pauvre Charles, qu'est-il devenu ?...

Quoi, monsieur, vous ne savez rien ?

— Rien, madame...

— Ne craignez pas de me tout dire, car, à votre air troublé... je comprends, je devine...

— Je vous jure, Madame, que je n'ai aucune nouvelle de lui.

— Que vous a-t-on dit, reprit Julie, là où vous êtes allé le chercher hier?

Amab n'avait été nulle part ; mais, en présence de la douleur de cette mère, il ne voulut pas paraître avoir négligé le devoir qu'il s'était engagé à remplir.

— On ne l'a point vu.

— C'est quelque querelle, répondit avec trouble Mme Thoré, un duel peut-être...

— Il eût choisi des témoins parmi ses camarades, et ces témoins, quels qu'ils fussent, vous eussent avertie d'un malheur, s'il était arrivé.

— Alors c'est un affreux accident...

— La police l'eût découvert et vous eût fait prévenir.

— Mais, qu'est-ce donc? s'écria Mme Thoré en se tordant de désespoir, et en tombant sur un siége où elle se mit à pleurer.

— Un ennemi caché, peut-être, s'écria Julie.

Victor se troubla et tressaillit : la jeune fille venait de toucher juste aux craintes qu'éprouvait Amab, et les avait fait se révéler.

Julie, dont le regard semblait voir Victor sans le regarder, aperçut ce mouvement, et, l'entraînant vivement, elle lui dit tout bas :

— Oh ! si vous avez quelques indices, dites-le-moi... voyez ma mère, elle en mourrait... et moi, j'en serais bien malheureuse, ce serait un coup affreux dans notre famille, et vous, vous devez y prendre part, car Charles vous aimait comme un frère.

— Eh bien ! Madame, rentrez chez vous, dit Amab en s'adressant à Mme Thoré, qui, en voyant sa fille parler bas au peintre, pensa qu'on voulait lui cacher quelque fatal secret et s'était rapprochée d'eux.

Amab avait compris enfin qu'il devait quelques bons offices à une douleur dont il était jusqu'à un certain point coupable, et il ajouta :

— Rentrez chez vous, veuillez m'y attendre toute la journée...

Je vais m'informer près de quelqu'un...

— Qui cela ?... s'écria Mme Thoré... Oh ! j'irai moi-même.

— Ce n'est pas possible, dit Victor avec embarras.

Mme Thoré le devina, et, à son tour, l'entraînant à l'écart, elle lui dit tout bas :

— C'est chez une femme, n'est-ce pas ?

— Sans doute ; mais une femme chez laquelle vous ne pouvez vous présenter.

— Le désespoir d'une mère a le droit d'entrer partout, Monsieur, fût-ce dans une maison infâme?

— Ce n'est pas cela, Madame ; mais je vous jure que vous ne pouvez pas, que vous ne devez pas y aller... D'ailleurs, vous ne savez rien... vous n'obtiendrez rien...

J'y vais à l'instant même...

— Eh bien ! je vous y accompagnerai, je vous attendrai... à la porte... cachée dans un fiacre.

— Madame !...

— Je veux vous suivre, Monsieur, je le veux.

Il y a dans la volonté d'une mère un pouvoir auquel les plus indifférents obéissent.

Amab consentit.

Quelques minutes après, un fiacre s'arrêtait à quelques pas du n°... de la rue Joubert.

Amab en descendit seul : sur l'indication du concierge, il monta au premier étage et demanda Mme Léona de Cambure ; il lui fut répondu que Madame était sortie.

Il voulut savoir à quelle heure il serait possible de la voir. Il lui fut encore répondu que Madame ne rendait point compte à ses gens de ce qu'elle voulait faire, et qu'il était possible qu'elle rentrât dans cinq minutes, comme il se pouvait qu'elle ne rentrât pas de huit jours et qu'elle restât à la campagne.

Amab ne put obtenir d'autre réponse.

En redescendant, il fut très-étonné de voir le fiacre de Mme Thoré avancé jusqu'à la porte cochère.

Là se trouvait aussi une petite charrette à bras, traînée par un commissionnaire ; sur cette charrette était une grande caisse où on avait écrit : *fragile*, avec la marque T. R. : c'était celle de la maison Thoré ; c'était la caisse renfermant le thé qu'était venue acheter la veille cette dame si belle, si curieuse, si insolente, qui n'avait voulu dire ni son nom ni son adresse.

— Oui, oui, disait Mme Thoré à sa fille, c'est cette femme qui a perdu mon fils... mais je m'adresserai aux magistrats, je découvrirai son crime, je lui arracherai ce pauvre enfant...

Déjà Mme Thoré ne croyait plus à la mort de Charles ; mais elle craignait une fuite, un départ avec une adroite courtisane ; une de ces passions folles qui égarent et perdent la jeunesse ; elle pensait à la beauté de cette femme, à l'expression farouche de son visage, à cette impudente investigation qu'elle était venue faire de sa maison, et elle s'écria : — O mon Dieu ! dans quelles mains est-il tombé !

Toutes ses craintes lui parurent des certitudes au moment où Amab vint lui rendre compte de la réponse qu'il avait reçue.

— Je l'avais deviné, ils sont partis ensemble.

— Fasse Dieu que cela soit ! dit Amab, qui avait des terreurs bien plus graves que celles-là.

— Que voulez-vous dire ? dit Mme Thoré.

— Que ce serait une folie de jeune homme, reprit Amab, qui aurait probablement une fin prochaine.

— Mais où est-il ? où sont-ils?

— Voilà ce que j'espère savoir dans quelques jours.

— Dans quelques jours, dites-vous ?

— Oui, Madame.

— Mais je le saurai dans quelques heures, moi... La police va être avertie, cette femme dénoncée...

— Et si vous vous trompiez, Madame ? dit Amab, qui craignait de voir son nom ridiculement mêlé à un scandale grotesque, et qui n'aimait l'éclat qu'autant qu'il pouvait lui profiter. D'ailleurs, ajouta-t-il, Charles est d'un âge où l'on est, selon la loi, le maître de ses actions. Il a pu partir, s'il l'a voulu.

— Comment l'aurait-il pu faire, sans autre argent que le peu que je lui donnais?

— Et s'il s'en est procuré par des moyens qui ne vous paraissent pas honorables, voudriez-vous les faire ébruiter?

Mme Thoré poussa une exclamation désespérée : cette crainte brisa l'énergie de sa douleur, et elle se laissa aisément persuader par Amab, quand celui-ci lui dit :

— Sans cesser vos démarches d'un autre côté, veuillez vous confier à moi, je vous jure sur l'honneur que je n'aurai ni repos ni trêve que je n'aie découvert Charles, que je ne vous l'aie ramené.

Mme Thoré accepta cette promesse et consentit à retourner chez elle; mais Amab qui, pour prévenir les effets de la douleur de Mme Thoré, s'était engagé à plus qu'il ne pouvait, Amab se demanda, lorsqu'il fut seul, comment il tiendrait l'engagement qu'il venait de prendre.

Léona était partie, où était-elle, comment la découvrir?...

Un seul fil pouvait le conduire sur sa trace, ce fil était dans la main de M. de Monrion. Mais que pouvait-il aller dire à cet homme? quels renseignements lui demander? de quel droit s'informer à lui de ce qu'était devenue Léona?

Amab hésita longtemps, puis il s'écria tout à coup :

« Lâche et sot que je suis ! j'ai rêvé une gloire exceptionnelle, une vie marquée d'un sceau de bizarrerie ou de fatalité, et je recule lorsque le hasard me la présente, pour ainsi dire, toute faite. L'amour de Julie, la colère de Léona.. n'est-ce pas là deux événements de ceux qui mettent en relief un homme de génie ? La gloire de Byron ne doit-elle pas quelque chose à l'audace de ses aventures ?

» Qu'ai-je à craindre ? Un duel ? Eh bien ! celui-là me pose, celui-là me dispense de l'ignoble rencontre dont je suis menacé. »

Amab se décida à se rendre chez le comte de Monrion.

XIV. — SCÈNE DE FAMILLE LÉONINE.

Le comte de Monrion demeurait rue du Faubourg-Saint-Honoré.

Lorsqu'Amab arriva, on lui dit qu'il était peu probable que M. de Monrion voulût le recevoir, attendu qu'il était en la compagnie de son oncle, le marquis de Montaleu.

Amab insista pour qu'on remît sa carte à M. de Monrion, et tout aussitôt on vint lui dire que le comte l'attendait. Du salon qui précédait celui où on allait l'introduire, il entendit le bruit d'une conversation très-animée.

Amab s'arrêta par discrétion.

— Entrez, entrez, lui dit le valet de chambre : M. le comte veut vous voir à l'instant.

Amab entra.

Pendant qu'il saluait, Monrion continua, tout en lui rendant sa salutation.

— Tenez, dit-il à son oncle, voilà monsieur qui peut vous dire qu'on ne vous a pas trompé, en vous disant que je jetais l'argent par les fenêtres. J'ai voulu lui payer deux cent mille francs un tableau qui ne vaut peut-être pas cent écus, et je suis tout prêt à les lui donner encore, si par hasard il vient pour renouer le marché.

— Je suppose que monsieur, qui a déjà refusé, refuse encore, repartit le vieillard à qui s'adressait le comte.

— Toujours, messieurs, dit Amab, et je viens ici pour un autre motif.

En ce cas, mon cher peintre, reprit Gustave de Monrion, la parole que je vous ai donnée ce matin tient entre nous... nous sommes ennemis mortels, et . un de nous est de trop, partout où sera l'autre. C'est ce que j'allais vous écrire au moment où M. le marquis de Montaleu, que j'ai l'honneur de vous présenter, est venu me faire le plus superbe discours.

Comment se fait-il, dit Gustave en se retournant vers son oncle, que vous n'ayez pas cette éloquence à la Chambre?... vous seriez ministre...

Amab était pétrifié de ce qu'il voyait, de ce qu'il entendait; il admirait la patience du marquis de Montaleu, qui ne s'était pas récrié à l'insolente apostrophe de son neveu... c'était un noble et grand vieillard qui regardait Gustave avec un douloureux étonnement.

— Monsieur le comte de Monrion, lui dit-il, puisque vous persistez à déshonorer votre nom...

— Ce qui déshonore le nom d'un gentilhomme, dit celui-ci avec une hauteur incroyable, ce n'est pas de faire courir sur le turf, et de jouer le wisth à cent louis la fiche, quand il paye ses paris et ses chevaux... Ce n'est pas de jeter sa fortune à l'amour d'une courtisane, quand il ne lui jette que cela.

Ce qui déshonore un gentilhomme, mon oncle, c'est de mentir aux lois de l'honneur et de la probité ; c'est de se couvrir de son nom pour échapper à l'infamie ou au châtiment que de sales intrigues appelleraient sur tout autre; aucun de ces crimes, je ne les ai faits.

Le jour où un créancier dira que j'ai trompé sa bonne foi, le jour où une femme de bien élèvera la voix contre moi en disant que j'ai perdu sa réputation ; le jour où un homme pourra se vanter de m'avoir fait l'ombre d'une insulte sans que je l'aie vengée à l'instant même, ce jour-là, vous pourrez dire que j'ai déshonoré mon nom de gentilhomme ; jusque-là, gardez ces phrases vides pour ceux qui les méritent mieux que moi.

— Mais, reprit son oncle, vois la vie que tu mènes.

— Je la connais, dit Gustave en se jetant sur un canapé ; je me ruine et je me tue.

— Malheureux, s'écria le vieux marquis ; mais la misère peut venir avant la mort.

— Rassurez-vous, mon oncle, je calcule mieux que vous ne croyez : j'ai arrangé les choses pour que mon dernier écu sorte de ma caisse le même jour que mon dernier souffle sortira de mon corps : et, dans le cas où je me serais trompé, ce dernier écu me servirait à chasser ce dernier souffle, si ma vie était plus tenace que je ne l'ai prévu.

Le marquis se détourna.

— Oh ! je vous comprends, reprit Gustave, ceci vous est désagréable ; ceci vous prive d'un magnifique mouvement oratoire d'oncle : « Mon neveu, je vous déshérite ! »

— Change de manière de vivre, et toute ma fortune est à toi, dit le vieux marquis les larmes aux yeux.

— Il est trop tard, dit Monrion ; nous n'en sommes plus au siècle où l'on croyait à l'or potable pour faire revenir les moribonds.

— Gustave, dit le vieillard, et ce nom de tendresse familière fit tressaillir malgré lui le jeune débauché ; Gustave, il y a un souvenir que je ne voulais pas vous rappeler, car j'aurais craint de le souiller en le faisant apparaître dans cet asile d'immoralité ; mais, puisque rien ne peut vous toucher, il faut bien que je vous le rappelle.

Gustave, oubliez-vous donc que vous avez fait mourir votre mère de chagrin ?

— Ma mère ! ma mère !... s'écria-t-il.

Le comte de Monrion fit un pas vers son oncle, les poings fermés, les lèvres convulsivement agitées, il mesura le vieux marquis d'un regard sinistre, tandis que celui-ci restait tristement immobile devant lui.

Ce calme aspect du vieillard imposa au jeune homme. Il détourna les yeux ; et, par une singulière préoccupation, il les arrêta longtemps sur une petite tasse de porcelaine de Saxe posée sur une console ; alors toute sa colère sembla s'enfuir avec le profond soupir qui s'exhala de sa poitrine.

Bientôt sa figure reprit cette expression de triste gaieté qu'il avait quand Victor était entré. Il se mit à sourire sardoniquement, et s'adressant à Victor, il lui dit :

— L'homme qui touche du bout du doigt à une femme ou à un vieillard est un lâche, n'est-ce pas ? C'est du moins un des axiomes de la morale courante.

Mais quel nom devrait-on donner à la femme qui, forte de sa faiblesse, au vieillard qui, protégé par ses cheveux blancs, vous jette au visage une de ces accusations pour laquelle on demanderait tout son sang à un homme qui peut s'appeler un homme?

On eût dit que le marquis éprouvait un sentiment de colère pareil à celui qui venait d'agiter son neveu, et peut-être, contre tout autre que le fils de sa sœur, eût-il répondu par un défi à cette insolence, et cela malgré son âge et sa faiblesse.

Mais son ressentiment éclata d'une manière plus cruelle peut-être, car il lui répliqua :

— Monsieur le comte de Monrion, il n'y a pas de grande différence, en morale courante, entre demander tout son sang à un vieillard et épuiser la vie de sa mère dans les larmes.

— Encore! s'écria Monrion... Prenez garde... vous venez chez moi pour m'insulter... Prenez garde, monsieur, ne tentez pas mes vices, puisque vous les connaissez si bien...

Avez-vous donc besoin que je fasse une action honteuse pour déshonorer mes derniers jours?... Eh bien! vous ne l'obtiendrez pas...

Tenez... ajouta-t-il avec un ricanement furieux, parlez... maintenant je suis patient... dites que j'ai tué ma mère... que je l'ai empoisonnée !... assassinée !... que sais-je !... Je vous le permets... parlez... criez, radotez... je vous écoute...

Parlez donc... mais vous ne parlez pas!...

Monrion se jeta sur un divan en riant d'un rire glacé... Il était livide,.. sa respiration était haletante et embarrassée comme le râle d'un agonisant.

Le marquis, qui le regardait d'un œil fixe, sembla perdre sa force... il chancela et quitta vivement le salon ; mais il ne put sortir de l'appartement, et se laissa tomber sur un siége, dans le salon qui précédait celui où venait de se passer cette scène.

Monrion fit un pas vers lui. Mais il s'arrêta et dit à Victor :

— Voyez ce qu'il a... confiez-le à ses gens... il me tarde d'en avoir fini...

Victor passa dans le premier salon, il trouva le vieux marquis qui se relevait péniblement et qui s'apprêtait à sortir; il lui offrit son bras.

— Laissez-moi, monsieur, lui dit doucement M. de Montaleu, c'est une faiblesse indigne devant un pareil misérable... Mais que voulez-vous? en le voyant là, hâve, défait, usé, aussi perdu de corps que d'âme, en voyant la mort et le vice rire ensemble sur ses lèvres flétries, je me suis rappelé cet enfant si beau, si joyeux, si tendre, qui faisait l'orgueil et l'amour de sa mère; et sur lequel, moi, j'avais mis toutes les espérances de notre famille; je me suis rappelé le jeune homme brave, loyal, généreux (car il était tout cela), qui nous promettait un si noble avenir, et alors, je me suis senti saisi du plus horrible désespoir.

— Oh! mais si vous essayiez encore...

— Non, monsieur... non... c'est fini... La main qui l'a poussé à sa perte pèse toujours sur lui... elle ne le lâchera qu'après l'avoir jeté dans la tombe... Fasse Dieu qu'elle ne l'y jette pas déshonoré!

Le vieillard fit un pas pour sortir.

Monrion, qui avait tout entendu, parut aussitôt, et dit d'un ton solennel :

— La main qui m'a poussé à ma perte, c'est la vôtre, monsieur, ce sont vos sévérités cruelles, vos petites dénonciations à ma mère, vos sarcasmes contre tout ce que j'aimais, vos fureurs contre une femme qui échappait à votre haine... voilà ce qui m'a poussé à ma perte...

Quant à me pousser au déshonneur, sa main ni la vôtre ne le pourront jamais.

M. de Montaleu ne daigna pas répondre à son neveu; il salua Victor et lui dit :

— Si jamais vous rencontrez sur votre route une femme qui s'appelle Léona de Cambure, fuyez comme si vous posiez le pied sur un reptile venimeux.

Adieu, monsieur.

Après ces mots, M. de Montaleu sortit.

— Ah! c'est ainsi, s'écria violemment Monrion, c'est toujours la même accusation... Eh bien! ce sera toujours la même réponse.

Pour la première fois de ma vie j'hésitais... car elle avait dépassé toutes les limites de l'impossible en fait d'exigence, et je lui devais une compensation... et cependant j'hésitais...

Mais il est encore venu me parler d'elle... Léona est toujours le dernier mot de ses reproches, ce sera le dernier de ma vie.

Monsieur, ajouta-t-il en se tournant vivement vers Victor, Léona m'a demandé ce tableau de la Vierge que vous avez fait. Venez-vous pour me l'offrir à un prix quelconque?... si c'est votre intention, apprenez-moi quel est ce prix, je vous le donne.

— Je vous ai déjà dit, monsieur le comte, que ce tableau n'était pas à vendre. Et je vous dis, ajouta Victor sans s'arrêter au violent mouvement de dépit que laissa échapper Monrion, je vous dis que je suis trop honnête homme pour abuser d'un caprice...

— Ah!... dit Monrion en ricanant... vous aussi, monsieur... vous me prenez en pitié, vous ne voulez pas abuser de ma folie...

Savez-vous bien que je n'avais pas besoin de cela pour vous demander raison de l'impertinence de votre refus?

— Monsieur le comte, vous m'avez dit que vous saviez que je n'étais pas homme à laisser passer de semblables paroles.

— Je ne l'ai pas oublié.

Concluons donc : demain matin, ce tableau sera chez moi... ou bien je vous attendrai au bois de Boulogne avec des témoins... Je vous laisse vingt-quatre heures pour réfléchir...

— Toute réflexion est inutile; vous n'aurez pas ce tableau et je ne me battrai pas avec vous pour ce sujet.

— Si vous en voulez un autre, je vous le donnerai... Mais je me réserve de dire que l'insulte que vous me forcerez à vous faire n'a pas d'autre motif que la volonté que j'ai d'avoir ce tableau que j'ai promis à Léona.

Vous n'y gagnerez rien.

— Monsieur le comte, je me promènerai demain au bois de Boulogne, et, si vous m'y insultez, peut-être trouverez-vous qu'une insulte n'a pas toujours un duel pour résultat.

— Comptez-vous me tuer sur le coup?... Soit, dit Gustave, c'est une façon d'en finir tout comme une autre.

Seulement, vous venez de prendre un engagement qui m'autorise à vous traiter comme le dernier des hommes, si vous ne le tenez pas... mais je suis sûr que vous ne manquerez pas à votre parole...

Parlons d'autre chose... Vous êtes venu chez moi... veuillez m'en dire le motif... Je me mets tout à votre service, quoi que vous puissiez me demander...

Victor était mécontent : ce n'était pas la peur d'une rencontre ou d'une action terrible à faire qui lui donnait cette humeur; il avait prévu ce danger : ce qui l'arrêtait, c'était la supériorité de monsieur de Monrion.

Il se trouvait petit et commun avec ses habiles calculs et sa vaste ambition près de ce jeune homme qui mettait si lestement en jeu les débris de sa fortune et sa vie, pour un caprice de vanité. Victor ne voulut pas rester en dessous de cette forfanterie extravagante, et répliqua froidement :

— Puisque vous voulez bien m'offrir vos services, je les accepte.

— Je vous en remercie, Monsieur. Dites-moi donc en quoi je puis vous être utile.

— J'aurais besoin de vous pour retrouver madame Léona de Cambure.

— Vrai? dit Monrion, qui ne put s'empêcher de paraître étonné.

— Je me suis présenté chez elle, et l'on m'a dit qu'elle était partie.

— En ce cas, repartit Monrion, vous en savez autant que moi.

Je suis allé chez elle en quittant votre atelier; je lui ai dit mon peu de succès... J'ai été mis à la porte après quelques mots fort doux de sa part... ce qui veut dire qu'elle me pardonnera difficilement ma maladresse... et me voilà.

— Mais vous savez où la retrouver?

— Pas du tout!

— Ne la reverrez-vous plus?

— Je la reverrai... dit Monrion avec un accent amer et triste... Oui, le jour où je vous aurai tué pour n'avoir pas voulu me vendre votre tableau, je la reverrai... Ou bien le jour où vous m'aurez tué... elle reviendra : — mais je ne la reverrai pas, dans ce cas, ajouta-t-il en riant.

— Pardon, monsieur le comte, fit Victor d'un air supérieurement fat, l'affaire qui me fait désirer de voir madame de Cambure est plus importante que votre mort ou la mienne. N'avez-vous aucun renseignement à me donner?

— Aucun! mais je ferai pour vous... ce que je n'ai jamais fait pour moi...

Monsieur de Monrion sonna.

Un valet de chambre parut.

— Ecoute bien ce que je vais te dire, drôle... lui dit Gustave.

Tu es à mes gages pour m'espionner, je le sais... Léona me demande toujours des gratifications pour toi, afin que tu lui dises tout ce que je fais.

— Monsieur le comte peut-il croire...

— J'en suis sûr... je te paye trop bien pour que tu ne me trahisses pas supérieurement... Léona n'est pas femme à te laisser me voler.

Mais, en retour de cette trahison, tu dois avoir quelqu'un de ses secrets. Tu dois savoir où elle est.

— Je jure à monsieur le comte...

— Quand ce ne serait que pour lui donner avis de ce que je deviens, tu sais comment arriver jusqu'à elle?...

— Si je le savais...

— Je ne te le demande pas... Mais voilà monsieur qui a besoin de le savoir... Monsieur, avec qui probablement je me couperai la gorge demain ou après-demain... Il veut voir Léona, dis-lui où elle est... je te le permets...

Pardon, ajouta-t-il en se tournant vers Victor, je vous laisse avec Jean; il sait ce que vous voulez savoir... Tâchez de le déterminer à parler... je vous le livre... C'est tout ce que je puis faire...

Adieu, Monsieur...

Monrion sortit, et le valet de chambre dit à Amab : — Vous êtes monsieur Victor Amab?

— Oui.

— Eh bien! peut-être pourrai-je vous dire demain si vous pouvez voir madame de Cambure.

— Où le saurai-je?

— Je vous le ferai dire chez vous.

Victor quitta la maison de M. de Monrion, sans autre renseignement que cette vague promesse.

XV. — ANALYSE.

Cependant, il trouva que cette promesse pouvait lui permettre d'apporter une ombre d'espérance à Mme Thoré, et il se rendit chez elle pour lui dire qu'il comptait voir le lendemain la personne qui pouvait lui donner des nouvelles de Charles.

Une fois encore, et pendant qu'il gagnait la rue Paradis-Poissonnière, Amab se mit à réfléchir sur sa position, et sur l'étrange suite d'événements qui l'entraînaient malgré lui.

Jaloux d'obtenir à tout prix une renommée exceptionnelle, il avait fait à cette ambition des sacrifices réels. Mais Victor n'acceptait les mauvaises chances d'un événement qu'autant que c'était lui qui engageait la partie; et voilà que, depuis quelque temps, il n'était que l'instrument passif d'intérêts qui s'agitaient pour lui sans doute, mais contre son gré.

Cachée sous les habits d'un jeune homme, elle lui servait de secrétaire. — Page 30.

Ainsi lui était venu, d'un côté, l'amour exalté de Julie; d'un autre, le désir fougueux de Léona, et pour les avoir repoussés tous deux, il se trouvait à la merci des douleurs d'une mère, en butte aux fureurs d'un pauvre fou. Mme Thoré lui demandait compte de la vie de Charles et du repos de Julie; M. de Monrion voulait le tuer parce qu'il lui refusait un tableau.

Et tout cela, sans compter la vengeance de Léona, bien plus terrible dans son silence que toutes les menaces de M. de Monrion; sans compter la passion de Julie, qui devait se croire adorée après avoir entendu la scène de l'atelier.

Il vint dix fois à la pensée de Victor de prendre la poste et de fuir à quatre cents lieues, en laissant tout ce monde se dépêtrer à sa guise de l'embarras où chacun se trouvait. Mais c'était fuir, c'est-à-dire paraître avoir peur de M. de Monrion, de Léona; c'était abandonner Charles, lorsque celui-ci pouvait dire un jour que Victor était de moitié dans les causes du danger auquel il avait été exposé. Amab n'hésita pas un moment. Il avait du moins les nobles côtés de l'orgueil dans ce qui se discute, s'il ne les avait pas dans ce qui se fait spontanément. Il se décida à rester.

Il avait cependant, au milieu de tous ces événements, de toutes ces passions, une chose dont il se croyait le maître... c'était d'arrêter l'amour de Julie, quoiqu'il l'eût essayé sans y réussir.

Elle ne m'a peut-être pas compris, se dit-il, quand je lui ai dit devant sa mère qu'un amour comme le sien ne pouvait avoir aucune espérance; je veux, aujourd'hui, qu'elle ne conserve plus aucun doute à cet égard.

Il est de mon honneur de détruire dans l'esprit de Julie, aussi bien que dans celui de Mme Thoré, les idées que peut leur avoir données le refus que j'ai fait à M. de Monrion de lui vendre mon tableau. De ce côté, du moins, je veux rester le maître d'agir à ma guise.

En conséquence de cette réflexion, il se hâta d'aller chez Mme Thoré, autant pour la prévenir au sujet de Charles, que pour mettre en exécution sa dernière résolution.

S'il n'y avait pas des hommes qui, à vingt ans, se consacrent librement à la prêtrise, on se demanderait si Victor est un être possible; et encore pourrait-on se dire que celui qui se voue au service de l'Eglise porte en lui la vaste ardeur dans laquelle on comprend que s'absorbent toutes les autres, tandis que Victor, demeurant dans le monde, devait nécessairement y vivre des passions qui en sont la vie.

Avait-il cette chasteté qui n'admet pas une liaison irrégulière?

En ce cas, l'amour de Julie s'offrait à lui sous les voiles blancs du mariage, et tout ce qui entourait cette chaste fiancée venait admirablement en aide à ce bonheur, s'il était dans les désirs de Victor. Jeunesse, beauté, grâce, esprit, enthousiasme, noble et bonne famille, fortune, probité : que pouvait-il rêver de plus?

N'était-ce point à ces deux asiles de la vie, à ces félicités chastes et durables que tendait son âme ardente? lui fallait-il les luttes de la passion? voulait-il donner sa vie aux manéges adroits d'une coquetterie raffinée, aux folles ardeurs d'une bacchanale amoureuse : en ce cas pourquoi dédaigner Léona?

En était-il là que, pour lui, l'amour ne fût pas le complément nécessaire du génie, que la femme ne fût pas le premier secret que l'on cherche à deviner? Oui, Amab en était encore là.

Parti de la misère, cet homme avait pesé la valeur de chaque minute, et comme il avait réglé l'ordre de ses travaux, il avait réglé l'ordre de sa vie.

Expliquons-nous.

Lorsqu'il vivait péniblement du salaire de ses journées, il n'avait jamais dit à ses camarades qu'un plaisir coûtait trop cher : il disait qu'il coûtait trop de temps. Ce mot *temps*, renfermait bien plus de choses pour lui que le mot *argent*, il renfermait la gloire et l'avenir.

Arrivé à un commencement de fortune et de renommée, qui eût peut-être inspiré à un autre la pensée de reprendre haleine dans les douces contemplations du cœur, ou dans les frivoles occupations d'une aventure, Amab ne s'appuyait sur le terrain où il était monté que pour en gravir un plus élevé, et il se disait avec la même froideur qu'autrefois, et sans prétendre faire de la morale ou de l'immoralité : Une femme ou une maîtresse coûte trop de temps.

C'était une sordide avarice du trésor qui devait le faire grand. Il estimait trop le capital qui avait été tout son patrimoine, pour en livrer la moindre parcelle à l'amour ou à l'orgie.

Un jour devait venir, jour bien éloigné, où Victor se promettait les joies qui attiédissent les soucis brûlants des autres hommes ; mais jusque-là, en fait d'amour, il avait vécu de bien peu, ou plutôt de rien, ou si l'on veut que nous soyons plus explicite : il avait vécu de pain noir.

Amab se trouva en face d'une brèche qui devait être bien vieille. — Page 32.

Sur d'autres chapitres, Victor était moins réservé.

En effet, à part la privation du nécessaire, il s'accordait volontiers le superflu. Il avait un cheval, il allait à l'Opéra, on le rencontrait dans le monde.

Pourquoi cela ? Pourquoi accepter de pareilles distractions, lorsqu'on fuit l'occupation la plus douce ? C'est que le temps qu'elles prenaient profitait au temps du travail. Le cheval avait été recommandé pour la santé ; ne pas être du balcon de l'Opéra quand tout le monde en est, c'eût été se mettre au-dessous de M. L.....

D'ailleurs, c'est là qu'on entame les riches liaisons qu'on poursuit dans le monde.

C'est aussi dans ce but que Victor avait un riche appartement et un luxueux atelier. Il y avait du boutiquier dans l'artiste.

Comment cela pouvait-il s'accorder avec le génie réel de Victor ? Cela s'accordait dans un sentiment prédominant, l'ambition qui méprise souvent les moyens qu'elle emploie.

Il se pourra qu'un jour Victor, riche et renommé, peigne ses chefs-d'œuvre dans un galetas, nu et froid, si cette transformation doit le poser originalement ; comme il se pourra qu'il dissipe le prix de ses tableaux en folies, pourvu qu'elles aient de l'éclat.

Voilà l'homme tel qu'il était au moment dont nous parlons.

Et maintenant, était-il réservé à une belle jeune fille, au cœur plein de limpides et brûlantes ardeurs, de le faire dévier de cette résolution glacée, ou bien un pareil triomphe appartenait-il aux provocations hardies d'une courtisane ?

Ni à l'une — ni à l'autre.

C'eût été là sa réponse, si on lui eût fait une pareille question. Aussi, comme nous l'avons dit, s'était-il résolu à briser le rêve de Julie.

Voilà où il en était lorsqu'il arriva chez elle.

Hélas ! combien Julie était loin de croire à un pareil malheur !

Rentrée dans sa maison avec sa mère, qui l'avait quittée aussitôt, Julie avait tout fait pour ne penser qu'à son frère absent, peut-être perdu, peut-être mort.

Mais au-dessus de la voix du devoir, au-dessus de la voix d'une véritable affection fraternelle, parlait une autre voix plus puissante ou plutôt mieux écoutée : c'était la voix de Victor refusant les propositions de M. de Monrion, c'était cette voix disant : — « L'amour d'un homme est comme l'honneur d'une femme ; rien ne le peut payer. »

Ainsi donc, pensait-elle, cette image furtivement dérobée était le plus cher trésor du jeune artiste. Cette image, il l'avait sanctifiée, pour l'adorer plus chastement ; car c'était plus qu'un amour, c'était une religion.

Ah ! que Julie était fière et heureuse d'être aimée ainsi ! Quels doux retours devaient payer ce culte enivrant, et combien elle devait aimer cet homme pour se dire qu'elle ne serait pas ingrate envers lui !

Elle n'avait été qu'un moment chez lui, et là, le cœur oppressé d'un chagrin de famille, le cœur inondé d'une joie inattendue, elle avait cependant tout vu ; elle avait compris ce luxe pittoresque de l'artiste, elle avait aimé cet arrangement bizarre, ces souvenirs de tous les âges, de tous les peuples et de tous les états : armes, éventails, meubles, marbres grecs, boiseries flamandes, bronzes romains, l'Inde, la Chine, l'Amérique, le monde passé et le monde vivant, tout cela ramassé, étalé dans ce salon tout assombri de tentures aux longs plis ; elle avait tant aimé tout cela, et dans tout cela, la jeune enfant à l'imagination aventureuse s'était fait une place où elle se voyait heureuse, aimée, triomphante, couronnée du nom de son époux.

C'était là, au coin de cette haute fenêtre à vitraux, dans ce vaste fauteuil en chêne bruni, qu'elle s'asseyait, blanche, svelte, ses pieds sur un carreau de Perse éblouissant d'or usé, les pieds dans ces babouches turques... De là, elle voyait dans l'atelier courir sur la toile le pinceau inspiré de son jeune époux ; de là, elle entendait cette voix qui avait dit quelques mois avant, que l'amour d'un homme ne peut se payer... Amour qui est payé maintenant ; car les rêves de Julie n'étaient déjà plus dans le présent, ils couraient dans l'avenir, heureux, charmants et chastes cependant : car, dans cet asile où elle se voyait, Julie n'avait pris sa place qu'au grand jour.

XVI. — TÊTE-A-TÊTE.

On annonça Amab au milieu de ce rêve... Julie eut peur et voulut fuir...

On avait prévu que Victor pourrait apporter des nouvelles de Charles, on avait ordonné de l'introduire. Amab se trouva donc seul avec Julie. Elle était pâle à faire peur.

Si froid et si égoïste qu'il fût, il ne se sentit pas le courage de frapper au cœur cette jeune fille, lorsque sa mère n'était pas là pour écouter ses plaintes et recueillir ses larmes.

Julie vit son étonnement et sa tristesse ; elle le remercia en son cœur de sa timidité. Quel mirage que l'amour ! Cet embarras lui donna du courage.

— Nous apportez-vous des nouvelles de Charles ? lui dit-elle.

— Aucune encore, mademoiselle ; mais il est probable que demain j'aurai vu la personne qui peut nous expliquer, je l'espère du moins, sa disparition. J'étais venu pour apprendre cela à madame votre mère.

— Elle est absente, dit Julie en baissant les yeux.

Victor était resté debout. Lui offrir un siége, c'était lui dire : restez... ne pas le faire, c'était lui montrer qu'elle ne pouvait accepter sa visite en l'absence de sa mère. Elle voulut lui laisser la liberté d'agir.

— Ma mère vous est bien reconnaissante, monsieur, des peines que vous voulez bien vous donner... Ce que vous venez de me dire lui rendra sans doute un peu d'espoir; car nous n'avons absolument rien appris, ni par mon père, ni par M. Villon, qui ont recommencé leurs recherches d'un autre côté.

Victor était non moins embarrassé; il cherchait quelque chose à dire, il crut l'avoir trouvé. Il avait reculé devant l'idée de frapper le cœur de Julie dans son amour pour lui, mais il n'eût pas hésité à tout dire à sa mère. De même, il eût hésité à dire à la mère les craintes qu'il éprouvait pour Charles, et il se résolut à les révéler à sa sœur. Il faisait passer ainsi le mal qu'il avait à faire par les cœurs qu'il jugeait devoir y être les moins sensibles.

— Je ne dois pas vous le cacher, mademoiselle, lui dit-il, l'absence de Charles me paraît incompréhensible.

Les projets d'un homme, si discret qu'il soit, s'échappent toujours par quelques paroles auxquelles on ne prend pas garde quand il les prononce, mais qui vous éclairent plus tard sur ses intentions, quand on se les rappelle; j'ai donc bien cherché dans ma mémoire, et rien n'annonçait chez lui la volonté de fuir, seul ou avec quelqu'un. Je crains un complot.

— Oh! mon Dieu! Est-ce possible, monsieur?

— Ayez le courage de ne pas laisser espérer à votre mère que Charles s'est laissé entraîner à une fuite par quelque séduction... Charles n'aimait personne...

Julie baissa les yeux.

— Il n'aimait que sa famille; il ne trouvait le bonheur que dans son sein. Il doit y avoir eu quelque violence...

— Ah! parlez, monsieur, vous savez quelque chose... Si vous le savez, dites-le-moi; si c'est un malheur, j'en adoucirai l'horreur à ma mère.

Que savez-vous?

— Rien, sur mon honneur... rien, mais je suppose, je crains...

— Que craignez-vous? Oh! par pitié pour ma mère, n'hésitez pas à tout me dire.

— Eh bien! mademoiselle, je puis craindre que Charles n'ait été la victime d'une vengeance.

— De la part de qui?... A-t-il jamais fait du mal à quelqu'un... lui, si bon, si gai!...

— La gaieté est souvent une triste conseillère; elle pousse à des actions qui paraissent plaisantes et qui sont cruelles... la blessure qu'on fait en riant n'est pas la moins cuisante.

— Est-ce un homme qu'il a offensé?... Mais un homme se venge par les armes, et comme vous nous le disiez, on est averti des suites d'un duel, quand on n'a pu le prévenir... Serait-ce donc une...

— Une femme... peut-être, dit Amab,

— Alors, dit Julie, je ne comprends pas.

— Supposez que Charles l'ait insultée dans son orgueil... Supposez....

Julie rougissait, Victor s'arrêta; le trouble de la jeune fille l'avertit qu'il abordait un sujet peu convenable.

Mais ce doux embarras n'avait pas cette dignité hautaine qui impose silence, c'était comme une humble prière de ne pas abuser de ce qu'il pouvait lui faire entendre.

Un moment après il reprit:

— Mais, en vérité, je vous alarme sans motif; je ne sais rien, je n'ai aucun indice; mais je cherche, et mon esprit se prend à la moindre ombre de probabilité. Demain, sans doute, je pourrai vous en dire davantage. J'ai eu tort de vous parler ainsi...

Ne répétez donc pas à votre mère ce que je vous ai dit, ce serait peut-être lui causer sans raison un chagrin bien vif...

— Je me tairai, repartit Julie.

— Je vous en serai reconnaissant.

— Vous savez que je suis discrète, lui répondit-elle, en baissant les yeux.

C'était lui rappeler le secret qu'elle lui avait gardé à propos de cette image qu'il avait enlevée au vol de son crayon... Amab tressaillit... il regarda son modèle et sembla découvrir qu'il n'avait qu'imparfaitement compris cette parfaite beauté.

L'admiration du peintre se ralluma à ce nouvel aspect de cette tête divine. Elle lui fit oublier pourquoi il était venu, et il murmura tout bas:

— Ah! si je vous avais vue ainsi, je vous aurais faite plus belle encore!

Elle osa le regarder encore, et tout son amour glissa jusqu'à lui, sur un rayon d'azur.

Alors il la comprit, et triste, désespéré de ce qu'il venait de dire, ému de cette foi chaste et libre qu'avait en lui... cette âme d'enfant... il reprit:

— Oh! si vous saviez...

— Taisez-vous, s'écria vivement Julie en s'éloignant, voilà M. Villon qui rentre.

Julie crut avoir arrêté un aveu.

Elle seule avait tout dit en imposant silence à Victor.

C'était en effet la voix du commis qui demandait M. et Mme Thoré, et qui entra rapidement dans le salon. Il les mesura tous deux d'un regard rapide, et le trouble de Julie, l'humeur de Victor lui furent une preuve qu'il y avait eu un échange d'aveux entre les deux amants.

Victor salua pour se retirer. Julie offensée du regard de Villon, dit tout haut:

— N'oubliez pas que ma mère vous attendra demain toute la journée, pour savoir ce que vous aurez appris de Charles.

Elle expliquait ainsi la présence de Victor et protégeait son retour. Elle seule eut du courage, car elle seule avait de l'amour.

Victor salua M. Villon.

XVII. — PROVOCATION.

Le lendemain, Amab était monté à cheval et se promenait au bois de Boulogne. Il voulait en finir à tout prix avec la sotte situation dans laquelle il s'était placé.

Le matin même, un mot de Léona lui avait été remis par le valet de chambre de M. de Monrion.

« Vous me verrez plus tôt que vous ne le pensez, » disait ce billet.

Victor avait toujours à redouter les atteintes cachées de cette femme; et d'après ce qu'il avait vu du comte de Monrion, il ne doutait pas que celui-ci ne tînt la parole qu'il lui avait donnée de l'amener à un duel par quelque grossière provocation.

Il s'était donc décidé à se présenter hardiment au piége caché que pouvait lui tendre Léona, comme à l'insulte publique dont l'avait menacé Gustave.

Amab était au bois de Boulogne depuis une demi-heure à peu près; il n'avait point rencontré M. de Monrion et ne s'était point aperçu qu'aucun des cavaliers qui l'avaient croisé le regardât d'une façon particulière. Il commençait à se rassurer sur les menaces dont il était l'objet, lorsqu'il vit tout à coup s'arrêter à quelques pas devant lui un cavalier que sa vue parut frapper.

C'était un jeune homme, presque un enfant, à en juger par la douceur de ses traits, la blancheur rose de son teint. Mais d'épaisses moustaches noires donnaient à son visage un caractère presque cruel.

A peine cet individu eut-il aperçu Amab, qu'au lieu de continuer sa route et de se croiser, il retourna son cheval et le fit marcher pendant quelques instants en avant de Victor.

Amab, curieux de connaître mieux la figure de celui qui l'avait si particulièrement examiné, gagna peu à peu du terrain; il n'était plus qu'à quelques pas de ce jeune homme, lorsque celui-ci retourna encore son cheval, et se trouva tout d'un coup face à face et côte à côte avec Amab.

Victor n'était pas revenu de la surprise que lui avait causée ce brusque mouvement, qu'il avait reçu, à travers le visage, un violent coup de cravache. Amab, furieux, leva la canne qu'il avait à la main, mais déjà le jeune homme avait poussé vivement son cheval en avant, et prenait la fuite.

Aussitôt, Victor se mit à la poursuite du lâche qui fuyait après l'avoir insulté.

Mais celui-ci avait une assez grande avance. Il quitta bientôt l'allée d'acacias où s'était passée cette scène, et, toujours fuyant, toujours poursuivi, il arriva dans cette partie du bois de Boulogne qui touche presque à la Seine et qui aboutissait alors à un bac, vis-à-vis de Suresnes.

Pendant quelque temps, l'homme que poursuivait Victor semblait se faire un jeu de lui laisser gagner du terrain pour fuir ensuite avec plus de rapidité, et l'exciter dans cette course par l'espérance toujours prochaine d'atteindre son ennemi, espérance à chaque instant déçue.

Mais, depuis quelques moments, la force paraissait près de manquer au cheval et au cavalier. Victor était sur le point de les atteindre.

L'inconnu tenta un effort désespéré, il enfonça les éperons dans le ventre de son cheval ; l'animal, rétif, rua, se cabra, et le cavalier roula sur le gazon de la route déserte où il avait entraîné Amab.

A son tour, celui-ci descendit de son cheval pour avoir enfin raison de son ennemi ; mais celui-ci semblait évanoui ; son chapeau était tombé à quelques pas de lui.

Qu'on juge de la surprise d'Amab, en voyant de longues boucles de cheveux noirs s'épandre autour de cette tête pâle et charmante. Les noires moustaches avaient disparu, le gilet était entr'ouvert ; l'insolent insulteur était une femme : cette femme était Léona.

Toute la colère d'Amab changea pour ainsi dire de face.

En reconnaissant Léona, il passa de l'ardent désir de se venger à la rage de ne le pouvoir plus ; alors, il se mit à considérer cette femme dont il avait à peine entrevu la beauté, le jour où elle avait été outragée d'une façon si infâme dans son atelier.

Comme il l'avait trouvée belle ce jour-là, il la trouva belle encore ; mais, pour la première fois de sa vie, le cœur d'Amab éprouva un autre sentiment que celui de l'admiration pour la beauté physique. L'action hardie de cette femme qui n'avait remis qu'à sa propre main le soin de venger son injure, lui fit penser que sa nature était de celles avec lesquelles il y a quelque mérite à se mesurer.

Pour la première fois de sa vie, Victor se trouva dans le cœur la pensée de commander à un autre cœur. C'est là le commencement d'un grand amour, quand la femme qui l'inspire a l'habileté de ne pas le laisser triompher trop vite !

Cependant Léona restait immobile, elle était tout à fait évanouie, et pour mille raisons qui passèrent comme un éclair dans la tête d'Amab, il devait lui donner des secours : si ce n'était par pitié, ce devait être par vengeance ; si ce n'était pour lui demander raison de l'injure qu'il en avait reçue, ce pouvait être pour lui demander compte de la disparition ou peut-être de la vie de Charles.

Il s'approcha d'elle, la mit sur son séant, défit la cravate qui la suffoquait, appela l'air sur son front, et s'arrêta dix fois dans ses soins empressés pour admirer cette fière beauté ; enfin, quelques minutes s'étaient à peine écoulées qu'il éprouvait la plus triste inquiétude en voyant cet évanouissement se prolonger sans qu'il pût lui porter aucun secours efficace.

Tout à coup des pas de chevaux se firent entendre dans une allée latérale. Léona tressaillit, et Victor allait appeler, lorsqu'il entendit à travers le feuillage la voix flûtée de M. de Monrion, criant d'un ton moqueur :

— Qui diable vous a donc dit avoir vu M. Amab dans le bois ! J'étais bien assuré que ce petit monsieur y regarderait à deux fois avant de jouer avec moi une partie plus sérieuse que celle qu'il a jouée pour l'honneur de sa belle banqueroutière.

Ceci faisait allusion au duel d'Amab pour le portrait non payé.

Amab, qui était à genoux près de Léona, fut sur le point de se lever, mais la main qu'il tenait dans la sienne se serra doucement.

Il regarda Léona : ses yeux s'entr'ouvraient et semblaient chercher à sortir des ténèbres où ils étaient encore plongés. Ses lèvres s'agitaient comme si sa bouche aride eût demandé une eau glacée. De brusques tressaillements parcouraient tout son corps ; et Amab épiait encore sur le visage de Léona son retour à la vie, que Monrion et ceux qui l'accompagnaient étaient déjà bien loin.

Léona rouvrit enfin les yeux. Elle promena pendant quelques instants un regard effaré sur tout ce qui l'entourait ; puis elle arrêta ce regard sur Victor, et parut ne pas le reconnaître.

Mais tout à coup elle pousse un cri et se relève si brusquement, qu'Amab se trouve à genoux devant elle, pendant qu'elle le considère, la colère et la menace dans les yeux.

Qu'elle était belle ainsi, la bouche frémissante, les narines gonflées, l'œil en feu, le sein battu par une respiration haletante. Amab oubliait en la regardant l'injure qu'il avait faite à cette femme, l'injure qu'il en avait reçue, et pourquoi il était ainsi à ses genoux.

Quand cette pensée lui vint, il voulut laisser à Léona l'embarras de prononcer la première parole, et il resta immobile. Alors, il put voir courir, sur ce front animé, les mille pensées qui s'y heurtaient jusqu'à l'instant où une sorte d'étonnement se peignit dans l'œil toujours immobile de Léona.

Alors seulement elle parut s'apercevoir qu'elle était debout devant son ennemi resté à genoux devant elle.

Comme si cette position de l'un et de l'autre lui révélât tout à coup à quel but devait tendre sa vengeance, un sourire de triomphe agita les lèvres de Léona. Son œil inonda Amab d'un éclair fauve et brûlant ; mais à l'instant même, et comme si elle eût chassé bien loin d'elle cette pensée, une triste langueur se répandit sur tous ses traits. Ses yeux semblèrent se noyer dans une lumière voilée, et d'une voix douce comme les sons d'une flûte lointaine dans le silence du bois, elle dit à Amab :

— Monsieur, je serai à vos ordres, à l'heure et au lieu qu'il vous plaira de choisir : j'aurai des armes et j'amènerai des témoins.

Une pareille provocation, partie de la bouche d'une femme, doit faire sourire l'homme à qui elle est adressée, alors même que l'amazone qui offre le combat parle d'une voix impérieuse et ferme ; mais lorsque sa parole a la douceur de l'enfant qui supplie et qui a peur, lorsque le regard qui doit guider l'épée et le pistolet se baisse avec pudeur devant le regard de l'ennemi ; alors, l'homme à qui l'on parle ne rit plus ironiquement, mais il se sent pris d'une douce pitié pour l'être faible dont le courage a dépassé la force, pour le débile téméraire qui veut se venger par les armes, et dont le bras ne peut pas supporter l'épée à laquelle il en appelle.

— Madame, répondit Victor, vous m'offrez un combat que je n'accepte pas, et vos armes ne m'atteindront jamais ; à moins qu'il ne vous plaise de me frapper par surprise de votre épée, comme vous avez fait de votre cravache.

— Vous ai-je blessé ? s'écria Léona d'une voix émue, et comme inquiète du mal qu'elle avait pu faire à Victor.

Et à l'instant même, elle sembla encore chasser ce mouvement de pitié ; et elle reprit d'une voix entrecoupée :

— Puisque vous ne daignez pas me demander raison de l'injure que je vous ai faite, c'est à moi à vous demander compte de celle que vous m'avez value.

— Oh ! Madame, reprit Amab, oubliez...

— Oublier !... s'écria-t-elle alors en cachant son visage dans ses mains, oublier que vous m'avez jetée aux bras d'un misérable, oublier que vous m'avez prostituée aux rires d'une foule d'insolents ?... Oublier !... Oh ! on n'oublie pas de pareilles horreurs... On en meurt quand on ne peut s'en venger...

Et, ajouta-t-elle en laissant tomber quelques larmes, on en meurt encore... si jamais on se venge.

— N'y a-t-il au monde aucun moyen de vous faire croire aux profonds regrets que j'éprouve ? dit Amab en se relevant ; n'y a-t-il aucune réparation qu'un homme comme moi puisse offrir à une femme comme vous, pour obtenir son pardon ?

Léona se recula de quelques pas comme pour mieux examiner Amab. Elle semblait se demander par quel côté faible on pouvait attaquer cet homme.

Quelquefois, elle paraissait prête à parler, comme si elle avait enfin trouvé la parole qui devait lui arriver ; mais aussitôt elle s'arrêtait comme si elle craignait d'être vaincue dans la lutte en l'engageant maladroitement.

Tout à coup une pensée plus résolue sembla se présenter à son esprit. Elle dirigea sa main vers Amab, qui restait immobile, et lui montrant la place où, un moment avant, il était à genoux devant elle, elle lui dit d'une voix brève et profondément altérée :

— Là... là, comme vous étiez tout à l'heure...

Amab ne rougit pas de demander pardon à une femme dans cette humble posture, et se remit à genoux.

Lorsqu'il fut ainsi, elle se rapprocha tout à fait de lui et se reprit à le regarder comme elle l'avait regardé.

— Eh bien ! lui dit Amab, avec un accent humble et caressant, pardon ! pardon !...

— Non, non, ce n'est pas cela, lui dit-elle d'une voix presque éteinte, et paraissant chercher la trace d'un souvenir effacé ; non, ce n'était pas ce mot pardon que vous me disiez tout à l'heure, ajouta-t-elle avec une singulière émotion. Vous étiez là à genoux ; vous me regardiez autrement... J'ai cru lire dans vos yeux...

Il semblait que la raison de Léona se fût perdue à la recherche d'un souvenir qu'elle ne pouvait retrouver tout entier, et elle dit à Amab, avec un sourire qui touchait presque à la folie :

— Oh ! oui, vous me regardiez ainsi, et vous me parliez...

— Que vous disais-je donc ? fit Amab.

— Que me disait-il ? reprit Léona d'une voix d'enfant et avec un regard qui ne semblait plus voir dans le monde réel.... Ne me disait-il pas qu'il m'aimerait ?

Deux larmes s'échappèrent de ses yeux levés au ciel.

— Et si je vous dis que je vous aime ?... dit Amab, qui ne put résister à l'enchantement que cette femme exerçait sur lui, et qui voulait la ramener à la vérité de leur position.

— Toujours ainsi, dit-elle en souriant étrangement, toujours à genoux, reprit-elle, toujours repentant ?

— Toujours, répondit Amab.

Léona se pencha vers lui, comme si ses lèvres eussent cherché le front de Victor; mais, comme si elle eût approché d'un serpent, elle se rejeta soudainement en arrière en s'écriant :

— Oh! folle, folle que je suis!... Non, non, plutôt mourir que de faire une pareille lâcheté! Non, non, Monsieur, je vous hais, je ne vous pardonnerai jamais!

— Léona! Léona! lui dit Victor en cherchant à la retenir, il n'y a que le mal que l'on fait volontairement qui est impardonnable, et cet amour esclave que vous avez rêvé et que je vous offre... moi... ne peut-il pas vous faire oublier?...

— Est-ce que vous pouvez oublier, vous? reprit Léona, en le regardant froidement.

Amab ne répondit pas et baissa les yeux.

Une nouvelle colère s'alluma dans le cœur de cette femme, et elle lui dit alors, du ton d'une cruelle raillerie :

— Oui, monsieur, c'est vrai, lorsque, revenue de mon évanouissement, je vous ai vu à genoux devant moi, une folle idée, une idée de femme m'a passé par la tête, et je me suis dit :

Oui, ce serait là une véritable vengeance! Oui, faire languir à genoux, devant moi, l'amour de cet homme qui m'a si outrageusement dédaignée, lui laisser user sa force, son courage et ce génie qui m'avait rendue folle, en désirs impuissants, en prières inutiles et en tourments jaloux; ce serait là une vraie vengeance!

Mais un moment est venu où j'ai compris que je n'aurais peut-être pas assez de force contre vous.

Alors je suis revenue à ce projet de vous donner la mort... Car, si faible que je sois en apparence, si renommé que puisse être un homme pour son adresse, je ne le redouterais pas, une épée à la main. Non! dit-elle avec fureur, je n'aurais eu peur de personne...

Un soupir désespéré s'échappa de la poitrine de Léona, et elle reprit :

— Et j'ai eu peur de vous... je n'aurais pas osé vous tuer, et vous eussiez peut-être dédaigné de me frapper; et c'est assez d'humiliation comme cela, Monsieur.

Puis enfin, tout à l'heure, ajouta-t-elle d'une voix pleine de larmes, j'ai essayé de retrouver le premier rêve qui m'était apparu; mais ce n'était plus comme une vengeance, c'était comme une consolation. Ce rêve, vous me l'avez arraché, Monsieur.

J'ai cru, moi, que je pouvais oublier une injure; vous avez eu soin de me montrer que vous ne l'oublieriez pas. Adieu, Monsieur, le mieux est que nous ne nous revoyions jamais.

Demain j'aurai quitté la France pour toujours.

Léona se détourna après ces paroles.

Amab s'élança vers elle, en lui disant :

— Eh bien! moi, je veux vous revoir, car je veux vous aimer, non pas dans l'espoir que vous m'aimerez, mais pour obtenir du moins votre pardon.

— Fou que vous êtes, lui dit Léona en prenant tout à coup l'inflexion aisée et naturelle d'une simple conversation, le pardon d'une femme, c'est son amour.

— Eh bien! j'aurai le vôtre.

— Jamais.

— Préparez-vous donc à me dire ce mot toute votre vie, car je vous demanderai sans cesse votre amour.

— Mais, pour cela, il faudrait me revoir, et c'est ce que je ne veux pas.

— Permettez-moi, en ce cas, de ne pas vous quitter, lui dit Amab, car il y a quelqu'un dont il faut que je vous parle.

— Oh! je sais!... fit Léona avec un mouvement d'impatience nerveuse... Eh bien! vous pouvez rassurer la tendresse inquiète de sa mère, celle de sa sœur, si toutefois il lui reste une pensée pour son frère... il n'est pas mort.

— Mais où est-il?

Léona posa vivement sa main sur la main d'Amab, comme pour lui imposer silence; elle parut écouter un bruit lointain, et repartit vivement :

— Ici, demain, à la même heure, je vous le dirai.

Aussitôt elle sauta légèrement à cheval, et disparut rapidement dans la direction où se faisaient entendre quelques voix, parmi lesquelles Amab crut reconnaître celle de M. de Monrion.

— Oh! se disait-elle en s'éloignant, il y viendra, lui; mais elle!... elle! Allons!

La première scène de la comédie avait réussi; elle alla jouer la seconde près de Monrion.

XVIII. — EXCUSES, PROJETS D'AMOUR.

Amab, demeuré seul, ne songea point à comprendre le nouveau sentiment dont il était agité. Seulement, il lui semblait qu'il y avait un siècle entre le jour où il était et le lendemain.

Et cet homme, dont chaque heure avait son occupation prévue et son labeur ambitieux, se demanda pour la première fois de sa vie ce qu'il ferait jusqu'au moment où il pourrait revoir Léona.

Cependant le souvenir du nom de M. de Monrion et du dédain avec lequel celui-ci avait parlé de lui, lui revint bientôt.

Jusque-là Amab avait accepté avec courage, mais avec déplaisir, la chance d'une fâcheuse rencontre avec ce fou débauché; mais à peine Léona était-elle partie qu'il éprouva, pour ainsi dire, le besoin de cette rencontre. Il remonta à cheval, et recommença sa promenade dans le bois de Boulogne.

Ses recherches furent longtemps inutiles; mais enfin, et au moment où il se décidait à rentrer dans Paris, Amab aperçut Gustave qui lui-même regagnait la Porte-Maillot.

Victor précipita la course de son cheval de manière à se trouver auprès du comte en même temps que quelques cavaliers qui venaient de l'avenue de Neuilly.

Amab voulait des témoins de la scène qui allait sans doute se passer.

Lorsqu'il arriva à côté du comte, il le dépassa de quelques pas, et se retourna ensuite vivement comme avait fait Léona.

Monsieur de Monrion parut aussi fort étonné de ce brusque mouvement; mais, en reconnaissant Amab, il s'inclina en souriant, et lui dit, en lui tendant la main :

— Pardon, monsieur Amab, vous êtes un brave garçon, je le dis tout haut pour que tous ceux qui nous entourent puissent m'entendre. Je vous fais mes excuses de toutes mes folles menaces.

Amab rangea son cheval à côté de celui du comte, et ils marchèrent un moment l'un près de l'autre.

Pendant ce temps, M. de Monrion lui dit encore :

— Nous n'avons plus envie de votre tableau; c'est un autre caprice qu'il faut satisfaire, et celui-là, en apparence plus difficile à contenter, ne trouvera pas peut-être autant d'obstacles que celui dont on m'a affranchi.

— Je vous en félicite, lui dit Amab, qui n'avait pu résister au ton de franchise avec lequel M. de Monrion lui avait parlé.

— Vous, lui dit Gustave en riant, vous... c'est étrange; et pourtant, ajouta-t-il avec un soupir, c'est possible..... Oh! les femmes! les femmes!... Mais elle le veut.....

— Elle le veut... répéta Amab; mais de qui parlez-vous donc?

— Vous ne la connaissez pas? repartit amèrement Monrion; tant mieux... ne la connaissez jamais... vous y laisseriez votre jeunesse et votre génie, comme j'y ai laissé ma jeunesse et ma fortune.

Puis il ajouta en saluant légèrement Amab de la main :

— Mais elle le veut.

Victor ne pouvait en douter, c'était Léona qui avait inspiré à M. de Monrion le projet de le provoquer publiquement; c'était elle qui venait sans doute de le détourner de ce projet. Il ne pouvait douter de quel prix elle payait cette obéissance.

A cette pensée, son cœur se serra.

En quittant Léona, Victor était amoureux; en quittant M. de Monrion, Victor était jaloux.

Alors, il éprouva ce tumulte d'idées, cette confusion de sentiments où la volonté se perd, où la force s'épuise, et où l'homme ne semble plus se rattacher à la vie que par un seul point, celui où il doit retrouver l'être qui a jeté en lui ces étranges et nouvelles perturbations.

Les paroles bizarres de M. de Monrion n'avaient point effrayé Victor; il ignorait encore trop l'amour pour en prévoir les dangers.

Il le rêvait comme une conquête et non pas comme un esclavage. Il ne croyait pas même à la servitude de M. de Monrion, parce que celui-ci l'avouait. Il ne se doutait pas de cette inconcevable puissance qu'on renie, qu'on méprise et qu'on subit.

M. de Monrion lui paraissait un sot qui faisait de la vanité avec une chaîne qu'il ne daignait pas briser, et il n'eût pas compris les paroles d'un homme prudent qui lui eût dit :

« Je fuirai cette femme, car si je la revoyais, je l'aimerais, et le jour où je l'aimerais, elle me pousserait à tout, même au mal, si elle le voulait. »

Amab croyait qu'il reste un sentiment de libre dans le cœur de l'homme, lorsque l'amour s'en est emparé. Jamais victime plus confiante ne s'avança avec plus d'audace vers l'embûche où elle doit périr.

Quelque chose cependant l'épouvantait dans l'amour qu'il rêvait avec

Léona. C'était ce qu'elle avait été. De quel amour l'aimait-il donc déjà, pour que cette pensée le torturât? Sentait-il qu'il pouvait donner tout son avenir à cette femme, pour qu'il se crût le droit de lui demander compte de son passé?

« Oh! se disait-il, si je l'avais rencontrée jeune, pure, avant que le monde ne l'eût séduite et perdue par ses misères et ses vertiges! oh! que je l'eusse aimée, et que c'était bien là la femme qui eût également convenu à mon âme et à mes projets! »

Ce fut durant ce rêve qui rendait à Léona tout l'éclat virginal qu'elle n'avait plus, ce fut pendant qu'il encadrait, dans son imagination de poëte, cette tête brune et ardente dans les voiles blancs d'une chaste vestale, que, par une sorte de métamorphose pareille à celle que produisent certains jongleurs par le jeu des lumières et de la couleur, ce portrait idéal qu'il se faisait ainsi, perdit peu à peu ses teintes trop accusées; la hardiesse du front s'humilia, la contraction des sourcils se détendit doucement, la flamme des yeux s'attiédit, l'amère expression des lèvres s'épanouit en un sourire angélique, et à la place de Léona, Victor vit le visage de Julie tout rayonnant de pureté, tout rayonnant aussi de l'amour qu'elle avait pour lui.

Ce qu'il rêvait qu'avait été Léona, Julie l'était maintenant: cœur sans reproche et sans vengeance, dont il pouvait tout accepter, auprès duquel il n'avait rien à oublier.

« Oh! s'écria-t-il dans un soudain mouvement, et comme un homme qui vient d'être frappé d'une lumière éblouissante, c'est celle-là que je dois aimer. »

Aussi rapide dans l'exécution de sa pensée que sa pensée elle-même, il dirigea sa course vers la demeure de Julie.

Singulière bizarrerie que ce désir d'aimer la chaste et pure jeune fille, parce qu'il avait senti palpiter en lui l'amour de la courtisane!

L'amour est-il donc un breuvage si enivrant que les lèvres en deviennent altérées, même quand elles l'ont goûté dans une coupe empoisonnée? Mais pourquoi chercher à donner une raison à ce qui souvent n'en a aucune?

L'âme de Victor venait d'être arrachée à sa torpeur par une voix enchanteresse, son heure était venue. Mais pour qui était-elle venue? Il se croyait encore le maître de le décider, comme si l'homme décide quelque chose en amour!

En vérité, on n'est pas plus niais à quinze ans, que Victor l'était à vingt-cinq.

Durant le trajet qu'il avait eu à parcourir, entre les Champs-Elysées et la demeure de Mme Thoré, Victor s'était fait les plus beaux raisonnements sur la nécessité où il était d'aimer Julie. Il s'était parlé comme un père, et s'était dit tous les avantages d'une union avec cette honorable famille; il avait fait le calcul de la fortune et avait fait celui de la vanité; il s'était dit qu'à quelque position que l'avenir le fît arriver, Julie était une femme qui ne serait jamais au-dessous de la place qu'il lui faudrait occuper.

En cela, Amab se montrait prodigieusement sage et calculateur.

En effet, une des plus mauvaises chances de l'avenir des ambitieux, est de traîner après soi la femme qui convenait à la misère de la première condition, et qu'il faut garder à ses côtés, gauche, maladroite, vulgaire, quand soi-même on a acquis du monde, du savoir-vivre et du pouvoir. C'est l'enseigne du vitrier qu'une main ennemie cloue au fronton de l'hôtel d'un ministre.

Oui, Amab était profondément sage dans toutes les admonestations qu'il s'adressait; mais les meilleurs raisonnements n'ont jamais eu la moindre influence sur le cœur.

L'amour qui meurt d'un mot résiste au plus éloquent sermon: et c'est pour cela que la femme la plus noble, la plus pure, la beauté la plus chaste et la plus parfaite, l'esprit le plus fin et le plus naïf, sont impuissants à faire naître une flamme qui s'allume quelquefois au feu d'un regard obscène.

Julie aurait-elle ce regard, et la bonne envie qu'Amab avait de l'aimer devait-elle fleurir ou rester stérile dans son cœur? C'était une question douteuse et difficile à résoudre.

Mais ce qui était facile à deviner, c'est qu'Amab tenterait d'éprouver l'amour qu'il se conseillait, c'est qu'avec l'espoir d'être sincère, il jouerait peut-être vis-à-vis de Julie la comédie d'un homme amoureux. En effet, n'allait-il pas chez elle pour cela, et ne devait-il pas mettre tous ses soins à se le persuader?

Du reste, ce qui se passa ce jour-là même chez Mme Thoré expliquera, mieux que toutes nos réflexions, le rôle que voulait jouer Victor, ou, pour mieux parler, les efforts qu'il fit pour s'inspirer un sentiment qu'il trouvait convenable et digne de lui.

Que faisait-on cependant chez madame Thoré?

XIX. — Informations.

La tristesse était toujours dans la maison; toutes les démarches faites par M. Thoré, par sa femme, par M. Villon, par tous ses gens, n'avaient abouti à rien.

La police informée avait déclaré son impuissance à retrouver un jeune homme dont personne n'avait entendu parler depuis deux jours, et sur la trace duquel on ne pouvait pas lui donner le plus léger renseignement. Charles était sorti de chez sa mère, la veille, à cinq heures du matin, et Charles n'avait pas reparu, c'est tout ce qu'on pouvait dire.

Aucun message ne lui était arrivé, si ce n'était la lettre d'Amab, lettre restée dans les mains de Mme Thoré; aucun ami n'était venu le prendre, aucune habitude antérieure ne pouvait indiquer de quel côté il s'était dirigé.

Un seul homme, un seul avait dit qu'il croyait connaître une femme à laquelle il pourrait demander si elle savait des nouvelles de Charles. Cet homme, c'était Amab; cette femme, c'était madame Léona de Cambure.

Mme Thoré avait dès l'abord voulu dénoncer ce nom à la police, mais elle hésita, d'une part, à disposer d'un secret qui appartenait à Amab, et de l'autre, elle se demanda si elle avait le droit de faire intervenir la police sur une aussi vague indication que celle que Victor lui avait donnée. Mais ce n'était pas là surtout ce qui retenait Mme Thoré, c'était les informations qu'elle avait prises sur Léona.

Il faut que nous disions d'abord à ceux qui nous lisent, par quelle filière elle était arrivée à connaître, en quelques heures, une femme qui était un mystère pour des gens qui la connaissaient depuis longues années, et dont nous faisons le portrait sans prétendre l'expliquer.

Si l'on se rappelle les commencements de ce récit, on a peut-être remarqué une circonstance fort minime, mais qui devint d'une grande importance pour aider Mme Thoré dans ses recherches.

Elle savait déjà que la femme qu'on lui désignait, comme pouvant lui donner des nouvelles de Charles, s'appelait madame Léona de Cambure. Elle savait aussi que cette femme était probablement la même que celle qui, sous prétexte d'acheter des porcelaines, était venue dans ses magasins, le jour même de la disparition de Charles; et Mme Thoré devait d'autant mieux croire que cette femme avait intérêt à cette disparition, que M. Villon lui avait appris avec quelle curiosité elle s'était enquise de la famille du riche négociant.

Pour dernière raison enfin, de la supposer intéressée à cet enlèvement, Mme Thoré se rappelait le refus qu'avait fait cette étrangère curieuse de donner son nom et son adresse.

Mais tout cela ne suffisait pas à mettre Mme Thoré sur la trace de cette femme, et cependant cette trace existait dans sa maison même.

En effet, la veille du premier jour de l'an, un service complet avait été expédié, au compte de M. de Monrion, à une personne dont M. Thoré avait remis secrètement l'adresse à M. Villon; cette personne, c'était Mme de Cambure.

A peine Mme Thoré eut-elle prononcé ce nom devant le caissier, que celui-ci lui apprit cette circonstance.

M. Thoré, encore mieux informé, révéla à sa femme les relations qu'on disait exister entre M. de Monrion et Mme de Cambure. M. de Monrion était un des clients de la maison; il y avait donc un moyen de savoir par lui ce qu'était devenue cette dame.

Mais comment aborder un pareil sujet avec le jeune comte, qui pouvait se fâcher de voir accuser sa maîtresse d'avoir enlevé un beau jeune homme.

D'ailleurs, le comte de Monrion, célèbre par ses éclatantes folies, était-il un homme à écouter patiemment les doléances d'un père ou d'une mère de famille? ne vaudrait-il pas mieux s'adresser à l'un de ses parents?

Dans ce cas, la solution se présentait en même temps que la difficulté, car, depuis longtemps, la maison de M. Thoré avait pour clients toute la famille de Monrion, et le marquis de Montaleu, oncle et tuteur du jeune comte, avait toujours montré la plus grande bienveillance à cette honnête famille de bourgeois.

C'était donc à lui qu'on avait décidé de s'adresser; et Mme Thoré voulut aller elle-même chez le vieux marquis.

Nous ne rendrions pas compte de cette entrevue si elle ne devait pas révéler à nos lecteurs quelques circonstances qui les mettront à même d'apprécier ce qu'avait été et ce que pouvait être Léona.

Une femme et une mère obtiennent toujours plus de la confiance d'un homme que l'ami le plus persévérant, que le père le plus tendre.

Le marquis avait reçu Mme Thoré avec cette noble bienveillance qui ne craint pas de descendre jusqu'au respect vis-à-vis d'une honnête femme, quoiqu'elle soit d'une condition inférieure. Il l'avait écoutée patiemment, mais tristement, et avait fini par lui dire :

— Je ne puis croire que madame de Cambure soit pour quelque chose dans la disparition de votre fils. En effet, quels rapports une pareille femme peut-elle avoir avec Charles, un enfant sans nom (je vous demande pardon de vous dire cela), et à qui vous ne donnez pas sans doute assez d'argent pour qu'il puisse satisfaire des caprices incroyables ?

— Comment se fait-il donc que M. Amab ait paru soupçonner qu'elle pourrait nous donner des renseignements ?

— Ce M. Amab est le maître de votre fils ? N'est-il pas l'auteur d'un tableau qui fait grand bruit?

— Oui, monsieur.

— Qu'il a refusé de vendre à mon neveu pour un prix fou ?

— C'est lui-même.

— Ce tableau était destiné à Mme de Cambure, et M. Amab l'a refusé, et votre fils est un élève de M. Amab... dit le vieux marquis en prenant des notes; j'avoue que, jusqu'à présent, il n'y a rien dans tout cela qui puisse justifier une accusation; toutefois, il y a dans cette circonstance, dans la visite mystérieuse que Mme de Cambure a faite dans vos magasins quelque chose qui peut faire supposer que Charles a pu avoir des rapports avec cette femme.

— Charles est beau, jeune, aimable, dit Mme Thoré qui semblait reconnaître à regret les qualités dont elle avait été si fière.

— Si vous connaissiez Mme de Cambure, vous jugeriez que ce sont là des avantages qui ne suffisent pas à cet esprit désordonné; qu'elle se fût éprise d'un homme comme M. Amab qui occupe l'attention publique, c'est possible; mais d'un beau jeune homme obscur... non...

— Cependant, reprit Mme Thoré, on prétend que ces femmes ont des préférences inexplicables.

— Vous vous trompez sur ce qu'est Mme de Cambure : ce n'est pas une de ces courtisanes vulgaires, qui font prudemment la part de leur fortune et la part de leur amour...

Et cependant, cette femme est si extravagante... ou si habile... Si Charles peut la servir dans quelqu'un de ses projets... elle l'aura conduit où elle aura voulu.

Espérez, souhaitez qu'il y ait un tout autre motif à l'absence de Charles que la volonté de Léona, ce serait peut-être affreux.

—Vous me faites trembler... mais quelle est donc cette femme?

— Elle est veuve d'un homme qui lui a laissé un nom qui la protége et la classe plus haut que ses pareilles. Elle est riche... mais sa position n'est pas ce qui importe, c'est elle-même.

Eh bien, c'est un emportement aveugle, des colères frénétiques qui semblent vous la livrer tout entière, et à côté de cela, c'est une astuce calme et souterraine qui ne laisse rien deviner de ses projets. Dans un moment d'orgueil et de ressentiment, elle brisera, elle foulera aux pieds tous les liens qu'elle a imposés, et puis elle mettra une patience infatigable à renouer tous ces fils rompus ; vous la verrez à la même heure, fière, hautaine, implacable, puis, humble, repentante, dévouée ; elle a des élans magnifiques pour pousser un homme à la gloire, au travail, à l'honneur, et jamais bouche n'osa renverser en termes plus hardis tous les nobles sentiments de l'honneur et du devoir ; les larmes, la raillerie, l'éloquence la plus vive, la logique la plus froide, elle emploie tout avec une rare supériorité ; c'est le cœur le plus dissolu, l'esprit le plus pervers, le langage le plus éhonté que j'aie jamais entendu, et c'est l'âme la plus haute, l'intelligence la plus droite, la parole la plus noble qu'on ait jamais écoutée ; elle a des dédains qui écrasent et des flatteries qui enivrent...

Oh! je la connais, Madame, j'ai lutté avec elle, j'ai voulu lui arracher mon pauvre Gustave... j'ai voulu faire de la morale, elle en a fait et a rompu avec Gustave.

Huit jours après, il voulait se brûler la cervelle, et j'ai été la prier de le consoler un peu. Je lui ai reproché la ruine de mon pauvre neveu ; elle lui a restitué toutes ses folles dépenses, et un mois après je préférais le voir satisfaire les caprices de Léona que de savoir qu'il marchait à sa ruine par des voies plus honteuses.

Alors je l'ai menacée..... et c'est alors qu'elle m'a juré la perte et la ruine complète du comte de Monrion, et elle a tenu parole.

— Mais n'avez-vous pas averti votre infortuné neveu ?

— Elle l'a averti elle-même.

— Et il n'a pas brisé cet indigne lien?

Le marquis leva les yeux au ciel, et dit avec une tristesse désespérée :

— Ne l'accusez pas trop... Ah ! quelle femme !... C'est le mal incarné...

Le lendemain, il avait réformé sa maison : pendant six mois il se prépara, par les études les plus graves et les plus assidues à paraître un jour avec éclat à la Chambre, où l'attend, depuis son enfance, le siége de son père.

Je le croyais sauvé, Léona avait disparu ! Fol espoir ! elle ne l'avait pas quitté : cachée sous les habits d'un jeune homme, elle lui servait de secrétaire, l'aidait, l'encourageait, le soutenait... Tout ce temps avait été employé à reprendre sur lui l'empire qu'un mot lui avait fait perdre. Elle s'empara de cet esprit facile... et... alors... alors...

Le marquis se détourna et ajouta :

— Priez Dieu, ma chère dame, que votre fils n'ait rien de commun avec cette femme.

—Oh ! s'il en était ainsi, Monsieur, je lui arracherais mon fils, moi...

— Peut-être avez-vous raison, dit le marquis : une mère qui irait franchement chez Léona et qui lui dirait :

« — Je ne veux pas lutter avec vous ; je viens implorer votre pitié, je m'en remets à votre générosité..... Rendez-moi mon fils ! »

Peut-être cette mère toucherait-elle cette femme si étrange, et peut-être Léona serait-elle capable de lui demander pardon du chagrin qu'elle lui a causé.

Voilà ce que Mme Thoré avait appris chez M. de Montaleu, qui, du reste, lui avait promis de faire prendre des informations.

Lorsqu'elle eut rendu compte à M. Thoré du résultat de cette entrevue, celui-ci, avec cette immortelle assurance des sots, traita de poésie stupide le prétendu pouvoir de cette Armide moderne.

— Tout cela, disait-il, est bon dans les poëmes et dans les romans; mais dans notre siècle de lumières et de liberté constitutionnelle, on a raison de pareilles drôlesses, comme des loups-garous qui font peur aux petits enfants; on dissipe les fantômes à coups de canne. Je me charge de la voir, cette dame, et je la traiterai... d'une façon...

Mme Thoré n'avait pas une idée précise de ce que pouvait être Léona ; mais, en sa qualité de femme, elle savait trop bien par quelles innocentes ruses elle avait toujours fait plier la volonté de son mari, pour ne pas craindre l'abus qu'un esprit méchant pouvait faire de la supériorité des femmes en ce genre. Elle craignait surtout d'irriter la vanité de Léona, vanité dont M. de Montaleu lui avait montré les funestes effets.

Elle obtint donc de son mari qu'il ne chercherait point à voir Mme de Cambure, avant que M. Amab n'eût tenu la promesse qu'il avait faite la veille.

Tout ceci avait été discuté hors de la présence de Julie.

Mais quand la curiosité d'une jeune fille est éveillée par un sentiment puissant, elle perce les murs, elle franchit les espaces ; elle arrive par des voies incompréhensibles. Qu'on ne s'imagine pas que Julie écoutât aux portes, elle n'y eût pas même pensé ; mais un reste de conversation prolongée après sa venue, une exclamation échappée pendant le repas, ou le travail ; quelques conseils de ceux qu'on croit bien discrets parce qu'on invente des noms en l'air pour cacher à qui ils ont rapport, conseils que M. Thoré donna à M. Villon ; mille réflexions étrangères au fond de l'inquiétude qui remplit la maison, mais qu'on ne faisait jamais autrefois; une question en apparence sans but, mais à laquelle la réponse donne un sens déterminé, tous ces atomes dispersés dans l'air d'une journée d'attente, et rassemblés précieusement par un esprit attentif, finirent par prendre un corps, une forme, un sens.

Cela est si vrai que Julie, à qui on n'avait rien dit, savait parfaitement que Mme de Cambure était une femme dangereuse et d'une séduction irrésistible. Elle l'avait vue et savait combien elle était belle. Et Amab la connaissait.

Voilà quel fut le dernier mot de cette patiente recherche.

Ainsi donc, Julie aussi craignait cette fée aux enivrants poisons : mais ce n'était pas pour Charles, c'était pour Victor.

La femme qui aime a des instincts merveilleux ; le mal qu'elle ignore la fait souffrir. Les sottes appellent maux de nerfs les tristesses qui les prennent à certains moments ; celles qui savent la vie se disent qu'on les trompe, et elles devinent juste neuf fois sur dix. Cela se sent à cent lieues de distance. Pourquoi cela ?

Quand quelque savant aura expliqué comment un pigeon expédié à trois cents lieues de son colombier, dans les ténèbres d'un panier couvert, des ne son nid et y retourne dès qu'il est en liberté, nous essaierons d'expliquer ces inexplicables sympathies qui lient un cœur à un autre par un fil électrique qui lui apporte des nouvelles confuses, mais certaines, de ce qu'il éprouve.

Il faut bien que cela soit vrai : car, durant toute la matinée de ce jour-là, Julie avait attendu patiemment le retour d'Amab, et ce n'était qu'à l'heure à peu près où Victor rencontrait Léona dans le bois de Boulogne qu'elle avait éprouvé une inquiétude, une impatience et une douleur qui allaient aux larmes.

Un homme comme M. Villon aurait expliqué cela le plus naturellement du monde, et il aurait dit :

« A deux heures, on a envoyé chez M. Amab, et l'on a répondu » qu'il venait de monter à cheval; alors l'inquiétude a commencé; en » effet, ce Monsieur qu'on adore en secret, dont on voudrait faire un » héros de dévouement aux yeux de la famille, ce Monsieur qui devait » découvrir Charles, et sur la parole duquel on comptait si bien qu'on » avait l'air de dire que toute autre démarche était inutile; ce grand » cœur, ce génie, cet ami dévoué, est allé se promener tranquillement » au bois de Boulogne.

» Aussi, voyez comme Mlle Julie se dépite, comme elle tressaille à » chaque bruit, dans l'espoir que c'est lui qui arrive, et comme l'heure » se passe; et comme voilà déjà quatre heures, quatre heures et demie, » cinq heures, elle ne tient plus en place, elle va et vient sans pré- » texte, elle monte dans l'appartement, elle ouvre la fenêtre pour voir » si elle ne l'apercevra pas au bout de la rue : tout cela, c'est de la » colère excitée par l'insouciance de M. Amab; c'est du dépit et » non pas une sympathie éthérée, un rapport magnétique, un alam- » biquage stupide. »

Voilà ce qu'eût dit M. Villon, et peut-être cet homme habitué à faire avouer aux chiffres toutes les vérités qu'ils renferment, avait-il rencontré la vérité morale de toutes les nombreuses agitations de Julie, peut-être M. Villon avait-il raison.

Mais qui voudrait d'une pareille raison, si ce n'est un jaloux comme lui? Et d'ailleurs, y a-t-il rien de plus odieux au monde qu'un homme qui calcule si froidement?

Oui, certes, il y a quelque chose de mille fois plus odieux : c'est un homme qu'on n'aime pas et qui a raison.

Or, M. Villon avait raison pour M. et Mme Thoré lorsqu'il disait qu'il ne fallait plus compter sur M. Amab, qu'il ne viendrait pas; que c'était un homme fort indifférent aux chagrins de la famille Thoré; que dans tous les cas, il ne fallait pas beaucoup espérer d'une intervention qui peut-être protégerait encore plus la coupable que la victime, et mille autres paroles qui eussent fini par faire éclater le cœur de Julie, si tout à coup on n'eût entendu le pas d'un cheval s'arrêter à la porte de la rue, et si presque aussitôt Amab n'eût paru.

XX. — TENTATIVE D'AMOUR.

Julie lança un regard de triomphe du côté de M. Villon; mais le commis ne lui donna pas la joie de le recevoir; il avait baissé la tête sur son registre, et, chose inouie, il se permit de laisser échapper un léger ricanement; décidément la tête du commis s'exaltait de la façon la plus inconsidérée.

— Eh bien! eh bien! s'écrièrent à la fois M. et Mme Thoré.

— Rassurez-vous, Madame, votre fils vit.

Assurément c'était là une grosse nouvelle, et Victor avait compté sur l'énorme effet qu'elle devait produire. L'effet ne manqua pas; mais une fois cet effet épuisé, arrivèrent les questions, les doutes, les suppositions.

— « Où est-il?

— Que fait-il? pourquoi est-il parti?

— L'avez-vous vu?

— Ne peut-il vous écrire?

— Qui vous a donné cette assurance?

— N'est-ce pas un leurre?

— Un faux espoir?

— Etes-vous sûr de la personne qui vous a parlé?

— La connaissez-vous bien? quelle est-elle?

— Comment vous l'a-t-elle dit? etc., etc. »

Questions auxquelles Amab ne savait que répondre par la plus excellente des raisons, c'est qu'il n'en savait rien.

Aussi fut-il obligé de se retrancher dans une foule de phrases ambiguës, solennelles et horriblement compromettantes, dans le genre de celles-ci :

« J'ai vu quelqu'un qui sait ce que Charles est devenu. Charles est » en sûreté, je ne dois pas vous en dire davantage; je ne puis vous » nommer la personne que j'ai vue; je dois la revoir demain; je ne » puis vous conduire près d'elle, — ce serait manquer à l'honneur, — » ce serait peut-être accroître les dangers de Charles.

» N'insistez pas, si vous voulez que je puisse vous être utile. »

Et mille autres balivernes où le poussaient les objections, les prières de Mme Thoré, et qui donnaient à cette aventure une couleur vénitienne très-remarquable.

On insista, on pria, mais il fallut s'en tenir à la déclaration suivante, faite la main sur le cœur :

— Sur mon honneur, je ne puis m'expliquer plus clairement; fiez-vous à mon désir de vous servir, à mon amitié pour Charles; croyez que mon vœu le plus sincère est de ramener dans votre maison la joie et le repos, et laissez-moi la liberté d'agir.

C'était peu, mais encore fallait-il remercier de ce peu, et voilà M. Thoré qui prend la parole pour dire :

— Je voudrais, Monsieur, qu'un jour pût venir où je pourrais vous témoigner, mieux que je ne le puis maintenant, la reconnaissance que nous vous aurons.

Il n'y a que les sots pour faire de ces phrases-là; mais jamais compère n'eût donné plus heureusement la réplique à Amab, qui, nous l'avons dit, était venu avec le projet très-arrêté de s'engager vis-à-vis de Julie.

En effet, Victor s'inclina, prit un air modeste et ému :

— Ce n'est pas votre reconnaissance, Monsieur, c'est votre estime, votre amitié que je voudrais mériter.

— Pourrions-nous vous les refuser, après un pareil service? fit M. Thoré; nous sommes tout à vous, Monsieur, et si jamais il se trouvait... je ne sais quoi, où je puisse avoir la moindre influence, tenez-vous pour assuré qu'à votre première demande je serai prêt...

— N'allez pas plus loin, dit Victor d'une voix bien apprêtée, peut-être vous demanderais-je plus que vous ne voudriez m'accorder.

Madame Thoré trembla d'inquiétude, Julie trembla de joie, M. Villon trembla de fureur, M. Thoré seul resta calme; il n'avait rien compris.

Mais quelle nécessité qu'un mari, un père ou un patron comprenne quelque chose? Quand un homme s'appelle le maître de la maison, il en a bien assez comme cela, et il n'a pas besoin de savoir ce qui s'y passe.

Comme nous l'avons dit, Victor s'était éperonné le cœur pour le lancer dans le chaste amour de Julie, amour que lui conseillaient sa raison, son intérêt et son calcul; l'espèce de déclaration qu'il venait de faire était le résultat de l'excitation factice qu'il s'était donnée, mais elle ne put aller plus loin.

Tous les beaux rêves qu'il s'était faits s'évanouirent en présence de celle pour qui il les avait faits. La présence de cet ange de grâce et de beauté, qu'il avait voulu mettre sur l'autel pour l'adorer, glaça la ferveur qu'il se croyait; rien ne le touchait dans cette belle jeune fille : Dieu avait refusé au cœur froid et égoïste de l'artiste, l'intelligence des douces et chastes sensations : Léona devait l'emporter.

Cet effet fut si puissant sur Amab, qu'il ne sut plus que dire, et qu'après quelques phrases embarrassées il se retira.

Oh! comme Julie l'aima pour la hardiesse qu'il avait eue de lui montrer ses projets, et pour la timidité qu'il avait éprouvée ensuite. Quel amour plus sincère, plus complet et plus humble pouvait-elle espérer?

Le mal, comme on le voit, allait en augmentant, et Mme Thoré lui donna des aliments, car elle ne pouvait traduire autrement que ne le faisait Julie, les paroles d'Amab; seulement, pour la fille, c'était une espérance, et pour la mère une menace de mariage.

Madame Thoré avait beau se rappeler tout ce qu'elle avait vu ou entendu, elle ne sentait pas sa fille aimée.

Quant à Amab, il s'en alla mécontent de lui, en trouvant qu'il avait été froid, malavisé; il se dit qu'il n'avait pas su tirer parti de la bonne position où il se trouvait pour se montrer tel qu'il voulait être, c'est-à-dire très-amoureux. Car décidément Amab voulait être amoureux; il se promit de revenir et revint en effet, car son heure avait sonné : il le sentait, et l'habile calculateur avait admirablement compris de quel côté était la chance honorable, heureuse, pleine d'avenir, et il l'avait choisie. Mais sa nature même, en lui dictant ce choix, s'y refusait.

C'est une chose que nous voudrions faire comprendre à nos lecteurs que cette lutte de la volonté raisonnée non plus contre les entraînements, mais contre l'insensibilité du cœur.

Il y a dans le monde, et chacun en connaît, des âmes qui, endurcies par la débauche, les violentes sensations, les excès aventureux, n'ont plus la faculté d'aimer ce qui est simple, chaste, naïf; celles-là, on les conçoit. Mais un homme jeune, qui n'a pas encore usé de son cœur, peut-il avoir cette insensibilité? voilà ce dont on peut douter, voilà cependant ce qui est vrai, voilà ce que nous voudrions persuader aux gens qui lisent ce récit.

Oui, il y a des hommes à qui Dieu a donné une sévère raison, une puissante volonté, et qu'il a cependant déshérités de l'affection du bon.

De pareils hommes peuvent parvenir à épouser une femme noble, bonne, vertueuse; ils l'apprécient ce qu'elle vaut et dans tout ce qui dépend de la volonté, ils lui rendent l'hommage qu'elle mérite; mais leurs aspirations, leurs joies, leurs ardeurs, leurs adorations sont pour des idoles qu'ils n'oseraient avouer; ils honorent la vertu et ils la recherchent; mais la dissolution leur plaît et les entraîne. Il faut à ces âmes, que le calcul et l'égoïsme ont froidement et durement trempées, pour leur arracher un soupir, des excitants plus âcres, des dissolvants plus énergiques que l'amour modeste d'une jeune fille, ses joies timides et ses chastes ravissements.

Mais en vérité ne vaudrait-il pas mieux raconter que disserter, quoiqu'il y ait des gens qui croient que dans l'histoire du cœur, disserter c'est raconter.

XXI.

LES MANÉGES DE LA LIONNE.

Huit jours environ après sa première rencontre avec Léona, huit jours après s'être promis de devenir amoureux de Julie et avoir tout fait pour y réussir, Victor partit à dix heures du soir de chez M. Thoré, et gagna le bois de Boulogne de toute la vitesse de son cheval; il le laissa à son domestique aux environs du parc Saint-James, longea un mur défendu par un taillis épais, puis enfin s'arrêta en face d'une haute perche plantée dans l'intérieur de la propriété, laquelle portait un large écriteau sur lequel étaient écrits ces mots :

Piéges à loups.

C'est une manière si connue de dire aux voleurs : « C'est par ici qu'on peut entrer, » qu'il arrive quelquefois que les drôles s'en méfient. Cette fois, l'indication n'avait rien de mensonger; il n'y avait pas le moindre péril.

Amab se glissa prudemment entre les branches, et se trouva en face d'une brèche qui devait être bien vieille, car déjà le lierre et la mousse en avaient habillé de vert les anfractuosités.

C'était tout au plus s'il fallait lever le pied à la hauteur d'une marche pour entrer de plain-pied dans le parc.

A ce moment Victor chercha à se rappeler les instructions qui lui avaient été données :

« Quand vous serez là, lui avait-on dit, vous trouverez une allée,
» vous suivrez celle-là ou toute autre... dans un parc de dix arpents
» on arrive toujours à la maison qui est posée au centre.
» Cette maison a un perron; sur ce perron, une porte ouvrant dans
» un vestibule, il y a de la lumière toute la nuit : vous verrez l'esca-
» lier en face, montez au premier, avisez un large couloir tendu de
» soie vert-pomme à oiseaux fantastiques, poussez jusqu'à une porte
» de velours à larges clous dorés, tournez le bouton, ouvrez une se-
» conde porte, traversez une petite antichambre, il y a aussi de la
» lumière; traversez encore un salon, puis une bibliothèque, vous se-
» rez chez moi. »

Victor n'était pas accoutumé à ces rendez-vous espagnols quoiqu'il les eût rêvés, comme tous ceux qui ont assez de supériorité dans l'esprit, ou qui sont assez neufs pour lire les romans comme une chose sérieuse.

Vingt fois il avait rêvé les aventures couleur de muraille, et dans ces circonstances il se donnait volontiers une allure prudente et fière à la fois, marchant en avant, la barbe sur l'épaule, comme dit Sully, et une main sur sa dague; mais quand il fut en face de la réalité, notre héros se trouva fort empêché.

Il arriva immédiatement à une belle allée qui le mena à une très-belle pelouse, en face de laquelle il trouva tout de suite la maison qu'il cherchait. Il faisait un terrible clair de lune; de façon qu'on était en vue de toutes les fenêtres de l'habitation, soit qu'on voulût traverser la pelouse, soit qu'on voulût suivre l'allée circulaire qui l'enveloppait de ses deux longs bras fleuris, et qui n'avait ni la moindre ombre ni le plus petit mystère.

Au clair de la lune, notre héros Victor crut remarquer que cette allée perfidement découverte, était en outre d'un ratissage vierge, et qu'elle transmettrait sans mélange l'empreinte de son pied, à l'œil jaloux ou médisant qui viendrait la consulter. Ceci lui parut autrement dangereux que les piéges à loups promis au sommet de la perche.

Victor hésita; mais le courage, ou la vanité, ou l'amour l'emporta, sans toutefois lui ôter la prudence. Il franchit l'allée, tomba au beau milieu de la platebande, où il écrasa la première bouture d'un Général-de-Caux sorti de chez Tripet, puis il traversa la pelouse, et, en trois sauts, il fut sur le perron, ravi d'avoir si bien dissimulé ses traces.

Là, un nouveau tremblement le saisit; la porte était ouverte, une lampe de nuit veillait dans un énorme rouleau de verre, à cage de cuivre, pendu au plafond par un gland de hallebarde de suisse.

— Mais entrez donc, reprit Léona. — Page 53.

Cette lumière triste et vacillante avait l'air de s'ennuyer là toute seule comme un laquais à moitié endormi qui attend son maître.

Victor pensa qu'un homme, peut-être deux, peut-être dix, pouvaient sortir des ombres chancelantes que cette lampe faisait jouer aux angles du vestibule; il tira le poignard malais qu'il avait caché dans sa poche; un poignard malais dans une poche de paletot vaut bien le fusil à rouet avec lequel un de nos amis allait à l'affût des lapins.

Victor, armé de son poignard et de la honte qu'il éprouvait de l'avoir tiré, monta l'escalier en trois enjambées, et comme l'épais tapis qui le recouvrait ne laissa entendre aucun bruit, il se retourna brusquement.

Enfin le couloir désigné, la porte de velours se montrèrent à lui, il avança, ouvrit, et entra dans l'antichambre.

Paris. — Typ. de Vᵉ Dondey-Dupré, rue St-Louis, 46, au Marais.

Toujours le même silence et la même sécurité, il y avait de quoi s'épouvanter...

Il traversa le salon, arriva à la bibliothèque, la franchit, et souleva, d'une main armée et tremblante, une lourde portière derrière laquelle il vit enfin la chambre de Léona, et Léona elle-même à demi couchée dans un vaste fauteuil.

— Ah ! c'est vous, lui dit-elle en posant près d'elle le livre qu'elle tenait, quelle heure est-il donc ?

— Minuit, répondit Victor d'une voix mystérieuse.

— C'est pourtant vrai, répondit-elle en jetant un coup d'œil sur une pendule de quelques pouces posée près d'elle. J'avais oublié le temps en lisant ces odes de Victor Hugo.

Notre Victor fut humilié.

— Mais entrez donc, reprit Léona. Ah ! mon Dieu, que faites-vous donc de ça ? ajouta-t-elle en lui montrant son poignard qu'il tenait toujours à la main.

— C'est une précaution... reprit-il d'un air embarrassé.

— Contre qui donc ?...

— Le bois de Boulogne est, dit-on, le repaire de gens mal intentionnés...

— Ce sont les amoureux qui font courir ces bruits-là pour pouvoir s'y promener à l'aise... D'ailleurs, il y a longtemps que vous n'êtes plus dans le bois.

— C'est vrai...mais...

— Aviez-vous peur une fois chez moi...

— Pardon, dit Victor, à qui cet accueil commençait à paraître singulier, mais chez vous on y entre... comme...

— Comme sur la place publique, voulez-vous dire ? N'est-ce pas très-commode ?

— Sans doute, dit Amab ; mais on aurait pu faire relever cette brèche et pratiquer une porte secrète.

Léona se mit à rire.

— Apprenez, mon cher Victor, qu'il n'y a rien de plus délateur que ce qui est mystérieux ; si on fait ouvrir une porte, c'est qu'on a le projet d'y faire passer quelqu'un... Si on ne relève pas une brèche, c'est qu'on espère que personne n'y passera.

Amab sortit, Léona le regarda s'éloigner à travers sa jalousie. — Page 53.

— Alors, dit Victor d'un ton piqué, c'est avoir une pauvre opinion de ceux qui peuvent venir vous voir que de leur faire une entrée si facile. A votre place, j'eusse voulu les obliger à franchir un mur élevé, hérissé de pointes.

— Jamais je ne donnerai à un homme que je veux bien recevoir, le ridicule d'entrer chez moi avec un habit en lambeaux et un pantalon déchiré ; mais qu'avez-vous donc, mon ami ? asseyez-vous... êtes-vous malade ?

Victor venait à un rendez-vous d'amour, du moins il le croyait ainsi, il avait arrangé à sa guise le trouble du premier moment :

« Est-ce vous ? — C'est moi.

— Oh ! silence.....

— J'ai peur.

— Ne tremble plus, je suis près de toi, etc. »

Mais point, il était entré en secret aussi facilement que par la grande porte ; il était reçu à minuit comme on l'eût reçu à midi, il crut comprendre qu'on se jouait de lui, le dépit lui rendit sa présence d'esprit, son énergie, et il répliqua d'un air tout à fait dégagé : — Vous avez deviné juste, je suis malade, et sans la promesse formelle que je vous avais faite, je ne serais pas sorti de chez moi.

Un incompréhensible sourire d'ironie agita les lèvres de Léona, mais presque aussitôt elle reprit d'un air sérieusement chagrin :

— En ce cas vous avez eu tort de venir ; à mon sens on peut jouer avec la vie, jamais avec la santé ; risquer de se faire tuer pour une femme, c'est une chance de lui plaire ; mais gagner des rhumatismes c'est odieux pour soi... et pour elle aussi.

— C'est me dire que j'ai mal fait de courir un pareil risque ?

— Sans doute...

— Et que j'aurais tort de m'y exposer plus longtemps...

— Est-ce qu'il ne fait pas bon chez moi ?

Victor s'arrêta au moment où il allait partir ; mais il prit une vigoureuse résolution, et se décida à s'avouer vaincu.

Cet homme avait des moments d'un grand courage.

— Léona, lui dit-il, pourquoi vous moquez-vous de moi ?

Elle lui tendit la main.

— Je ne me moque pas de vous, Victor ! je suis triste.

— Vos réponses ne le montrent guère.

— Et pourquoi ?

— Ces plaisanteries sur les portes secrètes, sur les brèches ouvertes.

— Mais je vous ai dit ce que je pense, fit naïvement Léona, seulement vous vous êtes obstiné à ne pas vouloir me comprendre. Je pratique sérieusement ce que vous appelez des paradoxes spirituels.

La manière dont vous êtes entré ici vous gêne, je le vois, vous n'y comprenez rien. C'était pourtant la plus commode et la plus sûre, permettez-moi de vous donner en passant une leçon qui peut vous être utile dans d'autres aventures.

Et d'abord, prenez note de cet axiome :

« Le meilleur moyen de se trahir c'est de se cacher. »

Entre l'homme qui en aborde un autre en plein jour, au milieu d'une foule et qui lui plante un poignard dans la poitrine, et celui qui attend son ennemi la nuit dans un endroit écarté, la chance de réussir et de se sauver, est toujours pour le premier, s'il a du courage et du sang-froid.

Les précautions sont à la fois un signe de faiblesse et une preuve de culpabilité. Je veux vous en donner un admirable exemple.

Je vous ai vu, car je ne veux pas jouer plus longtemps la coquette avec vous ; je vous guettais à travers ma persienne, et je vous ai vu sauter au beau milieu d'une plate-bande pour ne pas laisser l'empreinte de vos pas dans une allée. Eh bien ! demain, au point du jour, mon jardinier eût ratissé son allée sans s'occuper si les pas étaient entrés à huit heures du soir et ressortis à dix, ou s'ils étaient arrivés à minuit et repartis avec le jour.

Au lieu de cela, vous avez écrasé, j'en suis sûr, quelque fleur qui lui fera pousser des exclamations toute la journée de demain sur le grossier maladroit qui saute dans ses plates-bandes.

Et puis, mon ami, vous ne savez pas vivre. Comment, vous êtes garçon, vous ne devez encore compte de votre vie à personne, et à supposer que vous eussiez seulement une liaison, vous seriez l'homme le plus esclave de la terre.

— Et comment cela?

— Vous avez des habitudes incroyables... Tout le monde vous sait par cœur... A telle heure vous êtes dans votre atelier, à une autre vous déjeunez; puis c'est l'heure de la promenade ou celle des visites, et celle du dîner, et celle du spectacle, et celle du monde, et celle de votre retour.

Je suis convaincue que votre domestique vous a regardé avec des yeux renversés quand vous lui avez dit d'amener à onze heures votre cheval à la porte de madame Thoré.

— D'où savez-vous?

— Je ne sais pas, j'en suis sûre.

Eh bien ! il en sera ainsi de tout ce que vous voudrez faire; chacun se dira : il ne fait pas aujourd'hui comme hier, donc il y a quelque chose de nouveau. Quelque chose de nouveau, c'est si rare qu'il faut pardonner au monde l'espionnage qu'il se croit en droit d'exercer à la nouvelle d'un si grand événement.

Etonnez-vous après cela que votre secret, si vous en aviez un, fût soupçonné en deux heures et découvert en vingt-quatre.

Quant à moi, j'ai prévu ce danger dès le pensionnat, et j'ai pris mes précautions dès que j'ai été maîtresse de faire ma vie. C'est le désordre le mieux arrangé. Quand on a de grandes ambitions, il ne faut pas avoir de petites chaînes. Quand on a de hauts désirs, il ne faut pas avoir de sottes nécessités.

Je déjeune depuis huit heures du matin jusqu'à deux, chez moi quand j'y suis, ailleurs si je n'y suis pas, cela me prend cinq minutes.

Je dîne depuis trois heures jusqu'à neuf, quand je dîne, et la fantaisie de souper peut me prendre depuis dix heures du soir jusqu'à cinq heures du matin.

Je sors à pied, ou en fiacre, ou à cheval, ou en voiture, à l'heure où tout le monde sort et à l'heure où tout le monde rentre.

Il y a des jours où je me couche à neuf heures, et où je me lève à midi, d'autres où je me couche à midi, et où je me lève à minuit. Je viens au bois en sortant de l'Opéra, et j'ai dix fois quitté le bal pour monter en chaise de poste.

Je sors pour aller faire une visite, et, deux jours après, j'écris à mes gens de venir me rejoindre à Boulogne.

Gustave a voulu être jaloux, et ne se fiant pas à la fidélité d'un espion gagé, il a voulu me suivre. Je l'ai fait se morfondre dans son fiacre drapé de rouge, à la porte de tous mes fournisseurs, à la porte des endroits les plus incroyables.

Une fois où j'avais cherché querelle à M. de Monrion sur l'heure qu'il était, je suis mystérieusement partie dans une voiture de place pour aller régler ma montre sur l'horloge de l'Hôtel-de-Ville, et je suis rentrée chez moi. Gustave m'avait suivie: il s'est informé du motif de cette promenade.

Je savais qu'il avait acheté ma femme de chambre, elle lui raconta la vérité, alors il a haussé les épaules et a dit : « Décidément c'est une folle, » c'est tout ce que je voulais.

La lutte a été longue entre nous, mais je l'ai toujours gagné de vitesse.

Victor fut abasourdi.

Il était de ces hommes qui rêvent et comprennent toutes les excentricités dans la spéculation, et qui les redoutent dans la pratique. Tout stupéfait de ce qu'il venait d'entendre, il crut avoir trouvé quelque chose de péremptoire, et il répliqua la niaiserie que voici :

— Mais s'il prenait fantaisie à M. de Monrion de venir maintenant?

— Eh bien ! il trouverait les portes ouvertes...

— Mais s'il me trouvait ici?

Soit que l'objection parût embarrassante à Léona, soit qu'elle dédaignât d'y répondre, elle se mit à rire et répliqua :

— Savez-vous que vous devenez fat?

Ce mot rendit à Victor une partie de son humeur, et, ne voulant pas cependant rester en dessous d'une femme qui se dévoilait si franchement, il lui dit :

— Si j'ai fait cette faute, c'est vous qui m'y avez poussé.

— Ah ! oui, dit tristement Léona, c'est vrai.

— Oubliez-vous qu'hier, dans cette voiture qui nous emportait tous les deux vers Paris, lorsque je vous disais mon amour et que vous m'aviez avoué le vôtre, lorsque je vous implorais et que vous aviez épuisé vos refus, oubliez-vous que c'est vous qui m'avez promis cette heure... et qui m'avez dit :

« Demain... chez moi... à minuit je n'aurai plus peur. »

— C'est vrai, dit Léona en poussant un profond soupir... c'est vrai... mais je vous le dis franchement, dût la brutalité de ma franchise vous donner de moi une opinion encore plus mauvaise que celle que vous avez, oui, je vous le dis franchement, vous avez été un maladroit.

— Vraiment? fit Amab d'un ton qu'il voulait en vain rendre léger et moqueur.

— Ne riez pas, mon ami, je vous parle dans toute la sincérité de mon âme, reprit Léona d'un air naïf; apprenez donc de moi, ajouta-t-elle d'un air caressant et confidentiel, que l'amour est comme certaines maladies, elles ont toutes un jour fatal, culminant, qui emporte le malade ou qui commence la guérison.

— Et vous êtes en voie de convalescence depuis hier? dit Victor avec un sourire furieux.

— Je l'espère, dit Léona en levant les yeux au ciel.

— Et vous ne craignez pas les rechutes, je suppose?

Léona prit un air triste et fâché, et repartit :

— Ah ! mon Dieu ! Victor, vous faites de l'esprit quand je vous parle raison, quand j'ai le cœur brisé, quand les larmes me suffoquent : oh ! les hommes ne comprennent rien.

— J'avoue, dit Amab, que je ne comprends plus ce que vous me disiez hier, en vous écoutant aujourd'hui.

Léona se leva, fit quelques pas avec impatience, comme pour sortir, puis revint soudainement en disant :

— Tenez, il faut en finir, écoutez-moi, mais écoutez-moi bien, et surtout ne cherchez pas à me deviner...

— Comment ! vous voulez que...

— Je veux, dit Léona avec humeur, que vous ne cherchiez pas dans mes paroles des sentiments cachés, des feintes, des ruses, que sais-je? tout ce que les hommes qui se croient pénétrants s'imaginent découvrir dans ce que leur dit une femme. Je ne suis pas de l'école des demi-mots et des réticences.

Je suis libre, maîtresse de moi; je sais où je veux aller et où je ne veux pas aller, je n'ai donc pas besoin de mentir, ni aux autres ni à moi-même. Je suis assez belle et assez spirituelle pour me passer de coquetterie.

D'ailleurs, vous m'aimez, Victor, et il n'y a pas de manége qui vaille un pareil complice quand on veut tromper un homme. Ainsi donc, je puis être franche, je n'ai besoin que d'une chose, c'est que vous m'écoutiez...

— Je vous écoute, dit Victor, qui dans les autres entretiens qu'il avait eus avec Léona, s'imaginait avoir percé dans les ténèbres de cette existence et de cette âme, je vous écoute, reprit-il.

— Je vous ai aimé, reprit tout à coup Léona, je vous ai aimé par un des caprices insensés, et cependant vulgaires, qui égarent la vie des femmes inoccupées.

L'aspect de votre tableau de la Vierge m'a fait croire à quelque chose de charmant, de naïf, d'idéal, dans l'âme de celui qui avait si bien peint tout cela sur ce divin visage. Avec la même ardeur que je retournerais à l'air vif et embaumé des montagnes où je suis née, si je le pouvais, j'ai voulu plonger mon âme dans les frais et jeunes sentiments que je vous supposais.

Je vous le jure, Victor, si vous fussiez venu, jamais vous n'auriez connu de moi que mon fol enthousiasme; peut-être ne vous aurais-je jamais revu.

Si vous aviez été ce que je pensais, je n'aurais pas voulu avoir le remords de vous avoir perdu, j'aurais voulu passer dans votre existence comme une fée inconnue qui vous eût donné votre première couronne.

J'étais dans la folie de mon rêve quand je vous ai écrit : vous étiez de sang-froid quand vous avez reçu ma lettre; vous l'avez traduite comme un vieillard qui craint le ridicule.

Hélas ! à vingt-cinq ans, vous croyez à l'expérience des autres; vous avez tué par avance les trois quarts de votre vie. Vous arriverez à un âge avancé sans avoir vécu, et vous commencerez à essayer de vivre à un âge où il n'est plus permis d'être imprudent.

Le jour où vous avez permis qu'on m'exposât au plus insolent outrage, je ne vous ai pas jugé, je vous ai méprisé, et, pour la première fois de ma vie, j'ai voulu me venger de quelqu'un que je méprisais; c'est que je vous aimais encore.

Vous savez comment a tourné ma vengeance; l'inconcevable folie de mon cœur vous a protégé; n'ayant pas pu vous attirer à un duel dont l'issue était toujours un malheur pour vous, j'ai prétendu vous rendre assez amoureux de moi pour pouvoir vous faire souffrir des tourments qui vous puniraient cruellement du mal que vous m'aviez fait; j'y ai réussi...

Croyez-moi, Victor, ne prenez pas un air piqué et menaçant; vous m'aimez, vous m'aimez assez pour que je puisse abuser de votre amour, pour que je puisse me venger; mais il m'arrive une chose que je dois vous dire : c'est que je vous aime encore.

— Ne me le disiez-vous pas hier?

— Hier je croyais vous mentir, hier je croyais vous égarer... Et cependant... hier... oui... hier, il y a eu un moment où j'aurais été heureuse peut-être d'avoir été prise dans le piége que je vous tendais.

Ce moment, vous l'avez laissé passer... ce moment, j'ai cru qu'il pouvait renaître dans mon cœur..... et c'est de bonne foi que je vous ai donné ce rendez-vous.

— Mais... aujourd'hui, dit Victor amèrement.

— Aujourd'hui, c'est le lendemain d'hier... reprit Léona, aujourd'hui vous retrouvez une femme qui est restée seule vingt-quatre heures en face d'elle-même, une femme qui ne se ment pas, qui ne se flatte pas, qui ne se ménage pas; une femme qui a pu mesurer l'abîme où vous n'avez pas eu l'audace de la précipiter; alors j'ai réfléchi, j'ai tout calculé, j'ai tout prévu, tout supposé...

Eh bien ! d'après ce que je sais de moi et ce que je sais de vous, Victor, je vous aime trop pour vous revoir jamais.

— Se peut-il ! et après un pareil aveu, pouvez-vous me condamner ainsi?

— Ce n'est pas vous que je juge, c'est moi que je condamne.

— Léona, ne parlez pas ainsi, vous m'aimez, dites-vous?

— Victor, reprit Léona, ne jouons pas un jeu d'enfants. La femme qui vous a dit ce que je viens de vous dire, mérite qu'on n'abuse pas de l'empire que sa folie vous donne sur elle...

Écoutez-moi bien... comprenez-moi bien... si je me laissais vous aimer, je n'accepterais pas le tiède amour que vous pouvez me rendre.

— Mais cet amour me brûle, cet amour occupe toute ma pensée.

— En vérité, vous n'êtes pas bon...

Oui, vous m'aimez ardemment, je le sais, peut-être assez pour vous perdre pour moi, si j'acceptais l'amour que vous m'offrez; mais moi, Victor, je ne veux pas que vous vous perdiez; ce que j'aime en vous, c'est votre gloire, votre honneur, votre jeunesse pure et irréprochable, votre lutte contre l'adversité, votre triomphe sur la misère et le malheur; j'aime en vous, Victor, tout ce que vous ne pouvez pas aimer en moi.

Vous savez ma vie passée, vous savez mes fautes... et vous voulez que je vous donne pour maîtresse la plus fastueuse courtisane de Paris? mais moi, je ne veux pas.

Si Dieu pouvait tuer le passé, et que pour cela il me demandât des millions d'années de tourments, crois-moi, Victor, je rachèterais à ce prix tout le passé pour te donner une heure de ma vie.

Mais me livrer à vous, monsieur, pour que je sente sous la passion la plus ardente, le froid jugement de l'esprit... non... non... je ne le veux pas; je n'ai trouvé qu'un moyen de rester digne, non pas de votre amour, mais du mien : c'est de n'être jamais à vous. En ne vous appartenant pas, il me semblera que j'eusse été peut-être digne de vous appartenir, non, je ne serai pas à vous... Jamais.

— Léona, dit Victor, en se mettant à genoux devant elle, non, vous ne m'aimez pas... L'amour raisonne-t-il si bien, est-il si fort contre lui-même?

Léona repoussa doucement le front de Victor qui se penchait vers elle.

— Bon Dieu ! lui dit-elle en souriant, que vous êtes imprudent ! Mais vous ne savez pas ce que vous me demandez; car si j'étais assez folle pour me laisser persuader, vous auriez trop à souffrir.

Je suis jalouse, fantasque, exigeante; furieuse d'avoir manqué à la parole que je me suis donnée, je voudrais, pour excuse de ma faiblesse, vous posséder si exclusivement, que ce serait un affreux supplice. Je vous compterais vos heures, vos moments, j'épierais votre pensée, je déchirerais la toile où je verrais naître sous votre pinceau une beauté idéale, et que je croirais réelle.

Je prendrais les préoccupations de votre génie pour des souvenirs d'amour. Je vous fermerais le monde, je briserais vos amitiés, je tuerais celle que vous pourriez me préférer un jour...

Non... non, Victor, ne me demandez pas d'oublier mon serment. Heureusement que je vous aime trop pour vous imposer ce malheur.

Nous ne devons plus nous revoir.

Jamais l'orgueil d'un homme ne fut plus doucement flatté dans ses fibres les plus cachées.

Victor était ivre, et il reprit de sa voix la plus caressante :

— Ne plus nous revoir, est-ce possible?

— Et pourquoi voulez-vous que nous nous revoyions? Pour vous mettre encore à mes pieds comme vous êtes là; pour prendre mes mains et les couvrir de baisers comme vous faites, pour me regarder avec des yeux éperdus...

Cela peut vous sembler charmant... mais cela m'est insupportable, fit-elle en se levant vivement.

Elle mit la main sur son cœur, et murmura sourdement :

— Ah ! c'est affreux !

Puis elle se mit à marcher rapidement en évitant le regard de Victor, en se détournant de lui; il l'atteignit et la regarda; elle pleurait.

— Vous pleurez ! s'écria-t-il.

— Oui, monsieur, oui, je pleure d'être si faible, d'être si misérable, que votre présence me trouble; car, ajouta-t-elle avec un doux sourire, j'aurais été si heureuse d'être votre amie, votre frère, j'aurais aimé cela, et...

Elle prit un air enfantin plein de malice et de gaieté :

— Et si vous vouliez être raisonnable, ajouta-t-elle, ce serait si bien. Vous me diriez vos travaux, vos projets, j'irais vous voir... vous me conteriez vos succès, vos amours...

— Mes amours ! c'est vous...

— Vous voyez bien que ce n'est pas possible, dit Léona avec tristesse.

Eh bien ! non, je ne veux plus vous voir, jamais, jamais.

— Eh bien ! je vous jure d'être comme vous voudrez.

— Oh ! dit-elle ironiquement, vous êtes bien maître de vous-même, à ce qu'il paraît... C'est d'un amour bien respectueux.

— Léona ! Léona ! dit Amab avec transport, vous êtes cruelle.

— Eh bien ! oui, c'est vrai... reprit Léona avec impatience. Mais je souffre bien, moi... Je me venge... et... Allons, taisez-vous.

Ah ! mon Dieu ! s'écria-t-elle tout à coup, voici le jour qui vient et nous avons oublié ce pauvre Charles.

— En effet, j'avais promis à sa famille qui m'interroge chaque jour de lui apporter de ses nouvelles.

— Vous aurez mieux que cela, dit Léona. Demain, après-demain au plus tard, vous recevrez une lettre de lui.

Et maintenant, partez, partez.

— Sans que vous m'ayez dit quand et où je pourrai vous revoir.

— Je pars ce matin pour Fontainebleau, si vous êtes libre après-demain à cette heure... nous souperons ici.

— Nous souperons... Ce sera donc encore la nuit? dit Amab.

— Oui, lui dit Léona en baissant les yeux, et si vous osez m'accorder la seule preuve d'amour que je veuille vous demander jamais, alors...

— Eh bien ?... dit Victor...

— Je n'aurai plus peur, dit Léona... et maintenant laissez-moi... Je suis libre... je joue avec ma considération, mais jamais avec moi-même...

Si vous revenez... c'est que vous m'aimez assez pour que je me fie à vous.

Amab sortit, Léona le regarda s'éloigner à travers sa jalousie et dit d'une voix triomphante :

— Il y viendra lui... Mais elle !

Un violent mouvement de rage accompagna cette dernière exclamation, elle sonna violemment, une femme parut. Léona lui fit quelques signes auxquels la chambrière répondit de même.

Mais presque aussitôt Léona reprit :

— Au fait nous sommes seules... Dépêche-toi... un frac... des bottes... un cheval.

— J'y vais, madame, dit la fausse sourde-muette.

Vingt minutes après, Léona, en habit de cavalier et suivi d'un groom, prenait la route de Paris à la suite d'Amab.

XXII. — LES BÊTES FAUVES.

Gustave de Monrion était couché sur un riche divan, quand Léona entra impétueusement chez lui.

Il avait les yeux fixés au plafond, et sa pipe éteinte avant d'être achevée avait échappé de ses mains, ce qui prouvait qu'il était plongé dans de très-profondes réflexions.

— A quoi pensez-vous donc ? lui dit Léona d'un ton mécontent, voilà huit jours que je n'ai eu de vos nouvelles : vous ne m'avez pas écrit, vous n'avez pas passé chez moi.

— Ah ! vous voilà ? lui dit Gustave, je vous attendais.

— Et pourquoi ?

— Pour vous dire que ce que vous m'avez demandé est tout à fait impossible.

— Pauvre garçon ! fit Léona en levant les épaules et en jetant sur un siége ses gants et sa cravache, faites-moi servir quelque chose, car je meurs de faim.

Gustave sonna, le valet de chambre que Monrion avait dénoncé à Victor comme vendu aux intérêts de Léona parut aussitôt.

— Prenez les ordres de madame, lui dit Monrion en se recouchant mollement sur son canapé.

Léona donna ses ordres et dit à Monrion :

— A propos, comment se fait-il que je vous trouve levé de si bonne heure?

— J'allais me coucher quand vous êtes arrivée.

— Vous avez passé la nuit au club ?

— J'ai passé la nuit chez moi ; M. Jean, votre espion, peut vous l'attester.

— Et à quoi avez-vous donc passé la nuit?

— Je l'ai passée ici, sur ce canapé, à rêver...

— Vous vous trompez, reprit Léona en s'asseyant devant la table où on lui avait servi à déjeuner, vous avez passé la nuit à apprendre le mot *impossible* que vous prétendiez jadis avoir rayé de votre dictionnaire.

— A votre tour, vous vous trompez, dit négligemment Gustave en ramassant le long serpent de soie à tête d'ambre, qui servait de tuyau à sa pipe, je n'ai pas appris le mot, j'ai reconnu qu'il avait un sens.

— Et qui donc vous a expliqué ce sens?

— Moi seul.

— C'est-à-dire, reprit Léona en fronçant le sourcil, que ce que je vous avais demandé est impossible, parce que vous avez reconnu votre insuffisance à le faire.

— Vous n'êtes pas heureuse ce matin, dit Gustave en lançant au plafond une bouffée de fumée ; ce que vous m'avez demandé est impossible, parce que je ne veux pas le faire.

Une légère contraction altéra les traits de Léona, qui reprit du ton le plus insolemment indifférent :

— La volonté est la grande prétention des impuissants.

— Cela se peut, dit Gustave ; et vous, qui prétendez avoir une volonté de fer, vous devez être un excellent juge de cette question.

— Je m'en vante, repartit Léona, car tout ce que j'ai voulu je l'ai eu.

— Eh bien ! reprit Gustave, en attisant nonchalamment sa pipe, je n'aurai pas ce que je ne veux pas avoir ; cela me semble de la même force.

— Vous avez bien vieilli en huit jours, lui dit Léona...

— Non, pardieu ! fit Gustave ; jamais je ne me suis senti si jeune.

— Dans quelle fontaine de Jouvence vous êtes-vous donc plongé ?

— Dans un regard bleu, dans une parole séraphique, dans une auréole d'innocence.

— Ah ! fit Léona en riant, nous en sommes là ; c'est fort bien ; je vois que je n'ai plus rien à faire ici, à moins que vous ne vouliez m'accepter pour confidente ; c'est un emploi que j'ai envie d'essayer, en vous voyant prendre celui de Colin d'opéra-comique.

— Aux ambroisies divines et parfumées, dit Gustave avec une fatuité joyeuse, il faut des vases d'un cristal pur et limpide ; au nouvel amour que j'éprouve, il faut pour confidentes des âmes blanches et chastes.

— Vous vous égarez dans vos bergeries, mon cher, répliqua Léona en riant ; vos ambroisies ne sont que du fromage à la crème, et les vases où on les prépare sont d'ignobles cruches de terre ; mais, vu l'état du papa, on vous les fabriquera probablement en porcelaine.

Gustave fit un geste d'impatience qu'il cacha le mieux qu'il put en attisant encore sa pipe qui brûlait à merveille.

Léona continua :

— Savez-vous, dit-elle, que ce M. Thoré vous fera un très-beau beau-père ?

— Un beau-père ! dit Gustave, comment l'entendez-vous?

— Mais dans l'acception naturelle du mot ; je vous ai prié d'essayer ce que pouvait un gentilhomme, élégant et spirituel, sur le cœur de Mlle Julie Thoré, et j'apprends ce que peut une petite bourgeoise bien apprise sur un pauvre garçon bien niais et bien crédule.

Il y a huit jours, quand, à défaut du portrait en vierge de cette belle, portrait que vous n'avez pu obtenir de M. Amab, je vous ai demandé d'enlever le modèle au peintre, puisque vous n'aviez pu lui enlever la copie, vous m'avez dit que c'était l'affaire de huit jours, et vous êtes parti en conquérant.

Je me suis fiée à vous. J'arrive. Je croyais trouver un triomphateur, je trouve un vaincu.

Mais de toutes vos bonnes qualités d'autrefois, je pense qu'il vous en reste au moins une, c'est de faire parfaitement les choses quand vous voulez les faire. Vous ne laisserez pas votre défaite incomplète, et je suppose que d'ici à quelques jours, si ce n'est déjà arrivé, M. de Montaleu se présentera chez M. Thoré, afin de lui demander humblement la main de sa fille pour le jeune comte Gustave de Monrion.

— Cela n'est point fait, dit Gustave, et cela ne se fera pas.

— C'est encore sans doute une impossibilité ?

— Tout au contraire, j'aurais trop grande peur de réussir. Je ne veux point ce mal à cette charmante fille.

— Ou plutôt, lui dit Léona, vous ne voulez point accepter l'héritage de M. Amab ; mais, en ce cas, que voulez-vous faire alors de votre passion ?

— Un rêve, dit Gustave en se couchant sur le divan.

— Vous avez parfaitement raison, la grande sagesse humaine est de savoir ne désirer que ce que l'on peut obtenir, et comme les réalités de l'amour de Mlle Julie appartiennent à M. Amab, vous vous êtes fait avec bonheur la seule part à laquelle vous puissiez prétendre.

— Léona, dit le jeune homme avec un léger dédain, vous avez beau railler, Julie est un ange d'innocence et de candeur.

— Voilà le mot par où vous auriez dû commencer, lui dit Léona ; il nous eût épargné à tous deux ce faux esprit que nous venons de faire, et m'eût épargné, à moi surtout, des mots que je regrette d'avoir dits.

— Ah ! vraiment ? dit Gustave, et quels sont ces mots?

— Vous me connaissez, fit Léona, d'un ton sérieux et affectueux ; vous savez qu'au milieu des écarts de ma vie, vous savez qu'à travers tous les principes moraux à mon sens, immoraux selon les autres, que je me suis faits, il est une chose pour laquelle j'ai toujours gardé un profond et sincère respect, c'est la passion bien sentie, c'est l'amour.

— Oui, c'est vrai, dit Gustave, et je vous ai entendue à ce sujet excuser les plus étranges folies pour les femmes les plus indignes, quand un amour aveugle en était la cause.

— Oui, monsieur le comte, reprit sérieusement Léona, vous m'avez entendue parler ainsi et vous m'avez vue agir en conséquence : jamais sous un faux prétexte d'amitié, ou de bon service à rendre, je n'ai été révéler à un homme les fautes d'une femme qu'il adorait, ni à une femme les infidélités de celui en qui elle avait foi.

Si j'en agis ainsi, monsieur le comte, c'est qu'on ne tue pas l'amour par de pareils moyens, on le rend seulement douloureux au cœur qui l'éprouve. Je comprends qu'on efface de la vie l'être méchant qui vous fait mal, je ne comprends pas la torture qui le fait souffrir et le laisse vivre.

Je vous demande donc pardon des suppositions probablement très-fausses que j'ai faites au sujet des amours de mademoiselle Thoré et de M. Amab.

Vous aimez Julie, je la respecte dans votre amour, je la vois comme il vous plaît de la voir, j'aime mieux votre bonheur que ma vengeance.

— Vous aviez donc à vous venger d'elle?

— N'aurais-je pas à m'en venger aujourd'hui?

— Que vous avait-elle donc fait, il y a huit jours ?

— Ne me prend-elle pas votre cœur aujourd'hui ?

Gustave ne s'intéressait plus guère aux passions ni aux intérêts de

Léona, car il ne poussa pas plus loin ses questions et répondit nonchalamment :

— Avouez qu'il y a de votre faute.

— Vous n'êtes ni généreux ni adroit, Gustave, reprit Léona. Vous me faites un crime du bonheur que vous me devez et vous me forcez à vous dire que je ne vous croyais pas si niais.

— Niais, et sur quoi, s'il vous plaît?

— Je vous ai dit que je ne voulais pas toucher à votre foi; car le bonheur, c'est la foi.

— Vous persistez donc à prétendre que M. Amab est le discret amant de cette jeune fille?

— Je vous prie encore d'oublier que cette supposition m'est échappée.

— Mais sur quoi la basez-vous?

Léona haussa les épaules et repartit :

— Vous êtes fou, Gustave, vous êtes comme les enfants curieux, qui veulent savoir absolument le secret de la poupée qui les amuse; ils la retournent tant qu'ils finissent par la briser; vous briserez votre idole.

— Avez-vous peur de m'y aider?

— Oui, car vous ne me le pardonneriez pas.

— Qu'espérez-vous donc?

— Le temps est un grand maître.

— Si je vous demandais un conseil, Léona?

— Une femme n'en donne point dans la position où je suis, on la croit jalouse et on accuserait le soleil de ténèbres si cette jalouse le montrait du bout du doigt, en disant qu'il éclaire.

— Vous ne m'aimez donc plus du tout?

— Je ne vous aime plus assez pour mourir de votre infidélité, mais je ne suis pas encore assez votre amie pour vous défendre contre une sottise ou un malheur.

— Vous me trompez, Léona, vous haïssez cette Julie, vous voulez la perdre, vous me l'avez dit, et, comme vous saviez que je n'aurais jamais été de gaieté de cœur entreprendre la séduction d'une jeune fille innocente et pure, vous l'avez calomniée pour lever mes scrupules.

— J'avoue que je l'ai calomniée.

— Dans quel but?

— Pour la perdre, vous l'avez dit.

— Et maintenant?

— Maintenant que mon but est manqué, j'avoue que je l'ai calomniée.

Gustave examinait la figure de Léona, dont l'expression désespérée et ironique semblait cacher ou une violente colère, ou une profonde douleur.

— Léona, s'écria Gustave avec éclat, vous êtes une infernale créature!

Eh bien, oui! j'aime cette jeune fille, je l'aime comme un fou. Non, je vous le jure, je n'ai point fait de poésie, l'aspect de ce jeune et charmant visage, où nulle passion n'a laissé une triste empreinte, cette calme limpidité de la voix, écho du calme limpide de son âme; cette virginité du regard où rayonne la virginité de la pensée, tout cela produit autour de cette noble et belle enfant, une atmosphère douce, fraîche, embaumée, qui a ranimé ma vie. C'est la délicieuse sensation du fiévreux à qui l'on permet de se plonger dans une onde fraîche et parfumée.

Vous riez, Léona. Eh bien! depuis que je connais Julie, je vis mieux..... J'ai la poitrine plus ouverte; je suis moins sûr de mourir bientôt.

— Eh bien! lui dit Léona, que voulez-vous de plus?

— Ce serait quelque chose de moins que je voudrais, dit Gustave en essayant de rire; ce serait de ne pas avoir entendu ce que vous m'avez dit.

Oh! je ne veux pas jouer la comédie avec vous, Léona; nous nous sommes juré d'être francs l'un envers l'autre, le jour où nous romprions; eh bien! je serai franc, moi, car vous me l'avez dit, vous ne m'aimez plus...

Eh bien! j'aime Julie, Léona; mais au milieu de l'enchantement où elle m'a jeté, je sens toujours malgré moi la goutte d'eau glacée qui résout en pluie cette douce vapeur où flotte mon âme. Un fantôme hideux me lance toujours quelque regard railleur à travers les lis et les roses de ces bocages si frais. Je doute.

Voulez-vous venir à mon aide? voulez-vous me rassurer?

— Je ne le puis plus, Gustave, dit Léona; je le reconnais avec regret; mais cela est ainsi.

Je vous jurerais que Julie est innocente, et que j'ai inventé sa prétendue passion pour M. Amab; je vous affirmerais qu'il n'est pas vrai que ce soit dans des rendez-vous secrets qu'il a peint ce ravissant tableau qu'on vous a refusé; je vous dirais que c'est la vengeance qui m'a fait parler, que vous ne me croiriez pas. Ce n'est pas le témoignage d'une femme qu'on abandonne qui peut justifier la rivale pour laquelle on la quitte.

Malgré vous, malgré la foi que vous avez peut-être encore en moi, vous supposeriez qu'une pensée cachée et pleine de duplicité me fait parler ainsi, et vous auriez peut-être raison.

— Quoi! vous osez avouer, dit Gustave, qu'en rendant justice à Julie, ce serait peut-être une trahison?

— Entre nous, dit Léona en riant, à supposer que je n'aie pas calomnié Julie, quelle meilleure vengeance pourrais-je tirer de votre infidélité que de vous pousser à épouser la maîtresse délaissée de M. Victor Amab?

— J'avoue, dit Gustave d'un ton sombre, que l'idée de cette vengeance ne m'était pas venue.

— On ne peut pas tout prévoir, reprit Léona; mais ce que vous voyez certainement, c'est que dans une affaire comme celle-ci, je suis une partie trop intéressée pour ne pas être un conseiller suspect. C'est à vous à voir, à apprendre, à deviner.

Cette jeune fille n'a-t-elle pas un frère que vous pourriez faire adroitement parler?

— En effet, reprit Gustave, un frère qui a disparu depuis une ou deux semaines, et dont on m'a parlé, je me le rappelle maintenant, en termes qui doivent me faire croire que je connais l'auteur de la disparition de ce jeune homme.

— On en a donc des nouvelles? reprit Léona.

— A ce qu'il paraît.

— Par qui donc?

— Par M. Victor Amab, répondit brusquement le jeune comte, comme si ce nom lui était odieux à prononcer.

— Il sait donc où il est?

— Oui, sans doute, repartit Gustave avec plus d'impatience, il paraît qu'il s'est engagé à le rendre à sa famille.

— A supposer, dit Léona, en ayant l'air de chercher les combinaisons d'un mystère difficile à comprendre, à supposer que ce jeune homme fût dans le secret de M. Amab et de sa belle; à supposer qu'il eût menacé de faire un éclat, c'eût été une chose adroite que de le faire disparaître, et probablement il ne reparaîtra que lorsque l'on aura obtenu de lui la promesse formelle de ne rien dire.

— Mais c'est un conte des *Mille et une Nuits* que vous me faites là.

— Je ne le fais pas; il est tout fait: ce jeune homme ainsi disparu et que personne ne peut retrouver, M. Amab qui sait de ses nouvelles, et qui cependant ne peut pas ou ne veut pas sur-le-champ le rendre à sa famille, cela n'est pas un conte, je le suppose; ou si c'en est un, ce n'est pas moi qui l'ai inventé.

— Au fait vous avez raison, Léona, dit le jeune comte; si on pouvait voir ce Charles... Croyez-vous donc impossible de parvenir à retrouver ce jeune homme!

— J'avoue que, pour ma part, je ne saurais comment m'y prendre; mais il y a une chose que je puis vous dire, c'est que vous avez à votre service un homme, moins avancé que vous cependant, car il n'a pas encore reconnu la puissance du mot *impossible*. S'il veut s'en mêler, je crois qu'il sera plus habile à lui tout seul que nous ne le serions ensemble, vous et moi.

— Mais cet homme qui est à mon service vous appartient, je le sais, dit Gustave.

— Rien de ce qui est à vous ne m'appartient plus, dit Léona avec une triste dignité, tant que vous m'avez aimée assez pour me tromper, j'avais besoin d'un espion près de vous; maintenant que vous voulez bien me dire, vous-même, la vérité sur vos sentiments, cet homme m'est devenu inutile, adressez-vous à lui ou à qui vous voudrez.

Adieu, Gustave, je ne fais pas de souhaits pour vous, vous m'avez trop blessée pour que je puisse dire que je vous souhaite franchement de vous voir heureux, et je vous aime encore trop pour vous vouloir du mal. J'espère, cependant, ajouta-t-elle avec un sourire amer, que ce désir me viendra bientôt. Adieu.

— Ne vous reverrai-je plus? dit Gustave avec l'embarras d'un homme qui ne veut pas accepter la responsabilité d'une rupture absolue.

— Quand vous voudrez, lui répondit Léona, je serai à Paris probablement toute la semaine, à quelque heure que vous vous présentiez, vous savez que lorsque je suis chez moi, la porte est toujours ouverte aux hommes d'esprit et de bonne compagnie : ce sont des titres, ajouta-t-elle avec un léger sourire d'ironie, ce sont des titres à être bien venu chez moi, que vous ne perdrez jamais, je l'espère.

A ce moment, Léona s'arrêta au moment de sortir, et regarda sur une console une tasse posée sur un coussin de velours, et enveloppée d'un globe de verre.

C'était celle sur laquelle les yeux de Gustave s'étaient fixés si longtemps le jour de la discussion avec son oncle. La tasse était médiocre et ne paraissait pas mériter une protection si particulière ni une place si riche.

— Ah ! murmura Léona, c'est contre ce frêle morceau de terre blanche, que ma puissance a commencé à se briser.

Léona sortit sans attendre la réponse de Gustave; quand elle traversa l'antichambre, Jean se trouva sur son passage.

— La nuit prochaine à la Bastille, lui dit-elle à voix basse.

— J'y serai ! répliqua le valet de chambre, et tout aussitôt la sonnette de son maître se fit entendre et l'appela près de lui.

Léona l'entendit et murmura en haussant les épaules :

— Oh ! pauvre garçon !...

XXIII. — EXPLICATIONS.

Avant de raconter ce qui arriva des conseils de Léona à Gustave de Monrion, de son nouveau rendez-vous donné à Amab, il est nécessaire que nous disions à nos lecteurs ce qui s'était passé chez Mme Thoré depuis huit jours.

Il faut que nous donnions aussi l'explication de quelques circonstances, qui ont besoin d'être bien établies, pour qu'on comprenne l'action qu'elles ont sur les personnages de ce récit.

Et d'abord, quoi qu'en disent les optimistes, et nous entendons par là les gens qui prétendent que l'on calomnie sans cesse la société, et qui la trouvent morale, heureuse et pleine de vertus, nous nous permettrons une réflexion qui, s'adressant simplement à l'essence humaine et non à notre organisation sociale, ne doit point choquer les Pangloss modernes.

Cette observation est de toutes la plus vulgaire; mais, dans notre façon de juger, nous la présentons bien plus comme une excuse que comme une accusation.

L'homme, matériellement et moralement, est de tous les animaux de la création celui qui s'endurcit le plus aisément. Ce que l'homme esclave peut supporter de coups de bâton progressivement appliqués est incroyable; ce que l'homme du monde peut supporter de chagrins mortels dépasse tous les calculs.

Ainsi, madame Thoré avait dit et avait cru qu'elle mourrait de la mort de son fils, et, depuis dix à douze jours qu'il avait disparu, il n'avait point été nécessaire d'appeler le médecin.

Monsieur Thoré avait déclaré qu'il remuerait ciel et terre pour retrouver son fils, et ces mots incommensurables, *ciel et terre*, s'étaient circonscrits dans le bureau du commissaire de police.

Certes, nous ne prétendons pas que cette douleur de monsieur Thoré ne fût sincère, que cette résolution de madame Thoré n'eût été prise de bonne foi.

Le premier jour qu'un jeune et ardent cheval sent l'éperon, il se cabre, il rue, il bondit, pour se débarrasser avec fureur de cette aiguille qui le pique au flanc; mais que le cavalier tienne bon, et que, pendant un mois, il prouve au noble coursier son impuissance contre une force supérieure, le cheval fléchit, se soumet, et le flanc endolori s'habitue à souffrir ou ne souffre plus.

Le cœur de l'homme est comme ledit coursier, fort rétif d'abord à la douleur, la première fois qu'elle l'éperonne, il se cabre, il veut désarçonner le malheur qui l'a enfourché, il s'agite rudement et avec tous les cris possibles; mais que le malheur tienne bon, le cœur s'y soumet, l'accepte, et avec ce cavalier incommode il reprend ses allures de chaque jour.

Il en était ainsi dans la famille Thoré.

La disparition de Charles avait été une révolution ; on avait couru, on avait agi, on avait parlé, la vie tout entière de la maison semblait à peine suffire à la recherche de ce fils perdu. Mais ce premier effort passé, il avait fallu reconnaître qu'on n'avait rien gagné. Le second n'avait pas eu plus de résultat; la force humaine ne pouvait suffire à une existence qui se passait en soubresauts convulsifs.

On retomba de ces violentes exaspérations dans un désespoir fatigué, puis dans une anxiété plus calme, et, quoique la disparition de Charles eût laissé un véritable fond de tristesse dans la vie de la famille, le soin des affaires, quelques mots hasardés en dehors de cette préoccupation constante, avaient déjà brodé d'idées moins lugubres le fond sombre de ce chagrin.

Un mot avait même échappé à madame Thoré :

« Mon Dieu ! ne le reverrai-je donc jamais?.... » Ce mot était déjà bien loin de celui-ci : « Si je perds mon fils, j'en mourrai !.... » Il y avait entre ces deux mots une tombe creusée par le premier... et comblée par le second.

Nous ne prétendons, en aucune façon, jeter le moindre doute sur les sentiments de Mme Thoré par les réflexions que nous venons de faire; nous voulons seulement dire qu'elle subissait la condition commune, en supportant son malheur avec plus de calme le douzième jour que le premier.

D'ailleurs, ce malheur n'était pas sans espérance; Amab n'avait-il pas apporté l'assurance que Charles vivait? depuis ce temps il n'avait à la vérité ajouté aucun nouveau détail, il ne le pouvait pas, il ne savait rien.

Léona lui avait seulement dit :

« Cet homme est en mon pouvoir, il vit... je vous dirai un jour la » condition à laquelle je puis le rendre à sa famille. »

Souvent Amab avait voulu connaître cette condition, mais Léona avait toujours ajourné ces renseignements, et il n'avait rien appris de plus.

Cependant il l'avait vue tous les jours, depuis cette première rencontre, où elle l'avait entraîné à sa poursuite.

Tout ce temps, Léona l'avait employé à irriter la curiosité et les désirs de Victor, à l'enivrer d'espérances, à le torturer de déceptions jusqu'au jour où, sûre de son empire, elle avait livré sa première grande bataille.

Tous les jours aussi, Amab était venu chez Mme Thoré, et tous les jours il lui donnait de nouvelles espérances au sujet de Charles. Il fallait encore répondre à des questions, comme la première fois; mais lorsque Amab eut juré une fois, deux fois, trois fois qu'il ne pouvait rien dire de plus; lorsqu'il affirma sur son honneur qu'il ne pouvait nommer la personne près de laquelle Charles était caché, on s'accoutuma à ces vagues assurances.

La certitude que Charles vivait suffit à l'anxiété habituelle.

Du reste, Victor avait tout fait pour détruire chez Mme Thoré les soupçons qu'il avait fait naître lui-même sur Mme de Cambure. Le malheureux, en effet, persistait dans la résolution incroyable de devenir amoureux de Julie; et il y persistait d'autant plus qu'il se sentait chaque jour plus dominé par Léona.

Les hommes à volonté puissante et à raisonnement froid ont d'étranges bizarreries; la plus folle, c'est de vouloir ce qu'ils ont jugé bon et profitable pour eux, c'est de le vouloir, non pas seulement à l'encontre des obstacles étrangers qui les en séparent, mais à l'encontre de leurs antipathies naturelles.

Je connais un homme qui s'est donné trente indigestions, non pas pour satisfaire un goût prononcé, mais pour s'habituer à manger des beefsteaks, attendu, disait-il, qu'il était ridicule qu'il ne pût pas manger des beefsteaks, comme tout le monde. Ces gens-là sont rares, mais il y en a.

Or, Amab était un homme de cette espèce; il s'était dit que tout le monde aimait la beauté, la jeunesse, la vertu, et qu'il devait être comme tout le monde; il avait trouvé dans Julie tout ce qui promet à un mari le bonheur et la considération, et il voulait avoir ces excellentes choses. Il venait en goûter le plus qu'il pouvait pour s'y accoutumer.

Il regardait Julie, il admirait Julie, et à force de l'admirer il finissait par croire qu'il en était véritablement épris; mais quand il sortait de cette lutte avec lui-même, et qu'il mettait la bride sur le cou de ses rêves, ses instincts dépravés le tournaient vers Léona, vers la courtisane bizarre, fantasque, éhontée, passionnée, superbe, dédaigneuse.

J'ai oublié de dire que le monsieur qui voulait aimer les beefsteaks, comme tout le monde, aimait plus que personne le poivre, le kari et les épices les plus cuisantes de l'Orient.

Ce jeu d'Amab n'eût été qu'une lutte curieuse, s'il y avait été seul engagé; mais, en n'y gagnant rien, il y perdait une pauvre enfant dont le cœur naïf se prenait à ces faux semblants. Pauvre âme trompée, qui avait d'abord adoré un rêve et qui aimait une comédie.

Du reste, Julie n'était pas la seule qui s'abusât; ni M. Thoré ni sa femme ne doutaient plus de l'amour d'Amab.

Ils en avaient causé ensemble, et ni l'un ni l'autre n'avaient trouvé d'objections contre un homme qui avait un talent réel et une réputation intacte.

Monsieur Villon seul, avec ce tact de l'homme qui aime, sentait encore qu'Amab n'aimait pas celle qu'il prétendait adorer.

Si Louis Villon eût été sûr de l'amour de Victor, il lui eût cédé Julie, tant il aimait cette belle enfant. Le commis ne haïssait pas seulement Amab, il le méprisait.

Dix fois il lui passa par la tête de chercher querelle à Victor pour lui demander raison d'une assiduité sans amour. Dix fois aussi Villon avait voulu déserter la maison, mais à chaque fois quelque chose lui avait dit dans le fond de son cœur :

« Tais-toi et reste, Julie aura besoin de toi. »

Un autre événement, d'une grave importance, s'était passé dans la maison de M. Thoré.

Cet événement, c'était l'entrée dans la maison de M. le comte de Monrion. Quand je dis entrée dans la maison, je me trompe, je veux dire entrée dans les magasins.

On se rappelle ce jour où Gustave avait promis à Victor de le forcer à se battre avec lui en l'insultant au bois; on se rappelle la rencontre d'Amab et de Léona, et comment celle-ci, en entendant la voix de Monrion, avait été le rejoindre et avait désarmé la main qu'elle avait, un jour avant, armée contre Amab.

Le lendemain de ce jour-là, M. de Monrion entrait chez madame Thoré; elle était sortie.

M. Villon, de son côté, était en campagne; M. Thoré faisait antichambre chez le chef de la police de sûreté.

Julie seule était dans les magasins, avec les commis subalternes.

Gustave était arrivé en costume du matin; il s'était fait beau dans le vrai sens du mot; il était d'une parfaite simplicité. Gustave avait perdu son cœur et ses mœurs; mais il avait gardé ses bonnes manières.

Il entra dans cette maison, où sa personne seule était connue, en demandant, avec la plus aimable politesse, monsieur Thoré.

Il était sorti.

— Madame Thoré?

— De même.

— La personne qui la remplace?

— Il n'y a que mademoiselle Julie.

— Veuillez faire que je puisse lui parler.

On l'avait conduit au bureau où se tenait Julie.

Celle-ci était trop habituée à de pareilles visites pour que l'arrivée d'un beau jeune homme la troublât.

Elle lui demanda ce qu'il désirait.

— Pardon, mademoiselle, dit Gustave, si je n'avais été si pressé, je n'aurais pas voulu vous déranger pour une bagatelle.

— Nous sommes aux ordres des personnes qui veulent bien nous donner leur confiance.

Julie savait depuis son enfance cette phrase marchande qu'elle eût dite à un prince aussi bien qu'à un roulier.

— Encore mille fois pardon, mademoiselle, mais ce que j'ai à vous demander est un peu long, et sera peut-être bien difficile.

— Veuillez vous expliquer, fit Julie en s'asseyant et en montrant un siége à Monrion.

Il refusa par une inclination respectueuse, et reprit :

— Si ce que j'ai à vous demander n'était qu'une fantaisie, je ne viendrais pas ennuyer M. Thoré, et vous en son absence, d'une si petite chose... Mais j'attache à cela un intérêt grave, sérieux... c'est un souvenir...

Julie fit une légère inclination qui voulait dire :

« Ce sera tout ce que vous voudrez, cela m'est fort indifférent... »

Gustave la regardait, et cette beauté calme, sereine, confiante en soi, le charmait et le faisait presque douter de ce que Léona lui avait dit.

Il continua :

— Je tiens de ma mère qui est morte...

Une vive émotion altéra la voix de Gustave.

Etait-ce seulement le souvenir de sa mère ou le remords de mêler ce nom sacré à une ruse galante qui le troubla? Toujours en est-il que cette émotion le servit à merveille.

Julie le regarda et l'écouta mieux.

— Je tiens de ma mère, reprit-il, quelques porcelaines qui ne sont peut-être pas des pièces d'un choix précieux, mais qui lui étaient personnelles.

Parmi celles-là se trouve une tasse de Saxe...

C'est celle, ajouta-t-il avec effort, où elle a bu la dernière goutte du remède qui n'a pu la sauver; c'est le dernier objet que ses lèvres ont touché.

— Et on l'a brisé peut-être? dit vivement Julie.

— Non, mais quelqu'un me l'envie, quelqu'un à qui je ne puis guère le refuser.

— Eh bien! monsieur?

— Eh bien! mademoiselle, je voudrais savoir s'il n'y a pas moyen de me faire faire une seconde tasse absolument pareille à la mienne... avec ses défauts, avec ses plus petits détails...

— Voilà qui, je crois, sera fort difficile...

— Je dois vous prévenir qu'un essai malheureux ne me rebutera pas... je paierai...

Pardon...

L'argent est un argument si grossier qu'on est toujours embarrassé de le mettre en avant...

Je paierai dix essais, s'il le faut... vingt, trente...

— Pourrez-vous nous confier cette tasse?

— Pourriez-vous la faire prendre chez moi?...

— Votre adresse, monsieur?

— Mais vous devez juger combien je tiens à cet objet... Envoyez-moi quelqu'un de sûr, d'adroit...

— On en aura le plus grand soin... le nom de monsieur?

— Le comte de Monrion, mademoiselle.

— Ah! fit Julie... qui ne put s'empêcher de regarder ce jeune homme dont elle avait entendu raconter les défauts, la vie scandaleuse, les mœurs impudentes, et qui la salua avec le respect le plus profond.

Rentré chez lui, Monrion dit à ses gens :

— Si quelqu'un de chez monsieur Thoré vient me demander, je n'y suis pas.

Il voulait se garder le droit d'y retourner.

Voilà comment Gustave était entré chez M. Thoré.

Celui-ci averti de la fantaisie du jeune comte avait envoyé chez lui... Mais on ne l'avait jamais trouvé...

Le comte était revenu, et, profitant du bavardage de M. Thoré, il avait appris la disparition de Charles, en avait profité pour offrir ses services, était encore revenu pour prendre des renseignements, et chaque fois avait vu, écouté, admiré Julie.

Ce manége durait depuis huit jours.

Mais dame séduction, comme disent les romans scudériens, dame séduction avec laquelle Gustave était parti de compagnie pour la conquête de cette jeune fille, l'avait lâchement abandonné. L'indigne auxiliaire avait fait pis, elle avait passé du côté de l'ennemi, et, au bout de huit jours, Mlle Thoré était fort tranquille à l'égard du comte de Monrion, que celui-ci était déjà vaincu et amoureux.

Cependant M. de Monrion n'avait pas encore osé aborder la maison de monsieur Thoré qu'aux heures publiques du magasin.

L'après-dînée, l'heure privée, l'heure de la famille, était réservée à Amab qui jouait alors sa comédie.

Quant à Mme Thoré, elle avait peur. Elle se demandait ce que venait faire chez elle le comte de Monrion.

N'était-ce pas l'homme qui avait marchandé l'image de sa fille et qui l'avait voulu payer un prix fou?

N'était-il pas ou n'avait-il pas été l'amant de Mme de Cambure?...

Mme de Cambure n'avait-elle pas été d'abord signalée par Amab comme sachant ce qu'était devenu Charles?

Il y avait dans la réunion de toutes ces circonstances un sens caché, mais certain.

Mme Thoré s'épuisait à le comprendre, et après avoir combiné ces figures et ces circonstances de mille façons, elle en arrivait à cette lassitude de l'esprit qu'éprouverait un homme, après une nuit passée, sans succès, à la reconstruction d'une figure d'un jeu célèbre, du casse-tête chinois.

Et si maintenant on veut savoir quel avait été le point de départ de tous ces événements, point de départ bien fragile et bien imperceptible, qu'on veuille bien se rappeler la réflexion de Léona au sujet de cette tasse religieusement posée sur un meuble dans l'appartement de Gustave.

Voici à quelle circonstance cette réflexion faisait allusion.

Un jour d'ivresse, fatiguée de voir son jeune amant lui prodiguer sans mesure sa fortune, sa vie, son avenir, ennuyée de voir avec quelle facilité elle lui avait fait rompre les liens les plus sincères, les affections de famille, les amitiés d'enfance... Léona cherchait dans le passé de cet homme quelque chose qui lui tînt plus fortement au cœur que le présent, et le caprice de Léona était tombé sur cette tasse qu'elle avait désirée, qu'elle avait voulue et qui lui avait été refusée.

C'était le lendemain de ce refus qu'elle avait écrit à Amab la lettre qui avait donné lieu à toute cette histoire.

Léona n'avait pas pardonné à Gustave ce dernier respect pour un souvenir de mort.

Il restait donc dans l'âme de ce jeune homme quelque chose où elle n'avait pu atteindre. Sa colère ne calcula rien ; elle voulut quitter Gustave, mais pour un homme dont la gloire humiliât le délaissé.

On sait comment tourna cette tentative.

Ce fut alors que Léona voulut posséder ce tableau qui lui avait fait aimer Amab. Elle pressentait que c'était le portrait d'une rivale.

Gustave, on se le rappelle, mit à satisfaire ce désir de Léona la vanité d'un homme qui veut prouver qu'il peut tout sacrifier, excepté son honneur. Il échoua encore, et reçut la mission de séduire Julie.

La défaite le suivit partout, et nous l'avons vu amoureux et vaincu, lorsque Léona était venue lui demander compte de cette conquête qu'il lui avait promis de faire en huit jours.

Léona était vaincue avec lui ; mais Léona n'était pas femme à abandonner la vengeance qu'elle se promettait. Elle y avait travaillé dans son dernier entretien avec Gustave.

Voici comment elle continua à la poursuivre.

— Vous n'êtes pas heureuse ce matin, dit Gustave en lançant au plafond une bouffée de fumée. — Page 36.

XXIV. — LA MAISON DE CORRECTION.

Dans la rue de Charonne se trouve à droite, en gagnant la barrière, une petite porte ouvrant sur un enclos d'un demi-arpent.

Cet enclos est planté de lilas et d'arbres fruitiers qui, abandonnés à leur sève, ont pris presque assez de développement pour cacher entièrement une maison basse, n'ayant qu'un rez-de-chaussée assez élevé, surmonté de mansardes à cadres ovales chargés de guirlandes de pommes sculptées, le tout couvert d'un toit cintré et chaperonné de plomb.

C'est le pavillon de jardinier d'une ancienne petite maison située à peu de distance, et qui est devenue un hospice particulier d'aliénés.

Le rez-de-chaussée de ce pavillon se compose de quatre petites pièces ; un escalier tournant, pris sur l'emplacement de l'une de ces quatre pièces, monte aux mansardes.

A l'époque où se passe cette histoire, l'une de ces pièces servait de cuisine ; dans chacune des deux autres, il y avait un lit en fer et quelques meubles grossiers. Les fenêtres, garnies de puissants barreaux de fer, étaient en outre défendues par un étroit grillage en fil d'archal.

Ce rez-de-chaussée était une véritable prison.

Tout au contraire, les mansardes étaient tendues d'étoffes de soie et d'épais tapis. Des meubles délicieux, des glaces de Venise, des bronzes de prix ornaient le petit salon, la chambre et le boudoir, qui se trouvaient à cet étage.

Du reste, tout cela n'avait d'étrange que le contraste du rez-de-chaussée et du premier; seulement, au plafond de chacune des pièces du bas, on avait pratiqué un petit judas qui laissait voir et entendre ce qui s'y faisait et ce qui s'y disait de la pièce supérieure et correspondante.

Il était à peu près dix heures du soir, deux hommes étaient alors dans le rez-de-chaussée, chacun couché dans son lit.

L'un de ces hommes dormait à moitié vêtu ; il pouvait avoir trente ans, et à la largeur de ses mains et de ses épaules, on jugeait qu'il devait être d'une force herculéenne, quoiqu'il parût de petite taille.

Par une précaution dont nous dirons bientôt le motif, le dormeur avait une petite chaîne passée au poignet. Cette petite chaîne se rattachait par l'autre extrémité au collier d'un petit chien aux oreilles pointues, au museau renfrogné, au poil hérissé.

Cet individu dormait de ce sommeil pesant qui n'appartient qu'aux justes et à ceux qui vivent de mouton.

Un autre individu se trouvait dans la seconde chambre.

Celui-ci, nos lecteurs le connaissent, c'était Charles Thoré.

Mais le pauvre et beau jeune homme avait dû cruellement souffrir pour être réduit à l'état où nous le retrouvons.

Pâle, maigre, la barbe longue, les cheveux en désordre, accoudé sur son lit, l'œil fixe et hagard, les poings fermés, il regardait son paisible et robuste camarade. Après un assez long temps de réflexion et d'immobilité, il se retourna lentement sur son lit, et se jeta la tête sur l'oreiller comme un homme qui se décide à essayer de dormir.

A ce mouvement, le chien fit entendre un sourd grognement et se souleva sur le coussin où il était couché.

Il suffit de la légère tension qu'il donna à la chaîne pour éveiller brusquement le dormeur qui se mit tout à coup sur son séant et dont le premier geste fut de s'emparer d'un énorme nerf de bœuf qui dormait côte à côte avec lui.

Cet homme regarda du côté de Charles, et le voyant rencogné sous sa couverture, il se mit à grogner à son tour et tendit son arme correctionnelle vers Charles, comme s'il eût voulu dire qu'il lui ferait payer cher la première interruption de sommeil.

Cependant le silence dura pendant quelques minutes; le dormeur avait repris son sommeil.

Tout à coup, et quoique Charles n'eût pas bougé, le chien se reprit à gronder et à tirer sur sa chaîne.

Le dormeur, furieux, se leva et s'avança du côté de Charles pour lui infliger un ordre de repos absolu; mais il s'arrêta en se sentant tirer dans un autre sens par le petit chien qui jappait avec fureur du côté de la porte.

L'homme, accoutumé sans doute à cette façon d'avertissement, jeta son gourdin et entra dans la première pièce, celle où se trouvait l'escalier tournant.

Cet homme regarda du côté de Charles. — Page 41.

Comme il entrait d'un côté, la porte s'ouvrit de l'autre. Une femme entra, suivie d'un monsieur en habit décent et à figure honnête.

La dame était Léona, le monsieur en habit, décemment vêtu, était Jean, le valet de chambre de M. de Monrion.

Léona fit un signe au gardien de la maison qui ferma la porte derrière elle; aussitôt elle monta rapidement dans la mansarde.

— Vous êtes sûr, Jean, que nous n'avons pas été suivis?

— Au contraire, madame; seulement, je pense que l'homme qui nous suivait avec un bâton de six pieds à la main n'avait d'autre curiosité que celle de savoir ce que nous avions dans nos poches.

— Alors, pourquoi ne nous a-t-il pas attaqués?

— Il était encore de trop bonne heure, et puis, un contre un, n'est pas la façon dont ces messieurs engagent d'ordinaire le combat.

— Parbleu! dit Léona en se débarrassant de son chapeau et de son châle, vous auriez pu dire un contre deux, à moins que vous ne vous comptiez pas, ce qui est peut-être juste, car vous trembliez...

— Pour vous, madame.

Léona ne daigna pas entendre cette fine repartie de M. Jean, et reprit vivement :

— C'est égal, la poursuite de cet homme m'inquiète... Vous savez conduire?

— Oui, madame.

— Quand j'aurai obtenu (par votre adroite entremise) ce qu'il me faut pour faire croire à Gustave qu'il joue un rôle de niais vis-à-vis de mademoiselle Julie Thoré, vous irez jusqu'au coin du faubourg Saint-Antoine... Vous renverrez le cocher, vous ramènerez la voiture, et l'espion, si espion il y a, pourra amener la police ici demain matin, la maison sera déserte.

— Aller chercher la voiture, seul, au milieu de la nuit?

— Lutz vous accompagnera... il sait conduire, lui...

— Ce chien de sourd-muet n'entend ni à Dieu ni à diable; s'il vient des voleurs, ils seront sur nos épaules avant qu'il pense à se retourner.

— Vous regarderez pour lui, et il se battra pour vous...

Mais nous avons quelque chose de plus pressé à faire... Il faut nous occuper de mon prisonnier.

— Mais, dit Jean, à qui la mission que venait de lui donner Léona paraissait déplaire beaucoup, mais il faudra laisser madame seule dans la maison avec ce jeune énergumène.

— Tant mieux! J'ai quelque chose à lui dire que je désire que vous n'entendiez pas...

— Il est à craindre que cet homme, exaspéré par la colère, se porte à des violences... que ces belles mains ne pourront repousser.

Léona regarda Jean avec le plus profond mépris, et lui dit d'un ton de souveraine impertinence :

— On ne touche à des mains comme celles-là que pour les baiser... Allez, maître Jean, et renvoyez-moi Lina... Elle mêlerait peut-être sa voix aux affreux hurlements que va pousser M. Thoré et aux arguments que vous allez lui pousser, et je ne veux perdre ni un cri ni une parole de votre dialogue.

Aussitôt Jean descendit, détacha le collier de la petite chienne, qui s'élança rapidement vers le premier, où elle trouva sa maîtresse couchée par terre et écartant doucement l'angle du tapis qui couvrait le judas par lequel on surveillait la pièce où était Charles.

— Bien, Lina, bien, ma belle, dit Léona en calmant les caresses furibondes de la petite chienne; tout beau, mademoiselle, vous souperez avec moi, et bientôt nous rentrerons à l'hôtel... Oui, vous êtes belle !...

Et elle prit l'affreuse bête dans ses bras comme un enfant, la baisa maternellement sur son front poilu, en lui disant :

— Fi ! vous sentez mauvais !... Tenez-vous en repos...

Et, se couchant tout à fait sur le tapis, elle appliqua son oreille et son œil au judas pour épier le succès de la ruse qu'elle venait tenter.

A ce moment, Jean entrait dans la chambre de Charles, qui avait entendu le bruit des nouveaux arrivants et qui se demandait avec une horrible inquiétude si c'était la liberté ou de nouvelles tortures qu'on lui apportait.

M. Jean était en habit noir, en cravate blanche, en gilet de satin à châle ; un solitaire brillait à son doigt, un camée de quelque prix attachait sa chemise, une tabatière d'or sortait à moitié de la poche de son gilet, et un liséré de ruban rouge assez mince pour paraître indifférent lui donnait tout à fait l'air d'un chef de division qui n'est pas député, ou d'un médecin qui a guéri le secrétaire d'un ministre.

C'était à cette dernière profession que visait le valet de chambre, et il paraît qu'il y avait déjà formellement établi ses droits, car Charles lui dit :

— Ah ! c'est vous, docteur ; venez-vous encore pour me faire mettre la camisole de force et pour me brûler avec des moxats ?

— Chut ! fit Jean, parlons bas, monsieur...

Puis il regarda Lutz, et ajouta en haussant les épaules :

— Je suis fou !... c'est moi qui suis fou de tout ce que j'ai appris, et qui oublie que ce malheureux sourd-muet ne peut nous entendre.

Alors, et comme s'il pouvait se livrer à l'entraînement de son cœur, il tendit la main à Charles en lui disant :

— Pauvre jeune homme !

— Quel malheur avez-vous donc à m'annoncer, monsieur ?... A ce que je vois, vous ne croyez plus à ma folie ?

— Hélas ! non...

On n'a pas réussi à perdre votre raison... Vous êtes un homme fort, jeune homme... dix autres à votre place seraient déjà à Bicêtre...

Mais ce que n'ont pas pu faire dix ou douze jours de captivité, un mois le fera... On ne résiste pas à de pareilles épreuves...

— Quoi ! monsieur, on veut me rendre fou ?...

— Oui, dit Jean d'un ton désolé, on veut que vous deveniez fou... ou du moins que vous l'ayez été...

— Que je l'aie été !... dit Charles d'un ton alarmé ; j'ai bien peur de l'être en ce moment, car je ne vous comprends pas...

— C'est tout simple, tout simple, s'écria le prétendu docteur... il faut une tête de fer pour inventer une pareille combinaison et même pour la comprendre...

Oui, monsieur, oui, mon ami, oui, mon pauvre enfant, on veut que vous ayez été fou ; à cette condition, à celle-là seule, on vous rendra votre liberté... à moins que vous ne finissiez par perdre véritablement la raison... ce qui servirait mieux la personne qui vous a fait mettre ici.

— Je ne vous comprends pas davantage, monsieur... Mais cette condition ne me paraît pas si terrible... On veut que j'aie été fou... eh bien ! soit, je l'ai été...

— C'est fort bien, très-bien... mais ce n'est pas assez de le dire... il faudrait qu'on en eût des preuves.

— Quelles preuves ? Faut-il que j'aille proclamer un Dieu nouveau sur la place publique, ou déclamer sur les bornes une tragédie classique en cinq actes et en vers ? Je n'ai connu que deux fous dans ma vie : c'étaient les deux hommes qui faisaient ce que je viens de vous dire... un bedeau qui n'avait pu devenir suisse et un poëte refusé à l'Odéon.

— Ceci serait assez bien... assez bien... assez bien... mais vous ne pourriez donner ces preuves de folie qu'à la condition d'être libre, et l'on voudrait avoir des preuves de votre folie pendant qu'on est encore maître de vous...

— Alors, monsieur, expliquez-vous clairement, je suis tout prêt à faire ce qu'on voudra...

— C'est que moi-même je suis fort embarrassé... A la vérité, on m'a permis de choisir le moyen...

— Mais qui vous a permis ?

— Quelqu'un...

— Mais ce quelqu'un a un nom ?...

— Silence, malheureux ! silence... peut-être, à l'heure où je vous parle plane-t-elle au-dessus de nous, comme un génie malfaisant... bienfaisant, veux-je dire... Oh ! silence... silence !...

— Pardon, monsieur !... mais vous connaissez la personne qui me retient captif ici... si vous voulez me sauver, vous pouvez aller la dénoncer à ma famille... à la police.

— Je me retire, monsieur, dit le docteur avec une terreur fort bien jouée, je me retire... si c'est ainsi que vous recevez les propositions amicales que je viens vous faire...

— Mais, monsieur...

— Mais, monsieur, qui sait si vous ne m'avez pas exposé à un danger imminent par les seules paroles que vous venez de prononcer...

On peut s'imaginer, on peut croire, ajouta maître Jean en élevant la voix, que je suis capable de prêter l'oreille à de pareilles insinuations, de céder à des suggestions qui ont l'air justes, et l'on peut me faire partager la captivité que vous subissez...

Si ce sont là vos projets, jeune homme, si ce sont les propositions que vous avez à me faire... je me retire...

— Mais, s'écria Charles, je vous ai dit que j'étais prêt à faire ce que vous voudrez... Ordonnez, parlez... j'attends...

— J'avais eu une idée... oui, une idée médicale... mais vous me l'avez fait perdre...

Cependant... oui, c'est bien cela ; *contraria contrariis*... l'hypothèse est bonne, le résultat doit être excellent...

Voyons, avez-vous un ami ?

— J'en ai beaucoup...

— Mais un ami dévoué, qui ait intérêt à vous servir dans cette circonstance, ou qui s'y croie obligé...

— A ce compte, monsieur, j'en ai un qui devrait me venir en aide, si ce n'était pas le cœur le plus sec, le plus personnel...

— Ce n'est pas la question... Comment s'appelle-t-il ?

— Monsieur Victor Amab...

— Bien... monsieur Victor Amab... très-bien...

Supposez que je vous dise :

« Je puis remettre une lettre à monsieur Victor Amab... Écrivez-la sur-le-champ, et je vais la lui porter... » Que lui écririez-vous ?

— Eh ! pardieu !... je lui écrirais pour quelle raison probable je suis ici... qu'il y va de son honneur de m'en arracher... que...

— N'allons pas si vite... mettez tout cela sur le papier.

— Pourquoi faire ?

— J'ai mon plan...

— Mais cette lettre, qu'en ferez-vous ?...

— Sur la tête de mon père, mort membre de l'Institut d'Égypte, vous pourrez l'anéantir avant que je ne sorte d'ici... mais, écrivez, je vous prie, et que ce soit une lettre touchante qui puisse arracher cet homme à son insensibilité...

— Ma foi, reprit Charles, je n'y vois pas grand danger...

Il se mit à écrire, et quelques minutes après, il remit à Jean qui lui disait de temps en temps :

« De la sensibilité... des élans... »

Il lui remit, disons-nous, la lettre suivante :

« Mon cher Amab,

» Je vous écris d'un cachot, d'une prison, d'une loge de fous !...

» Cette infâme Mme de Cambure m'a fait enlever pour me punir de » votre dédain et de mon bonheur (malgré tout ce qui m'arrive, je » maintiens le mot).

» On prétend me rendre fou ou faire croire que je l'ai été... Aver- » tissez la police, avertissez ma famille. Qu'on fasse arrêter cette » femme...

» J'ai été enlevé de la manière suivante :

» Le lendemain de l'aventure de l'atelier, je reçus un petit billet » avec ces deux mots : « Boulevard Bourdon, à six heures... On peut » pardonner à qui ose venir demander pardon. »

» On prétend que je dise que j'ai été fou... c'est vrai... je l'ai été... » je suis allé à ce rendez-vous, le cœur rempli de souvenirs et d'es- » poirs délicieux...

» Là j'ai trouvé une belle grande fille qui m'a fait un signe et est » passée près de moi... ce signe disait de la suivre... il faisait grand » jour...

» D'ailleurs, je ne pensais pas à avoir peur... je suis si étourdi... » je la suivis...

» Elle me fit monter le faubourg Saint-Antoine, me fit prendre la » rue de Charonne et ouvrit une petite porte à droite, à côté de la » maison des fous... j'entrai bravement... il était sept heures...

» J'arrivai à une petite maison, je montai au premier étage... on » m'attendait armé de tous ses charmes et d'un déjeuner qui devait être » exquis... on voulut s'expliquer à table... j'obéis...

» Cinq minutes après, je tombai seul sur un canapé où je suis resté » dans une léthargie qui a duré je ne sais combien de temps... il fai- » sait nuit quand je m'éveillai...

» J'étais dans une salle basse, attaché sur un lit de fer... A côté » de moi était la vénérable figure d'un honnête médecin...

» On m'apprit que j'étais fou et qu'on allait me traiter comme tel...

» Aussitôt on m'inonda d'eau glacée, on me frictionna avec des » brosses de chiendent, et, depuis ce temps, on m'asperge au moindre » cri que je pousse... on me...

» Mais à quoi bon tous ces détails?... Suis-je encore dans la mai- » son où l'on m'a conduit?... Je le suppose...

» Quoi qu'il en soit, mon cher ami, servez-vous de ces renseigne- » ments pour me tirer des mains de cette infâme créature. Je m'en » rapporte à votre amitié; vous savez si je vous suis dévoué; vous » savez avec quelle fidélité j'ai gardé votre secret au sujet du tableau » qui fait maintenant votre gloire...

» Ma famille vous est reconnaissante de votre affection pour moi; » elle deviendra la vôtre quand elle vous devra mon salut; et parmi » ces cœurs qui vous aimeront, peut-être en est-il un dont la tendresse » vous paraîtra digne de payer votre dévouement; car, je ne me trompe » pas, vous avez deviné que Julie n'est pas insensible à l'amour qui » vous a inspiré votre chef-d'œuvre.

» Amab, ce n'est pas seulement sur votre amitié pour moi que je » compte, c'est sur votre amour pour une autre, etc., etc. »

Jean prit la lettre et la lut à haute voix, et d'un ton tant soit peu ironique; il savait que d'autres oreilles que celles de Victor devaient l'entendre.

Il interrompait sa lecture par des marques d'approbation.

— Bien... très-bien... disait-il; c'est cela!... voilà mon affaire!... le moyen est excellent!... parfait! parfait! parfait!...

— Qu'allez-vous donc faire de cette lettre?

— Ah çà! dit Jean en la rendant à Charles, raisonnons... Voilà une lettre que vous venez d'écrire en homme raisonnable?...

— Je l'espère, dit Charles.

— Ce n'est pas là la lettre d'un fou?

— Non.

— Que doit donc être la lettre d'un fou?

— Mais autre chose que cela, apparemment...

— C'est-à-dire le contraire.... exactement le contraire...

— Vraiment?

— Oui, certes.

Vous comprenez, dit Jean du ton de la suffisance la plus naïve: j'ai voulu savoir ce que vous pourriez faire étant raisonnable, pour en conclure par opposition ce que vous devriez faire étant fou... Ainsi, comprenez-moi bien : vous commencez votre lettre par ces mots:

« Mon cher Amab... »

Ecrivez au contraire:

« Infâme Victor... »

Vous ajoutez :

« Je vous écris d'un cachot. »

Mettez au contraire :

« Dans la retraite délicieuse où vous m'avez entraîné pour égarer ma raison par les plaisirs les plus enivrants... »

— Que diable voulez-vous que cela prouve? dit Charles.

— Attendez... attendez... fit Jean en se grattant le front, comme un homme qui cherche une idée.

Puis il s'écria tout à coup :

Ecrivez... écrivez, j'ai votre affaire...

« J'ai appris votre indigne conduite envers une famille honorable... » Vous comprenez... c'est si faux! fit Jean en s'arrêtant. Que dira-t-on?

Ah çà! mais ce garçon-là est fou!..

— Soit! dit Charles, mais c'est qu'en vérité c'est tout à fait d'un fou!...

— Ah! fit Jean d'un air ravi, à la bonne heure!... j'ai trouvé le moyen... continuez... continuez... vous êtes sauvé!... Avec cela je vous réponds que vous sortirez d'ici avant le jour...

— Dictez donc...

— Oui, oui, reprit Jean, comme s'il se parlait à lui-même, dans le ravissement où il était de son idée... oui... il faut casser les vitres... plus il y en aura, mieux cela sera... écrivez...

« Vous avez bassement abusé de ma confiance, lâche séducteur : » vous avez déshonoré la fille candide et pure qui croyait à votre » honneur... »

Charles hésita à écrire, mais Jean se mit à rire avec éclat.

— Ah! ah! ah! c'est d'un effet sûr... il était fou! dira-t-on... Eh! mais oui, c'est vrai... il avait perdu la tête... il accuse sa sœur... Pauvre malheureux!..

Écrivez donc... écrivez...

« Elle m'a tout confié... rendez-moi la liberté... et si vous n'êtes » pas un lâche, c'est dans votre sang que je laverai l'injure que vous » m'avez faite. »

Charles avait écrit machinalement; mais il mit la main sur son papier et dit à Jean :

— Et que comptez-vous faire de cette lettre?

— Sur la tête de mon vertueux père qui est mort membre de l'Institut d'Egypte, je l'enverrai à monsieur Amab...

— Mais il me prendra pour un fou!...

— Eh bien... il le dira...

— Et après?...

— Après? vous reviendrez en racontant que vous avez voyagé dans la lune...

— Et après?

— Après... dit Jean en appuyant sur les mots de façon à les faire peser de tout leur poids dans l'oreille de Charles, si jamais il vous arrive de raconter certaine aventure à laquelle vous faites allusion dans votre première lettre, on ne s'en défendra pas avec des cris et des dénégations, mais en disant d'un air de pitié :

« Ce pauvre garçon a été fou!... et la meilleure preuve qu'on en » puisse donner, c'est qu'il a prétendu des choses stupides, c'est » qu'il a prétendu que sa sœur, la vertu même, s'était laissé séduire » par M. Amab... »

— Ah! je commence à comprendre, dit Charles... oui... oui... la ruse est bonne...

En effet, il n'y a qu'un fou qui puisse écrire de pareilles choses, et si jamais, comme vous dites, je raconte les aventures un peu libres de Mme de Cambure, elle dira tout naïvement :

« Ce garçon a été fou!... Il s'est imaginé qu'il était venu à un ren- » dez-vous donné par moi à un autre, et que, dans ce rendez-vous, j'a- » vais posé sur le front de l'écolier la couronne destinée au maî- » tre... »

Vous avez raison.., ceci pourra faire croire à tout le monde que j'ai été fou... Mais cela me prouverait, à moi, que j'ai été un lâche. Vous n'aurez pas cette lettre...

Il la prit pour la déchirer; mais à l'instant même, sur un signe de Jean, le sourd-muet sauta sur Charles, le renversa en arrière avant qu'il se fût emparé de la lettre.

La lutte fut terrible, et malgré la force de Lutz et la faiblesse que Charles devait à une diète sévère, celui-ci fut dix fois sur le point de lui échapper; mais Jean vint en aide au sourd-muet, et tous deux s'apprêtaient à enchaîner le malheureux sur le lit, lorsque Léona parut tout à coup en disant :

— Laissez Monsieur, la lettre n'est pas signée.

— Et je ne la signerai jamais!

— Vous la signerez à l'instant même...

Laissez-nous seuls un moment, et allez chercher la voiture, Jean... Lutz peut vous accompagner...

— Madame, fit Jean, prenez garde..

— Allez et revenez vite.

— N'avez-vous pas promis à Monsieur que, cette nuit même il quitterait cette maison?

Jean se retira l'air stupéfait et en disant :

— Quelle femme!

Le sourd-muet le suivit.

XXV. — PATTE DE VELOURS.

A peine furent-ils partis, que Léona s'approcha vivement du jeune homme :

— Votre main, Charles, lui dit-elle... Merci... Ce que vous venez de faire là est bien, est noble... est brave...

Le jeune homme demeura tout étourdi de cette façon amicale et brusque d'entrer en matière.

— Ce que je viens de faire, reprit-il avec embarras, est assez naturel...

— Non, Charles; le courage, la noblesse, le sentiment du devoir, ne sont pas naturels à tout le monde, et M. Amab, votre maître, en est une preuve...

— Qu'a-t-il fait pour que vous l'accusiez ainsi? dit Charles.

— Il a fait précisément ce dont vous croyiez l'accuser faussement...

— Quoi! ma sœur Julie?...

— Vous savez qu'elle l'aimait?...

— Peut-être... mais qu'importe?...

— Eh bien! il a profité de sa faiblesse, et, dans un rendez-vous qu'il en a obtenu...

— Ce n'est pas vrai!

— L'en croyez-vous incapable?

— Je pense à ma sœur, Madame...

— Que vous croyez innocente et qui est perdue!...

— Vous mentez! Madame...

— Dans quel but?

— Je ne sais; mais vous me tendez un piége, et cette lettre devait servir à la perdre...

— N'ai-je pas été maîtresse de l'avoir?...

— Elle n'était pas signée, vous l'avez dit...

— Et je vous ai dit aussi que vous la signeriez...

— Et quel moyen prendrez-vous pour me la faire signer?

— Un moyen bien simple, celui de vous dire la vérité...

— La vérité?... — Ecoutez-moi, Monsieur...

Si jamais femme a eu le droit de se venger, c'est moi, vous devez le reconnaître. J'ai voulu commencer par vous.

Tout ce que le docteur Saint-Jean vient de vous dire est vrai. Pour vous ôter la possibilité de révéler jamais quelle basse trahison m'a perdue, j'ai voulu vous rendre fou... Je n'ai pas réussi...

Chaque jour je venais épier ici les progrès que j'espérais de la solitude et des mauvais traitements, et chaque jour je sentais diminuer en moi ce besoin de vous perdre...

Je cherchais déjà un moyen de vous laisser vivre et de vous rendre la liberté sans danger pour moi, lorsque le docteur m'a suggéré l'idée de faire croire que vous aviez été fou... J'ai accepté cette idée de bonne foi, je l'ai acceptée avec bonheur, elle me dégageait du terrible serment que j'avais fait contre vous.

Je laissai au docteur le soin de choisir le texte de votre folie; tout était préparé d'avance; on devait remettre une lettre à Amab chez votre père.

Là, en reconnaissant votre écriture, on devait demander à la lire... Nul doute que, d'après ce que vous deviez écrire, le mot convenu : « Il est fou! » ne fût venu à la bouche de tout le monde...

Cela fait, vous eussiez reparu après m'avoir solennellement juré de dire que vous ne saviez ni où vous aviez été, ni le délire bizarre auquel vous aviez été en proie. Vous ne deviez garder souvenir de rien : ni de ce que vous aviez fait, ni de ce que vous aviez écrit...

C'était un accès de folie bien constaté; c'était à moi à expliquer comment j'avais pu m'y trouver mêlée, si jamais vous aviez manqué à votre serment.

— Si je vous eusse donné ma parole, Madame, elle eût été sacrée...

— Je le crois, Charles... ce que vous venez de faire m'en est un sûr garant.

Mais écoutez-moi encore.

J'avais approuvé l'idée du docteur, comme je vous l'ai dit, et je lui avais laissé le soin de la mettre à exécution. En venant ici, je vous l'avoue, je ne voyais dans tout ceci qu'une plaisanterie, lorsque la tournure que le docteur a donnée à la lettre qu'il vous demandait, m'a fait rêver contre vous une vengeance que je n'avais pas rêvée; car je savais, moi, que cet homme qui croyait vous dicter un mensonge! vous dictait une vérité...

Si vous aviez signé cette lettre, je ne sais si je ne m'en serais pas servie pour la montrer à tous et perdre votre sœur.

Ne vous étonnez pas de ce que je vous dis, je suis ainsi faite, et peut-être devriez-vous me connaître assez pour que je n'aie pas besoin de vous le dire. Toute décision en moi est rapide comme la pensée qui me la suggère... le hasard me jetait une vengeance, je la prenais; votre noblesse me l'arrache, j'y renonce; si vous saviez quelle femme bizarre je suis!...

Depuis une heure, dix sentiments différents me sont passés dans le cœur à propos de vous...

Je vous ai plaint d'abord, puis quand vous écoutiez Saint-Jean, je me suis laissée aller à rire de votre air étonné... Je trouvais que vous aviez l'air si ridicule...

Mais, pardon... j'en ris encore... puis tout à coup, quand vous avez refusé de signer cette lettre, je vous ai trouvé... tel que vous êtes, brave et généreux, je vous ai admiré... je vous ai presque aimé...

— Léona! Léona! ne me trompez-vous pas?

— Ce que vous savez de moi, Charles, annonce-t-il une femme astucieuse, perfide, habile?...

Non, certes, non... Je suis violente, folle, cruelle, je puis tuer dans un moment de rage, mais je ne sais pas combiner une perfidie.... J'aime ma vengeance et j'y tiens : et si vous me voyez là près de vous, c'est qu'en même temps que vous désarmiez ma colère contre vous, je trouvais un moyen de punir cet insolent dont le dédain...

Oh! cet homme!... cet homme!... ajouta Léona avec un accent terrible; vous le tuerez, vous... Oh! reprit-elle, tu le tueras, Charles... Aux yeux du monde, ce sera pour ta sœur; aux miens, ce sera pour moi!...

— Oh! oui, je le tuerai! dit Charles, si c'est vrai...

— Eh bien! Charles, s'écria Léona avec un mouvement passionné, signez cette lettre et vous êtes libre... Vous irez la porter vous-même chez l'infâme... Je vous conduirai, moi; vous verrez quelle réponse cet homme vous fera... il acceptera, je l'espère, et vous le tuerez, n'est-ce pas?

Oh! vengez-moi de cet homme, Charles, et j'oublierai tout... ou plutôt... je me rappellerai tout... Charles, je ne peux plus me venger de vous, vengez-moi de lui!

C'était une femme d'une souveraine beauté qui disait cela avec des larmes aux yeux, une voix suppliante, pressant de ses mains brûlantes les mains palpitantes de ce jeune homme ..

— Et je serai libre?

— A l'instant.

— Et je pourrai venger ma sœur?...

— Vous m'oubliez...

— Je pourrai vous venger toutes deux...

— Oh! oui...

— Comme je t'ai aimé...

— Eh! bien, soit... malheur à lui!...

Charles signa la lettre...

— L'adresse, maintenant... dit vivement Léona, bien... cachetez cette lettre. Ah! pour tout expliquer, mettez sur l'adresse :

« Je suis libre... je vous attends au bois de Boulogne... avenue de » Madrid... »

— A quelle heure?...

« A dix heures, je vous accompagnerai... »

Et maintenant préparez-vous à partir...

Léona siffla... la petite chienne répondit en jappant, le sourd-muet parut...

Par un mouvement instinctif, Charles posa sa main sur sa lettre...

Léona fit un signe.

Le muet sortit et rentra avec une toilette et des habits.

Léona s'éloigna après avoir dit à Charles :

— Dépêchez-vous et n'oubliez pas la lettre.

Elle remonta dans son gracieux appartement pendant que Charles s'habillait; Jean l'y attendait.

— Quelle heure est-il? dit Léona.

— Près de trois heures.

— Écoute, dans une heure, nous serons à la porte d'Amab... Charles portera lui-même sa lettre chez ton nouveau maître...

— Lui-même... Ah! ceci est superbe!...

— Ce sera mieux.

— Mais comment l'empêcher de retourner chez son père?...

— Je le tiens dans une prison, fit Léona en regardant ses belles mains, d'où il ne s'échappera que quand je voudrai...

Allons, va...

Une heure après, Charles et Léona, qui avait pris un costume d'homme, conduits par le sourd-muet, s'arrêtaient à la porte de la maison de Victor.

Charles était descendu avec Léona et avait demandé M. Amab.

Un domestique à visage rouge, à veste rouge, à culotte rouge lui répondit :

— Monsieur Amab n'y est pas.

— Est-il déjà sorti?

— Monsieur ne couche plus à Paris, et ne revient qu'à sept heures à son atelier...

— Je l'attendrai!

— Et moi, fit tout bas Léona.

Charles la regarda... Qu'elle était belle, et que ses yeux avaient d'amour!...

— Remettez votre lettre, continua-t-elle. Le rendez-vous est pour dix heures...

— Mais, dit Charles, une pareille lettre...

— Eh bien! si j'ai raison, elle ne saurait être remise trop tôt... Si l'on m'a trompée, une explication sauvera tout...

— Et jusque-là?..

— Êtes-vous déjà ennuyé de votre pardon?

— Mais mon père, ma mère?

— Charles, vous ne pouvez retourner chez vous qu'avec la preuve de l'innocence de votre sœur, ou bien quand elle sera vengée... Mais je comprends votre inquiétude...

L'ami, dit-elle, en s'adressant au domestique, pouvez-vous nous donner de quoi écrire?

— Certainement...

— Eh bien! voici un louis, et vous porterez à son adresse la lettre qu'on va vous remettre...

Écrivez, Charles, ajouta-t-elle tout bas :

« Ma mère, avant la fin de la journée, je serai près de vous... »

— Qui sait? dit Charles tristement.

— Avez-vous peur?

Que de sottises on fait faire aux hommes avec ce mot!...

Charles écrivit à sa mère et laissa la lettre pour Amab.

Ni l'une ni l'autre de ces deux lettres ne devait arriver à son adresse.

Léona le fit remonter dans sa voiture.

— Où allons-nous?

— Chez moi, à Boulogne, près du lieu du rendez-vous..,

Ah! Charles, je n'ai pas voulu tout vous dire, si cet Amab refusait le combat; s'il était vrai, ce que je crois et ce que j'espère pour vous, que votre sœur ne soit pas coupable, il me trouverait là; car j'ai voulu déjà le contraindre à se battre, mais il a insolemment refusé de venir.

La voiture roulait rapidement.

Léona raconta alors le rendez-vous qu'elle avait donné à Amab, et auquel il avait manqué, et comment elle l'avait cherché partout, en habits d'homme, pour le souffleter.

Et l'héroïque amazone disait cela au jeune peintre avec tant de sourires charmants, de larmes naturelles, de colères fougueuses, de retours pleins de tendresse, que Charles ne pensait plus ni à son père, ni à sa sœur, ni à Amab, ni à son rendez-vous, lorsque la voiture franchit la porte cochère de la cour ombreuse de la villa de Léona.

Celle-ci descendit si précipitamment, et Charles la suivit avec tant de rapidité, qu'il ne s'aperçut pas que le sourd-muet avait jeté ses rênes à un palefrenier et le suivait pas à pas.

Léona monta au premier étage, traversa trois ou quatre pièces, puis, arrivée à une espèce de boudoir, bas, sombre, délicieux... elle s'arrêta tout à coup, et dit à Charles :

— Attendez-moi un moment.

Elle sortit.

Mais, avant de fermer la porte, elle fit signe au sourd-muet, qui tira immédiatement de dessous sa houppelande l'énorme nerf de bœuf, qui, à ce qu'il paraît, lui tenait lieu de langage, et, comme il en avait donné quelques leçons à Charles, qui le comprenait parfaitement, celui-ci vit qu'on lui disait :

— Allons, couchez-vous, je n'ai pas dormi de la nuit, vous devez avoir envie de dormir...

Après ces paroles supérieurement mimées, Lutz tira encore de l'une de ses vastes poches construites dans l'incommensurable houppelande, l'odieuse griffonne qui lui servait d'oreiller et lui remit sa chaîne qu'il s'attacha au poignet.

A cette vue, Charles, anéanti, confondu, désespéré, et comprenant enfin qu'il était encore impitoyablement joué, tomba suffoqué sur un lit de repos, et Lutz se coucha doucement sur le sien.

XXVI. — LES RENSEIGNEMENTS.

A la même heure, et pendant que ceci se passait chez Léona, M. Jean, qui n'était plus ni le docteur décoré et honnête de la rue Charonne, ni le domestique rouge planté à la porte d'Amab, et qui avait reçu la lettre qui était destinée à notre héros, M. Jean, disons-nous, entrait chez son véritable maître, le comte de Monrion, et lui disait :

— Monsieur le comte m'a demandé des renseignements sur M. Amab et sur un certain jeune Thoré miraculeusement disparu, je suis en mesure de lui en donner.

— En vingt-quatre heures?

— En vingt-quatre heures...

— Ceci te réhabilite à mes yeux... Voyons, que sais-tu?

— Je prie monsieur le comte de vouloir bien me permettre de lui dire comment je me suis procuré ces renseignements; il les croira d'autant plus véridiques que moi-même je ne les connais pas.

— Parle, je sais que tu as fait ton droit, et que tu veux maintenir les prétentions au titre d'avocat, en étant bavard.

— Je commence, dit Jean.

Il se posa en homme de barreau, et commença d'un ton nasillard :

— Le meilleur espion qu'on puisse avoir près d'un généralissime, c'est son aide de camp, ou plutôt son chef d'état-major; par analogie, le meilleur espion qu'on puisse avoir près d'un homme quelconque, c'est son valet de chambre.

— Ceci est de l'école de Léona; seulement elle pratique, et tu professes.

— J'ai pratiqué.

— Contre moi, je le sais.

— Jamais!

— Aurais-tu la prétention de me faire croire que tu n'étais pas ici aux gages de Léona...

— Je vous jure, monsieur le comte...

— Je comprends... il est des choses qu'une femme ne doit jamais avouer, et, par analogie, tu penses qu'il est de petites infamies qu'un valet doit toujours nier...

— Jusqu'à la mort, monsieur le comte. A ce moment-là, cela devient une affaire de religion; on le confesse, mais on ne l'avoue jamais...

— Allons au fait...

— Eh bien! monsieur le comte, en vertu du principe que je vous ai exposé, et des ordres que vous m'avez donnés il y a deux jours, je me suis occupé à devenir le plus tôt possible le domestique de M. Amab.

— Et tu as réussi?

— Hier matin.

— Voilà qui commence à me paraître assez bien fait.

— C'était la moindre des choses...

— Eh bien! moi, je suis curieux de savoir comment tu t'y es pris...

Maître Jean réfléchit.

Il parut hésiter; mais la vanité de l'orateur l'emporta sur la prudence du laquais, il repartit :

— Si vous étiez un bourgeois, c'est-à-dire un monsieur qui a la prétention de ne pas être trompé par ses domestiques, qui les examine, les surveille, et perd la moitié de son temps à se défendre contre eux, je ne vous dirais pas la vérité; mais vous êtes un grand seigneur, vous vivez trop loin de vos gens pour que leurs défauts, leurs vices ou leurs calculs puissent vous atteindre. Je puis donc vous confier un de nos petits secrets... Vous êtes incapable de vous en servir jamais...

— Je ne suis peut-être pas si généreux que tu crois.

— Ce n'est pas ce que je veux dire, monsieur le comte ; vous avez mieux à faire que de vous en souvenir...

Sachez donc que tout domestique qui sait sa condition et qui a la prévision de l'avenir, n'est jamais de Paris. Si monsieur le comte s'était occupé de ces choses-là, il aurait remarqué que jamais un domestique n'est de Paris.

— Parbleu, tu as raison... toutes les fois que j'ai demandé à un domestique d'où il venait, c'était toujours de la province.

Voilà une remarque qui me donne à bien penser des Parisiens...

— Remarque superficielle, observation fausse, monsieur le comte, comme tout renseignement de statistique morale produit à l'Académie des Sciences.

Le domestique naît à Paris comme ailleurs, il y a sa famille, mais pour lui seulement : pour son maître le domestique est toujours de province et n'est jamais orphelin...

— Pourquoi ?

— Parce qu'il a toujours besoin d'un père qui se meurt ou d'une mère qui a un procès pour motiver un départ précipité et fondé sur une lettre reçue le matin même...

— Ah ! c'est ainsi...

— C'est ainsi, du moins, que le domestique de M. Amab a présenté la chose à son maître, en lui demandant un congé de huit jours, pendant lesquels il a proposé un suppléant dont il répondait corps pour corps...

— Et ce suppléant, c'était toi ?...

— Oui, monsieur le comte...

— Il a répondu de toi ?...

— J'ai déposé un cautionnement de mille écus pour lui garantir ma bonne conduite et la place à son retour.

— Assez ! dit le comte avec dégoût... Qu'as-tu appris de M. Amab ?

— Je n'ai rien appris de lui par lui, car ce monsieur ne parle qu'avec lui-même, c'est-à-dire qu'il pousse des soupirs affreux et murmure tout bas des noms de romans.

— Quels sont ces noms ?

— Julie... Charles...

— Ah ! fit le comte... Et après ?

— Je savais par mon prédécesseur quels étaient cette Julie et ce Charles : jugez donc de ma stupéfaction, lorsque, ce matin, je vois arriver M. Charles Thoré lui-même...

— Tu le connais donc ?

— Monsieur le comte oublie que je suis allé quelquefois porter ses ordres chez ce marchand...

— Drôle ! M. Thoré est un commerçant honorable, une des premières maisons de Paris.

M. Jean fit une humble grimace qu'il assaisonna de l'impertinence suivante :

— Je sais aussi que Mlle Thoré est une des plus belles personnes qu'on puisse rencontrer.

— Finiras-tu ?

— Eh bien ! monsieur le comte, ce M. Charles est arrivé, et n'ayant pas trouvé ce M. Amab, il a laissé pour lui une lettre que voici.

— Et tu crois que j'aurai l'indignité de décacheter une lettre adressée à un autre qu'à moi ? Oublies-tu que lorsque j'étais jaloux de Léona, je n'ai jamais consenti à cette infamie ?

— Monsieur le comte peut au moins lire l'adresse...

— L'adresse... fit le comte en prenant la lettre sur laquelle étaient écrits le lieu et l'heure du rendez-vous...

Ceci ressemble à un duel, ajouta-t-il après l'avoir lue... Mais pourquoi ce duel ?

Le comte pensa à ce que Léona lui avait dit de Julie et de Victor.

— La cause du duel est sans doute dans la lettre... dit Jean en glissant son doigt sous le pli.

— N'importe... jamais !... dit Monrion, jamais !...

— Jamais, vous !... mais moi... c'est bien différent !

— Qu'as-tu fait, misérable ?

— Ce que j'aurais fait avant de venir ici... si mon maître, M. Amab, avait été chez lui, et si je n'eusse pu disposer que de quelques minutes pour savoir ce que vous m'avez ordonné d'apprendre.

— Misérable ! dit le comte en se levant pour chasser Jean.

Mais il s'arrêta devant la stupéfaction peinte sur les traits du laquais.

— Eh bien ! qu'y a-t-il ?

— C'est triste, monsieur, bien triste... Une jeune fille déshonorée, perdue...

— Ce n'est pas possible !... fit le comte en arrachant vivement la lettre des mains de Jean.

Emporté par ce soudain mouvement, Gustave lut la lettre ; il resta muet, anéanti... désespéré...

Un moment après, il rejeta la lettre à Jean en lui disant :

— Va-t'en, je te chasse...

Jean se retira en mesurant son maître d'un regard de pitié, et Monrion resta seul.

— Oh ! c'est ignoble ! s'écria-t-il tout haut... Comment, partout, toujours le vice sous les plus chastes apparences... Jeunesse, grâce, naïveté, bonne renommée, tout cela n'est qu'un masque plus trompeur... Oh ! c'est affreux !...

Léona avait raison... Cette femme a un instinct du mal qui le lui fait voir à travers les murs les plus épais...

Eh, mon Dieu ! non, reprit-il... elle connaît le monde !... Dans toute amitié, dans toute action, elle parie pour le côté infâme et gagne quatre-vingt-dix-neuf fois sur cent...

Mais je veux savoir si c'est l'intrigue d'une petite fille hypocrite ou le malheur d'un enfant égaré...

Ah ! s'il en était ainsi, malheur à ce monsieur Amab !... Si le frère ne le châtie pas, c'est moi qui me chargerai de la punition...

Et Monrion se décida à se rendre, dès le lendemain même, chez Mme Thoré, pour savoir à quoi s'en tenir sur le compte de Julie.

De son côté, Mme Thoré, perdue dans ce mystère menaçant, où elle marchait au hasard, avait résolu d'avoir une explication sérieuse avec Amab.

Pour comprendre ce qui en arriva, il est nécessaire de dire comment, après avoir compromis Julie aux yeux de Monrion, Léona engagea Victor dans cette ténébreuse intrigue.

XXVII. — L'ANTRE DE LA LIONNE.

C'était encore la nuit ; c'était celle qui avait suivi le moment de délivrance de Charles et son changement de prison.

Amab avait pénétré dans le parc, comme la première fois ; mais ce soir-là il l'avait traversé sans la moindre appréhension. A cette heure, il était au-dessus de tous les dangers... N'avait-il pas vaincu la veille les scrupules de Léona ?...

Le malheureux, il appelait cela des scrupules !... Ne l'avait-il pas persuadée, du moins le croyait-il, que l'amour oublie tout et pardonne tout, et alors ne lui avait-elle pas dit :

« Venez, et si vous m'accordez la seule preuve d'amour que je vous demanderai jamais, je n'aurai plus peur !... »

Il semblait que Victor dût connaître assez Léona pour trembler devant une pareille restriction ; mais Amab n'accordait pas aux femmes, en réalité, la dixième partie des prétentions qu'elles montrent dans leurs paroles.

Il résolvait beaucoup de difficultés avec ce mot banal :

« Ce sont des phrases... »

Il croyait être prémuni contre elles, parce qu'il se disait que les trois quarts jouent la comédie. Il avait pris tous les refus de Léona pour un masque de coquetterie qu'elle avait hâte de faire tomber.

Tout cela, pour lui, n'était qu'un manège plus ou moins adroit ; parce qu'il soupçonnait la fausseté, il se croyait fort contre la fausseté, sans se douter de la profondeur de ses calculs.

Ceci nous rappelle une anecdote qui nous vient en ligne droite de Rome.

Un jeune homme, qui avait raillé une courtisane, disait en riant :

« Hier, la Bambinella a voulu me prouver qu'elle n'avait rien perdu » à me perdre : elle m'a présenté à baiser sa main ornée d'un magni- » fique diamant. Hélas ! la pauvre fille n'a pu me tromper, le diamant » était faux. »

Huit jours après, le jeune homme mourait ; le diamant était faux en effet, car c'était un poison mortel pour qui l'approchait de ses lèvres.

C'est peut-être là un conte; si c'en est un, il nous sert du moins à montrer, par une image, comment Amab se croyait à l'abri de tout danger parce qu'il soupçonnait une comédie qui, malheureusement pour lui, en cachait une bien plus terrible qu'il ne pensait.

Victor s'imaginait jouer avec une coquette du Gymnase. Cependant Léona l'avait bien averti, mais la vanité l'aveuglait...

Il entra léger, pimpant, joyeux dans la villa... il monta rapidement l'escalier, il traversa le salon, la bibliothèque, entra dans la chambre accoutumée; Léona n'y était pas.

Il vit une porte ouverte, il y pénétra, et se trouva dans un boudoir, bas, sombre, mystérieux, tendu de velours noir à ornements éclatants.

Malgré sa joyeuse disposition, ce boudoir lui parut lugubre; la porte par laquelle il était entré se ferma derrière lui, et il se trouva face à face avec Léona.

Quoi qu'on dise de la coquetterie des Françaises, elle est de beaucoup au-dessous de celle des femmes de l'Orient.

Les belles dames de notre religion et de notre société règnent trop par le cœur et par l'esprit pour avoir ce culte de leur beauté, que lui rendent les femmes esclaves, comme à la seule force dont elles puissent se servir. L'art infini avec lequel elles allanguissent leurs yeux, font briller leur regard et éclater leur sourire, ce pinceau qui achève le sourcil et qui étend la paupière, ces eaux qui parfument les cheveux, qui teignent les ongles de rose; ces poudres qui satinent la peau et qui font courir les veines bleues sur son éclatante blancheur : tout cela est abandonné chez nous aux filles de théâtre et aux vieilles folles qui tiennent ferme à leur jeunesse, ou plutôt à la jeunesse des beaux garçons.

Si Léona eût eu besoin de tous ces appareils pour être belle, elle les eût employés; elle connaissait trop bien la vie pour ne pas savoir que la plupart des hommes tiennent plus à ce qu'on paraît qu'à ce qu'on est. Mais à part les parfums, à part cette atmosphère qui fait respirer l'ivresse, elle n'avait emprunté à l'Orient que le costume qu'elle portait.

Mille fois plus discret que notre costume européen, il n'accuse aucune beauté, mais il les laisse deviner toutes; il cache tout, mais il ne déforme rien. Nous ne voulons pas peindre le visage superbe de Léona, sa taille flexible et imposante, ses pieds nus et blancs, ses mains d'ivoire.

Parmi toute cette soie, cet or, cette gaze qui l'enveloppaient sans l'habiller, une chose était remarquable dans ce costume, c'était son exactitude... exactitude qu'elle avait cru devoir pousser jusqu'à glisser dans sa ceinture un poignard dont le manche s'échappait d'un flot de soie, comme une menace des lèvres roses d'une sultane.

En la voyant, Amab se mit à genoux devant elle. Il eut le bon esprit de penser qu'il devait être fort laid en costume d'élégant parisien près de cette femme qu'il trouvait si magnifiquement belle... et il le lui dit.

Il la remercia de cette éclatante parure.

— Oui, répondit-elle, j'aime ma beauté, et je la fais le plus belle que je peux, pour ceux que j'aime... N'est-ce pas un don du ciel? N'aimez-vous pas votre génie, et ne vous croiriez-vous pas indigne de l'avoir reçu de Dieu, si vous ne le placiez sur le piédestal le plus haut que vous pourrez lui élever?

— C'est un autel qu'il faut à votre beauté, Léona, pour qu'on puisse vous adorer à genoux...

— J'accepte la métaphore, dit Léona en souriant; je l'accepte toute vieille et tout usée qu'elle soit, et je la veux continuer, pour voir si à nous deux nous pourrons faire sortir quelque chose de nouveau... Voyons, Monsieur, êtes-vous de ma religion?

— Je suis de la religion de l'amour...

— Le Dieu des chrétiens ne reçoit pas partout les mêmes hommages, dit Léona; les enfants de Mahomet sont divisés entre eux; et les croyants de l'amour ne lui rendent pas tous le même culte.

— Instruisez-moi donc, répondit Amab; car je n'ai encore, moi, que la religion naïve de l'enfant qui prie le Tout-Puissant sans savoir de quel nom on l'appelle.

— Eh bien! dit Léona en attachant sur Victor ses yeux à moitié clos, êtes-vous de ceux qui donnent à l'amour les heures perdues de leur existence, qui lui font sa part dans les occupations de la vie, comme cet usurier de *Gil Blas* qui écoutait la messe de onze heures à midi, et qui écorchait ses clients de midi à quatre heures : gens d'ordre et de probité qui ne volent rien à l'amour pour leurs affaires, et qui ne prennent rien à leurs affaires pour l'amour.

— Appelez-vous cela, dit Amab en souriant, des gens amoureux?

— Mon ami, dit Léona, ces gens-là sont amoureux comme la plupart des bourgeois de la France sont dévots.

— Eh bien! je répudie cette religion; je n'en veux pas...

— Etes-vous alors de ceux pour qui l'amour est un joyeux passe-temps, un assaisonnement qui les mène au festin ou à l'ivresse, de ceux qui célèbrent leur dieu dans les chansons à boire, qui lui donnent pour prêtresses des bacchantes, et qui mettent sa statue sur une tonne, ou la promènent sur un char de vendange?

— Ah! Léona, dit Victor, me prenez-vous pour un chansonnier ou pour un commis-voyageur?

— Eh bien! reprit Léona, laissons de côté ces vilenies, et maintenant, répondez-moi franchement : Votre amour est-il de ceux qui cherchent chez une femme l'éclat, la beauté, l'esprit, pour se parer fièrement de leur conquête, qui l'aiment bien plus de l'amour qu'elle inspire, que de celui qu'ils éprouvent; qui l'estiment, non pas au bonheur qu'elle leur donne, mais à l'envie qu'ils excitent?

Amab n'hésita pas à répondre, et cependant sa voix s'altéra, car il y avait en lui un peu de cet amour dont Léona venait de lui parler.

— Non, dit-il : la vanité d'un pareil triomphe n'appartient qu'aux hommes qui ne peuvent pas obtenir d'autres couronnes, et je m'estime plus haut que cela.

— Il y a aussi, dit Léona, une autre vanité : il y a des gens qui aiment une femme comme on aime un beau meuble, une belle maison, ou pour mieux parler, fit-elle en riant tout à fait, qui l'aiment comme on aime une belle étagère.

Ils lui mettent des robes splendides, des parures de diamants, des châles de l'Inde, ils la promènent dans des voitures de soie; ils la chargent de dentelles, ils l'encombrent de bijoux; ils étalent sur elle, autour d'elle, la fastueuse vanité de leurs écus... et ils ont entendu le mot suprême de leur bonheur lorsqu'on dit :

« M. B*** ou M. A*** se ruine pour Mme C***. »

Amab répondit avec un empressement dont la prudence fit sourire Léona :

— Vous ne voudriez pas d'un pareil amour; il ne peut exister qu'à des conditions que je ne puis remplir...

Mais pourquoi toutes ces vaines dissertations de l'esprit? Est-ce mon cœur que vous voulez connaître, est-ce l'amour que j'éprouve? ajouta-t-il, en prenant la main de Léona.

Eh bien!... c'est l'amour esclave, l'amour qui donne sa vie, l'amour qui courbe la tête et qui prie.

Léona devint triste; et, retirant doucement sa main des mains de Victor, elle lui dit d'une voix altérée :

— Comment avez-vous dit?... de quel amour avez-vous parlé?

— De celui qui adore, qui obéit, dit Amab d'une voix suppliante.

— Toujours? dit Léona.

— Toujours, je vous le jure!

Léona parut faire un violent effort sur elle-même pour ne pas céder à la douleur qu'elle éprouvait... et elle ajouta :

— Et cet amour n'aura ni soupçons, ni menaces, ni jalousies?...

— Jamais, dit Amab, qui nageait en pleine séduction d'opéra-comique...

— Et il n'aura ni reproches, ni vengeance?...

— Ni reproches, ni vengeances...

— Malgré tout?...

— Malgré tout...

Léona s'était doucement penchée vers Amab comme pour lire plus avant dans son regard... son front était incliné vers celui de Victor.

Il voulut attirer cette bouche parfumée dont il sentait l'haleine le brûler.

— Ah! vous ne m'aimez pas! s'écria Léona en repoussant brusquement Amab, et en se levant avec un geste de désespoir.

Amab resta étourdi, comme un homme qui a monté degré à degré l'échelle qui doit lui livrer la ville qu'il assiége, et qui tout à coup est brusquement renversé à cent pieds du sommet auquel il allait toucher. Il éprouva un cruel dépit.

Cependant Léona marchait activement, crispant ses mains, essuyant ses yeux, poussant de profonds gémissements; il fallait bien dire un mot à cette inexplicable colère.

— Quel amour voulez-vous donc plus puissant que celui qui donne tout? reprit Amab avec un sourire amer.

— L'amour que je veux, Victor, répondit Léona avec hauteur, n'est pas un amour esclave..., soumis, tremblant : un pareil amour est une lâcheté ou une hypocrisie. L'amour que je veux, moi...

Elle s'arrêta, et Victor reprit avec dédain :

— Quel est-il ?

— A quoi bon vous le dire ?... cela vous épouvanterait, cela ne vous persuaderait pas... On ne donne à personne les sentiments qu'on éprouve, on ne refait le cœur de personne.

Vous m'aimez comme vous le pouvez, cela doit me suffire... Le reste est un rêve qu'il faut que j'oublie...

— Un rêve ! dit Amab, comme indigné qu'on eût pu rêver plus qu'il n'avait offert.

Un rire âcre et convulsif de Léona répondit d'abord à Victor.

Puis elle se plaça devant lui, et le mesurant d'un œil dédaigneux, battant le sol d'un pied frémissant, elle lui dit d'une voix sèche et insolente :

— Ah ! mon cher monsieur Amab, que je suis encore enfant et que je connais peu les hommes !

Ce qu'il y avait de cruel et de puissant dans Léona, c'étaient ces brusques changements d'expression de physionomie, ces transitions de plein saut d'un sentiment à un autre.

Elle paraissait joyeuse, facile ; elle semblait se plaire à jouer avec les mots et les pensées, et tout à coup un sombre regard, un regret désespéré traversait ce ciel serein et riant.

La folie de la passion venait-elle à parler plus haut que ces désespoirs secrets, et croyait-on la tenir enfin dans son délire, palpitante et épuisée, au même instant la voix mourante se ranimait dans la moquerie, et les frémissements de la fièvre s'achevaient dans les convulsions du rire.

— L'adresse, maintenant... dit vivement Léona. — Page 44.

Les dernières paroles de Léoua, le ton dont elles avaient été dites, avaient confondu Amab ; il se sentit le jouet d'une comédie habilement jouée, et, son orgueil blessé parlant enfin plus haut que le désir, il pensa qu'il était seul avec cette femme, et qu'il arrive un moment où l'on peut oublier que la faiblesse est une protection.

Aussi lui dit-il d'un ton qu'il n'avait jamais osé risquer avec elle :

— Quoi ! madame, vous dites que vous connaissez peu les hommes ; il en est un cependant qui a pu vous apprendre jusqu'où peut aller leur esclavage et leur délire... Et votre empire sur M. de Monrion...

— Ah ! fit Léona avec dégoût...

Mais elle domina encore ce nouveau sentiment et reprit d'un air dégagé :

— Ce monsieur, que je trouvais un sot, les connaît mieux que moi. Ce n'est pas supériorité assurément : c'est que l'humanité fait toujours la chance belle aux imbéciles qui la méprisent.

— Ce monsieur vous a-t-il parlé de moi ?

— De vous précisément ? jamais, repartit Léona du bout des lèvres.

Seulement, reprit-elle du ton le plus railleur et en faisant crier la soie de sa ceinture sous ses ongles crispés, lorsqu'il me voyait m'enthousiasmer à la lecture d'un livre, à l'aspect d'un tableau, et que je m'écriais, dans l'extase de mon admiration :

« Ah ! je voudrais connaître ces nobles génies ! quelle âme ce doit » être que celle qui » trouve en soi de pa» reilles inspirations ! »

Gustave riait... et quand je m'irritais de cette gaieté :

« Si c'est une croyan» ce à laquelle vous » tenez, me disait-il, » restez toujours à » distance de ces héros » de votre imagina» tion, ne les voyez » jamais... vous auriez » trop à perdre à jouer » vos illusions contre » la réalité.

» Celui-là, qui s'é» puise à scalper les » fibres les plus ten» dres du cœur humain » pour dire le secret » de ses plus impercep» tibles mouvements, » celui-là est un gros » homme qui mange » beaucoup, qui rit à » pleine gorge à tra» vers des dents en » rateau, et qui dépose » ses hommages aux » pieds de quelque » affreuse Maritorne » bourgeoise.

» Tel autre qui sème » les diamants et les » millions dans ses » inventions dramati» ques, en remontre» rait aux administra» teurs des caisses d'é» pargne.

» Si vous voyiez quel » caractère de cheval, » quelle figure de che» val et quelles ma» nières de palefrenier » distinguent tel pein» tre qui a traduit dans une plus pure idéalité les idéales figures des » poëtes allemands, vous vous refuseriez à penser que Dieu habille si » mal le génie qu'il crée.

» Non, Léona, ajoutait-il, ne demandez jamais à les connaître. Les » vaniteux se font un rôle, les habiles se cachent ; mais aucun d'eux » n'a en lui la millième partie de ce qu'il donne si libéralement aux » autres. »

— Et les paroles que M. de Monrion disait généralement, vous avez trouvé enfin à qui les appliquer, n'est-ce pas, madame ? dit Victor avec une sourde colère.

— Peut-être, dit Léona sèchement ; mais celles-là ne sont pas celles qui pourraient vous concerner.

— Vraiment ?...

Paris. — Typ. de Ve Dondey Dupré, rue St-Louis, 46, au Marais.

Et que disait-il encore... ce supérieur physiologiste ?

— Il me disait, monsieur, qu'il y a parmi vous autres des hommes qui font de l'amour une étude, d'une femme un livre qui parle, qu'ils traduisent et qu'ils vendent.

— Je ne suis pas un romancier, madame.

— Vous, messieurs les peintres, vous en faites un modèle qui pose.

— Le croyez-vous?

— Ne me l'avez-vous pas dit vous-même? et lorsque j'ai essayé de me montrer jalouse de cette belle Julie qui vous a inspiré votre chef-d'œuvre, ne m'avez-vous pas dit qu'elle n'avait été pour vous que ce que je suis peut-être aussi.... moi... un sujet d'études...

— L'amour se distingue aisément de l'admiration.

— Oui, quand l'amour existe...

— Doutez-vous du mien ?

— Quelles preuves m'en avez-vous données?

— Ai-je reculé devant rien de ce que vous m'avez proposé ?

— Vous y avez eu grand mérite, en effet : vous avez bien voulu monter à cheval, un peu tard peut-être ; faire une lieue par un temps délicieux, et entrer chez moi par une brèche trop commode et des portes très-ouvertes.

— Quelles preuves vouliez-vous donc?...

— Quoi ! dit Léona dont la colère se rallumait, vous n'en avez trouvé aucune?... aucune ?...

— Mais laquelle ?...

— Quoi ! dans votre position et la mienne, rien ne vous est venu de vous-même... si ce n'est pour moi... pour vous?... Quoi !... vous n'avez pensé à rien ? à rien ?...

Amab, poussé à bout, répondit alors brutalement :

— Je ne fais pas de sacrifices à qui ne m'en demande pas.

— Ah ! s'écria tout à coup Léona avec un transport désespéré... folle... folle que je suis!... Je frappe sur ce cœur pour lui arracher un cri, une plainte, un mot qui me fasse lui pardonner... et rien... toujours rien... ou pis encore... *moi*... rien que *moi*...

Puis elle répéta avec dédain les dernières paroles de Victor :

« Je ne fais pas de sacrifices à qui ne m'en demande pas. »

— Ah ! reprit-elle... égoïsme !...

— Léona, fit Victor avec colère, vos dédains deviennent des insultes.

Léona se tourna vers lui, et, le couvrant d'un regard de superbe dédain, elle s'écria :

— Est-ce qu'on demande, monsieur ? est-ce qu'on laisse demander?...

Mais moi, monsieur, moi qui ne suis qu'une femme, reprit-elle, la pâleur sur le front, si je savais qu'un homme possède un secret qui peut vous perdre... mais cet homme... je ne sais comment... mais je le réduirais au silence... pour vous d'abord, pour vous épargner un souci, une crainte...

Et si j'étais faite comme vous, si j'avais cet égoïsme ardent qui vous rend le but de toutes vos passions, je le tuerais encore... oui, je le tuerais, pour que cet homme ne pût pas m'humilier dans celui que j'aime.

Après cette violente sortie, Léona tomba sur un divan, et se mit à fondre en larmes. Victor s'approcha d'elle... et lui dit doucement :

— Je vous comprends, Léona... et si vous le voulez....

Il s'était remis à genoux devant elle ; il avait repris ses mains et la suppliait... elle se dégagea doucement :

— Oh ! non, monsieur, reprit Léona avec plus de tristesse que de colère, vous ne me comprenez pas... Vous prêtez un sens exact à l'exagération de mes paroles... on dit cela... on ne le fait pas... mais on a un mot qui console...

Ah ! mais il faut donc tout vous dire... ajouta-t-elle en le regardant à travers ses larmes. Quelle est la femme, à qui l'homme qu'elle aime propose un crime et qui l'accepte... aucune, croyez-moi... Seulement, j'attendais, moi... j'attendais, oui... une menace, un transport de rage, une fureur jalouse qui vous eût fait crier à mes pieds :

« Non, non, Léona,
» l'homme qui t'a in-
» sultée, l'homme de-
» vant qui, toi et moi,
» nous ne pouvons plus
» passer que la honte
» au front, cet homme
» ne peut pas vivre... »

Oui, c'est vrai, j'attendais ce mot... et c'est moi qui alors vous aurais prié à genoux... c'est moi qui aurais alors demandé grâce à cet amour que j'aurais enfin vu éclater dans ses transports insensés...

Amab, poussé par un délire infernal, fit un pas... Léona se jeta au-devant de lui. — Page 50.

Mais rien, rien... cela ne vous trouble pas... cela ne vous indigne pas... vous n'y avez peut-être jamais pensé.

La parole triste de Léona fit résonner en Victor des sentiments muets jusqu'à cette heure, et il répondit d'un ton sombre et amer :

— Vous vous trompez, Léona, j'y ai pensé bien souvent.

— Est-ce vrai ? lui dit Léona en attachant sur lui un regard palpitant...

— Oui, reprit-il en baissant les yeux devant ce regard qui le brûlait ; mais à de pareilles vengeances... il faut un prix que vous êtes trop habile à refuser... pour que vous ne soyez pas parfaitement maîtresse de vous.

Un gémissement sourd et profond s'échappa de la poitrine de Léona.

— O mon Dieu !... fit-elle, je n'ai pas assez fait pour le persuader... Faut-il donc tout lui dire?

Eh bien! Victor, quand vous êtes là, quand vous me parlez, quand je vous regarde!... je ne vis plus en moi... la fascination qui m'entraîne à vous est si puissante, que rien ne m'appartient de mon être, pas même le mystère de mes pensées : je vous dis tout... et quand vos mains pressent les miennes, il me semble que ma vie s'en va pour se joindre à la vôtre.

— Vous m'aimez ainsi, Léona? dit Victor qui osa enfin se livrer à ce regard fauve et brûlant dont elle semblait vouloir l'embraser... Vous m'aimez ainsi, et vous n'avez pour moi que dédain, raillerie...

— C'est qu'à l'heure où je n'entends plus, où je ne vois plus, où je ne sens plus rien de ce qui n'est pas vous, c'est qu'à l'heure où l'amour m'enveloppe assez tout entière pour me séparer du passé, de l'avenir, du monde, de ses devoirs, de la foi jurée à un autre, de la pudeur, pour me laisser seule avec vous; c'est qu'à ce moment où tout n'est plus rien, ou plutôt où tout, c'est toi... c'est qu'à ce moment, Victor... il y a tout à coup un fantôme qui se lève entre vous et moi, qui me saisit tout éperdue dans ma folie, et qui me jette froide et glacée dans ma vie..... dans ma vie comme vous me l'avez faite.

— Oh! Léona!... Léona! ne me dites pas cela...

— Car, reprit-elle avec un de ces désespoirs superbes qui remuent le cœur avec des aiguillons de feu... l'amour m'a pu tout faire oublier... tout, excepté cet homme... Il est là... tiens, à côté de toi... il m'insulte, il t'insulte aussi...

Pourquoi me regardes-tu comme une folle! reprit Léona avec ce rire désespéré qui éclate sous les larmes. Oh! la superbe conquête que vous allez obtenir, mon maître... la belle maîtresse à qui vous allez vouer votre existence! le noble amour à qui vous allez confier votre cœur... la fière courtisane dont vous avez vaincu l'avarice... la terrible coquette dont vous avez déjoué les manéges...

Oui, reprit Léona, dont la fureur oubliait la phrase commencée pour l'achever au hasard... oui, quelle que je sois, à quelque titre que vous m'aimiez... que tu espères en moi la fée aimée et inconnue qui doit protéger ta vie, la compagne dévouée qui doit te suivre pas à pas, la maîtresse éclatante dont tu voudrais te faire un triomphe... toujours, entendez-vous... toujours... même à l'heure où ma folie me livrera à toi-même comme une courtisane, j'entendrai une voix qui te dira :

« Pauvre dupe!.. cela ne coûte pas tant de peine... je le sais, » moi...»

— Léona, taisez-vous... dit Amab avec un sombre transport.

— Mais je l'entends, moi, reprit-elle avec épouvante et en se pressant contre Amab, qui la prit dans ses bras, je l'entends, cette voix : ne l'entends-tu pas?

— Taisez-vous... taisez-vous...

— Mais c'est elle qu'il faut faire taire... oh! c'est à en être folle... le voilà... je le vois... il me poursuit...

Ah! s'écria-t-elle en s'arrachant des bras d'Amab, ne trouverai-je pas un homme qui me délivre de ce fantôme?...

— Mais où est-il, ce fantôme? où puis-je le retrouver? s'écria Victor que ce délire avait insensiblement gagné.

Léona s'était levée, et pâle, l'œil fixe devant elle, frémissante, elle disait en mots entrecoupés :

— Non... non... partez, fuyez... vous me faites peur... je ne veux pas... je ne veux pas... être à vous par un crime...

— Léona, je te le jure, je te vengerai.

— Non... non... je me vengerai seule... il est temps.

— Léona... où allez-vous?...

— Que vous importe!...

Léona avait l'œil hagard, et semblait privée de sa raison.

Elle s'arracha des mains de Victor qui voulait la retenir.

— Ah! laissez-moi donc, monsieur... s'écria-t-elle en sortant rapidement du boudoir.

Victor la poursuivit dans le fond de la chambre où elle venait d'entrer. Il crut voir et vit en effet Charles profondément endormi... C'était comme un rêve affreux...

Léona était déjà près de lui. Elle tenait à la main le poignard qu'elle avait pris à sa ceinture...

Victor se précipita sur elle et le lui arracha.

— Eh bien! soit, lui dit Léona en lui montrant Charles du doigt... va, puisque tu le veux... oui...

Amab, poussé par un délire infernal, fit un pas...

Léona se jeta au-devant de lui.

— Ah! merci, lui dit-elle, en lui arrachant le poignard et en le jetant loin de lui... je n'en voulais pas plus... Suis-moi...

XXVIII. — LE VERTIGE.

Ils ne s'arrêtèrent que dans la chambre qui précédait le boudoir.

Tous deux étaient pâles, bouleversés, comme ces voyageurs égarés qu'une main rapide vient de repousser à quelques pas du précipice vers lequel ils marchaient et dont ils ont alors mesuré la profondeur.

Amab était tombé sur un siége, anéanti, incapable d'un effort quelconque... Tous deux gardèrent le silence...

Léona l'observait.

Elle se demandait si elle avait assez brisé l'énergie de cet homme pour lui demander ce qu'elle voulait véritablement de lui...

Enfin Amab regarda à son tour Léona... Elle se détourna... Il s'approcha et s'assit près d'elle... elle pleurait.

— Léona, qu'avez-vous? lui dit-il.

— Rien, reprit-elle d'une voix douce et résignée... je pleure... sur moi...

— Doutez-vous de votre pouvoir maintenant?

— Oh! non, reprit Léona en se mettant à genoux devant Victor, je n'en doute plus... Pardonnez-moi... pardonnez-moi...

— Oh! dit Amab, dont la sombre agitation ne s'était pas encore épuisée... ce crime... je l'aurais commis...

— Avez-vous donc cru que je le voulais?

— Quoi... ce désespoir... ces menaces...

— C'était une épreuve, Victor...

— Une épreuve... reprit-il avec colère... Ainsi, quand ma main tenait ce poignard... quand... j'allais frapper... vous étiez tranquille... vous regardiez railleusement... le maladroit automate que vous faisiez marcher.

— Non, sur mon âme, non, lui dit Léona avec un accent de sincérité; j'ai fait ceci comme je fais toutes les actions de ma vie, au hasard... et en souriant d'abord à cette pensée comme à un jeu facile...

Mais j'avais à peine vu dans votre regard luire comme un éclair la pensée de ce crime, à peine vous ai-je vu frémir et chanceler dans le délire où je vous précipitais que le vertige m'a prise aussi, et j'ai trouvé possible et juste la pensée abominable que vous acceptiez comme juste et possible

— Est-ce vrai? dit Amab.

— Et c'est vrai comme il est vrai que je t'aime, dit Léona.

Oui, il y a eu un moment où j'ai pris ce poignard avec la volonté de tuer cet homme, et je te l'ai laissé prendre dans l'espoir que tu le tuerais.

— Et sans toi je l'aurais fait, Léona.

— Oh! merci, mon Dieu! s'écria Léona en joignant les mains et en levant les yeux au ciel avec une sainte conviction; merci de l'éclair de raison que vous avez fait luire à mes yeux dans ce moment d'égarement.

Oh! non, non, Victor, ce n'est pas moi, moi qui t'aime, qui voudrais jamais flétrir tes mains d'un meurtre, vouer au remords cette noble existence promise à la gloire; non, tu ne l'as pas cru; pardonne-moi.

Léona se reprit à pleurer, et ajouta d'une voix désolée :

— Pardonne-moi et fuis-moi; trop de passion bouillonne dans mon cœur; je ne voudrais pas le mal, et je le ferais peut-être! Il peut venir une heure où le rayon qui nous a sauvés tous deux ne luira pas à mes yeux; et maintenant, maintenant que je sais que tu m'aimes, maintenant que je sais que tu es faible et qu'on peut t'égarer, je ne veux pas te laisser exposé aux funestes conseils que mon amour ou ma jalousie pourraient te donner.

Victor écoutait Léona et s'abreuvait de cette atmosphère enivrante qui environnait cette femme dans les larmes comme dans la colère.

— Va-t'en, va-t'en, lui dit-elle, toi seul m'auras connue tout entière, et toi seul me plaindras peut-être. On m'a fait tant de mal en ce monde, et toi aussi, Victor, tu m'en as fait.

Oh! tu ne me connaissais pas, et je te le pardonne.

Mais cela fait-il que je ne doive pas souffrir? cela fait-il que je ne doive pas rêver une vengeance? cela fait-il que cet homme ne soit encore là, près de nous, prisonnier encore, m'appartenant encore tout entier, et qu'il faudra pourtant que je le laisse échapper, car je ne le tuerai pas, moi, et je ne veux pas que tu le tues.

— N'est-il pas un moyen plus noble de le forcer au silence? n'ai-je pas prouvé déjà, dit Victor, que je sais comment on manie l'épée?

— Un duel! pour quelle cause? s'il la comprenait, ne se hâterait-il pas de le dire, et sa mort ne te rendrait-elle pas odieux, plus encore... ridicule? odieux d'avoir frappé l'enfant d'une famille qui est presque déjà la tienne, ridicule d'avoir vengé une femme comme moi d'un outrage dont tu étais le premier auteur?

— Il faut pourtant, dit Amab, il faut que cet homme se taise.

— Oh! reprit tout à coup Léona en s'asseyant près de Victor, j'avais bien pensé à quelque chose.

— Qu'est-ce donc?

— Non, dit-elle, non, ce serait aussi coupable, quoique aucune loi, ajouta-t-elle, ne punisse de pareils crimes.

Non, voyez-vous, Victor, je raisonne toujours avec l'esprit pervers que m'a fait ma misérable vie, et je ne reconnais l'indignité de mes projets qu'à l'instant où je veux vous y associer; oui, c'est là le privilége de ceux qui n'ont jamais mal fait, de faire ressortir dans toute sa laideur le crime qu'on veut faire marcher côte à côte avec eux; non, vous dis-je, ne me demandez pas ce que j'avais imaginé, ne me forcez pas à me montrer à vous avec tout ce qui peut me passer d'infâme et de cruel dans l'esprit.

Charles vivra, Charles pourra dire à tout venant que Léona de Cambure s'est livrée à lui comme une prostituée; ce sera ma punition pour vous avoir aimé.

— Mais je ne le veux pas, moi, dit Amab, mais je le forcerai à se taire.

— Le pouvez-vous? dit vivement Léona; avez-vous contre lui un de ces secrets avec lesquels on fait un échange de silence?

Pouvez-vous lui dire :

« Si tu parles jamais, je parlerai à mon tour? »

Cette famille si obscure est-elle en même temps si respectable qu'on ne puisse la menacer de la rendre célèbre par un scandale éclatant?

Ce père si fier de son fils, n'est-il que ridicule? sa mère, qui a dû être si belle, est-elle irréprochable? cette jeune fille qui vous aime, Victor, qui se laisse aller si follement à un amour que vous ne partagez pas, n'a-t-elle pas été entraînée par cet enthousiasme insensé à des démarches innocentes peut-être, mais assez imprudentes pour qu'on puisse menacer un frère de les révéler?

Ceci n'est pas un crime, ceci, c'est se servir loyalement d'une arme loyale pour se protéger soi-même. Dans tous les cas, c'est celui qui attaque qui est le coupable; car c'est en parlant qu'il autorise à parler l'homme qui ne veut que se taire.

Eh bien, Victor, ne savez-vous rien qui puisse nous protéger?

— Rien... dit Victor.

Ainsi le poison coulait doucement dans l'oreille d'Amab : aussi chercha-t-il avec anxiété dans sa mémoire une action ou un mot dont il pût se servir contre Charles; mais rien ne lui vint en aide, et il finit par s'écrier avec colère :

— Non, c'est impossible, ils sont invulnérables.

— Ah! fit Léona avec une amère expression, il y a des gens heureux.

— Oui, reprit Amab, le bonheur accompagne quelquefois la vertu.

— Sans doute, reprit Léona, et ce n'est pas leur bonheur que j'envie : c'est cette vertu qui ne leur appartient même pas.

— Que voulez-vous dire?

— Eh! mon Dieu, fit Léona brusquement et en se levant, cette jeune fille si pure, si invulnérable dans son innocence, si, au lieu d'adresser son amour à un homme qui a longtemps fermé les yeux pour ne pas le voir, à un homme qui, forcé enfin de le reconnaître, s'en est éloigné avec fermeté; si, au lieu de s'adresser à vous, qui avez compris les devoirs de la vie dans ce qu'ils ont de plus sévère, elle eût rencontré, je ne dis pas un de ces misérables comme celui auquel vous m'avez jetée, mais un de ces hommes comme ils sont presque tous, dont la vanité ne peut résister à l'attrait de l'amour qu'ils inspirent, à un de ces hommes, enfin, pour qui une femme ne compte que pour un plaisir qui a un nom différent du plaisir de la veille.

Oui, ajouta Léona avec une sourde colère... oui, si elle s'était adressée à un autre qu'à vous; oui, cette jeune fille, encore si pure, serait déjà une fille perdue, et si son secret était entre vos mains, vous feriez taire son frère.

Mais vous l'avez respectée, ajouta-t-elle avec dédain, et il faut que ce soit moi qui souffre, moi seule. Eh bien! soit, je souffrirai.

— Léona, dit brusquement Amab, est-ce donc une lâcheté, au lieu d'un crime, que vous me proposez? Voulez-vous donc que je séduise cette enfant?

— Oh! non, dit Léona avec une fierté superbe, vous vous trompez, monsieur, je ne veux rien, je ne demande rien; et puis, ajouta-t-elle en haussant les épaules, vous êtes fou.

A quoi vous mènerait une pareille lâcheté?

— A vous venger, peut-être.

— Et quelle récompense en attendriez-vous?

— N'ai-je pas été sur le point de commettre un crime pour vous obtenir?

— Et vous viendriez dans mes bras, dit Léona, en sortant des bras de cette femme, et vous me demanderiez mon amour, et je vous le donnerais?

Oh! vous ne me connaissez pas, Victor. Non, non, je n'ai point ces incommensurables passions de roman qui absorbent dans leur violence les puérils préjugés de l'amour.

Je ne sais pas séparer, comme certaines âmes, l'esprit de la matière. Je veux qu'on m'aime comme une reine, mais je suis jalouse comme une portière.

Je suis faite ainsi, bizarre, pleine de contradictions si vous voulez; mais enfin je n'en fais souffrir personne; vous ne me vengerez ni par la mort du frère, ni par le déshonneur de la sœur; je vivrai avec ma honte, et je m'y ferai peut-être, puisque vous seul, qui pourriez m'en sauver, vous ne trouvez que des moyens coupables dont je ne veux pas, et que vous repoussez.

— Mais comment voulez-vous qu'on vous serve? s'écria Amab : je vous écoute, et j'épie dans vos paroles un mot qui me mette sur la voie que je dois suivre; car, à mon tour, je vous connais aussi, Léona, vous voulez votre vengeance...

— Oui, je la veux!

— Et peut-être déjà ne la cherchez-vous plus, seulement vous n'osez pas me la dire.

Léona lui montra du doigt le boudoir qu'ils venaient de quitter, et répondit :

— Après ce qui s'est passé là, vous dites que je n'ose pas?

— Eh bien donc! une fois au moins... parlez clairement, répliqua Victor, ne tentez point mon intelligence, dites-moi ce que vous avez imaginé, et je vous dirai franchement si je peux ou si je veux le faire.

— C'est qu'en vérité, dit Léona, ce serait une si mièvre intrigue, après les tragédies que nous venons de jouer, ce serait un si misérable moyen dans une si fatale position...

— Mais enfin, dit Amab, de quoi s'agit-il?

Léona avait ce grand art de savoir se faire arracher mot à mot ce qu'elle brûlait de dire; elle savait aussi, selon ses projets, donner ou ôter de l'importance à la révélation qu'elle allait faire.

Aussi répondit-elle encore :

— Non, non, Victor, si vous me refusiez, vous m'humilieriez, et si vous ne me refusiez pas et que le succès nous échappât, vous ne me pardonneriez pas de vous avoir fait faire une si sotte démarche.

— Dites-la-moi du moins, pour que je puisse la juger.

— Ne m'avez-vous donc point comprise tout à l'heure, reprit Léona, quand je vous demandais si cette jeune fille avait fait une action non pas coupable, mais seulement imprudente, et quand j'ai ajouté que si on pouvait la prouver, ce serait assez pour forcer son frère au silence.

Ainsi faire sortir cette jeune fille de chez elle, à l'insu de sa mère, pour un rendez-vous où vous n'iriez pas, ce serait plus qu'il n'en faudrait.

Léona, qui épiait l'effet de ses paroles, s'arrêta.

Amab ne parut point persuadé de l'excellence de ce moyen, et répondit d'un ton assez froid :

— Tant de circonstances pourraient faire avorter une pareille intrigue, qu'il serait peut-être maladroit et imprudent de la tenter.

— Je vous le disais bien, reprit Léona en se mordant les lèvres, cela n'est pas possible, vous ne deviez pas vouloir vous y prêter, et, dans tous les cas, cela ne devait pas réussir. N'en parlons donc plus.

Cependant ma position devient insupportable : l'absence de M. Charles Thoré peut enfin éveiller l'attention de la police, qui ne se contenlerait peut-être pas, comme sa famille, des assurances que vous lui apportez tous les jours.

Il faut que ce jeune homme soit libre.

Léona s'arrêta encore, et, reprenant la sombre expression qui avait épouvanté Amab, elle s'écria :

— Oui, il faut qu'il soit libre... ou qu'il disparaisse.

— Qu'osez-vous dire? s'écria Amab.

— Oh ! Monsieur, fit Léona avec hauteur, ceci ne regarde que moi. Seulement, ajouta-t-elle avec dédain, puis-je compter qu'en cas de malheur, je ne vous trouverai point parmi les témoins qui pourraient contribuer à me faire condamner?

— Mais vous aviez horreur d'un pareil crime, dit Amab avec un nouvel effroi, c'est vous-même qui m'avez arraché des mains le poignard que vous m'y aviez mis; faut-il que cette funeste pensée se présente encore à vous !

— Il faut, s'écria Léona en se levant avec un nouveau transport de colère, il faut que je sorte de l'affreuse position où je suis. Finissons-en, Victor...

Vous ne pouvez rien pour moi, rien, n'est-ce pas ? eh bien ! laissez-moi agir à ma guise.

— Mais que voulez-vous enfin? dit Amab, dont la raison chancelait au milieu de ces attaques qui l'assaillaient de tous côtés.

— Ce que je veux? rien... ce que je voulais...

Mais, Monsieur, je ne vous demandais qu'un mot, une lettre, un billet, que je n'aurais pas envoyé peut-être... ce que je voulais? rien... c'était seulement de paraître vouloir me venger; mais rien, rien, ajouta-t-elle en frappant du pied avec fureur... Rien, je n'obtiens rien...

Eh bien, soit, Monsieur, seulement ne vous plaignez pas si je prends un parti violent, vous l'aurez voulu.

— Mais, dit Victor, ce billet même, si je consentais à l'écrire, n'obtiendrait pas l'effet que vous en attendez; Julie ne se rendrait pas à un rendez-vous que je lui donnerais.

— Vous doutez de vous, fit amèrement Léona; vous doutez de vous vis-à-vis de Mlle Thoré : c'est une modestie que vous n'avez pas eue avec moi; mais la question de savoir si elle viendrait, est inutile à discuter, car vous ne voulez pas écrire.

— Mais que lui écrire, et comment demander un rendez-vous à une jeune fille à qui jamais je n'ai adressé un mot d'amour?

— Je vous assure, monsieur, que cela ne serait pas embarrassant du tout.

— Mais comment vous y prendriez-vous?

— Ah ! mon Dieu ! dit Léona avec indifférence, il suffirait de ceci :

« Mademoiselle,

» Par le plus étrange événement, événement qu'il m'est défendu de vous expliquer, vous seule pouvez sauver votre frère de la position où il se trouve.

» Si vous avez le courage de venir le demander demain soir, dans la maison où vous êtes allée avec moi pour savoir ce qu'il était devenu, votre frère vous serait rendu à l'instant même. »

— Mais ce billet même, si je le lui écrivais, dit Amab, la défendrait contre une calomnie, en expliquant à tous la cause de ce rendez-vous.

— Oh! fit Léona, à tout et toujours des objections; je joue vraiment un rôle trop misérable, monsieur. Je me fais l'effet de ce malheureux qui va demander cent mille écus à emprunter à un usurier, et qui descend ses prétentions de refus en refus jusqu'à mendier cent sous qu'on lui refuse encore.

Tenez, Victor, une fois pour toutes, écrivez ce billet-là tout de suite; il est stupide, inutile, je le sais. Vous ne le remettrez pas...

Je l'anéantirai quand vous voudrez; mais enfin écrivez-le, écrivez-le, mon Dieu!... Ecrivez-le pour que j'aie obtenu quelque chose, quoi que ce soit.

Léona avait eu tant de soin de dire à Victor qu'elle était folle, qu'elle se laissait aller à des impressions soudaines, à des volontés capricieuses, que Victor se crut quitte à bon marché des exigences de Léona en satisfaisant ce dernier caprice, et d'ailleurs, ne se réservait-il pas au fond de l'âme de prévenir Julie contre l'envoi de ce billet?

Il l'écrivit donc.

Puis, quand il eut fait cette petite lâcheté, il se tourna vers Léona et lui dit en le lui remettant :

— Êtes-vous contente?

— Oui, reprit-elle avec son plus gracieux sourire, en prenant le billet qu'elle cacha dans son sein, et en contemplant Amab de ce regard caressant et farouche de la panthère rassasiée qui veut encore jouer avec les restes de sa victime.

— Mais enfin, lui dit Amab, que décidez-vous du sort de ce malheureux Charles?

Une de ces idées extravagantes qui surgissaient si souvent dans la tête de Léona la fit alors rire aux éclats, et elle répondit à Amab :

— Si je le forçais à m'épouser, ce serait le meilleur moyen de le faire taire.

— Ce ne serait pas le moyen de le punir, dit Amab d'un air tendre; car il voulait avoir enfin le prix de sa complaisance.

— Vous avez tort de vous moquer de mon idée, lui dit sérieusement Léona : il n'y a que deux hommes qui puissent m'épouser de manière à me justifier : lui ou vous.

— Moi? dit Amab qui frissonna, malgré lui, à cette parole, et dont tous les désirs reculèrent à cette pensée.

— Oui, vraiment, reprit Léona du ton le plus simple et le plus naturel, car jamais personne ne voudrait croire à une aventure comme la mienne, lorsque vous, qui devez la savoir mieux que qui que ce soit, vous consentiriez à me donner votre nom.

Amab était horriblement embarrassé de cette atroce plaisanterie.

Léona lui dit amèrement :

— Il paraît que de cette dernière façon, je punirais cruellement l'un des deux hommes à qui j'ai le droit d'en vouloir.

Ah! vous ne m'aimez guère, monsieur Amab, ajouta-t-elle en souriant.

— N'abordez jamais un pareil sujet, répondit Victor d'une voix sombre.

— Soit, dit Léona, je ne vous en parlerai plus jamais, et je crois que nous ferons bien d'en rester où nous en sommes... Qui sait? peut-être un jour est-ce vous qui me demanderez à m'épouser...

Qu'en dites-vous?... Pourquoi ne répondez-vous pas?...

— C'est qu'en vérité, s'écria Victor avec violence, je ne sais ce que vous voulez de moi; c'est que je me perds à vous suivre dans les caprices incertains de votre esprit et de votre cœur.

Êtes-vous bonne? êtes-vous méchante? m'aimez-vous? ne m'aimez-vous pas? suis-je un instrument dont vous vous servez pour un projet inconnu, ou suis-je celui que vous m'aviez dit attendre comme un amant?

Je suis entré ici le cœur ivre d'espérance, et j'en sors honteux et humilié.

Eh bien! je vous l'avoue, Léona, j'ai peur de vous; j'ai peur de mon amour; vous m'avez trop montré où vous pouviez le mener: je croyais vous avoir comprise, et j'ai voulu lutter avec vous : je m'avoue vaincu; chassez-moi si vous voulez; mais ne me rappelez pas pour des scènes pareilles à celles que vous m'avez forcé de subir, je n'aurais plus la force de les supporter; j'ai le corps rompu, l'esprit brisé; je n'en puis plus.

Léona écoutait Amab d'un air triomphant; elle semblait se demander s'il n'y avait pas un côté par où elle pût encore le blesser.

Sans doute, elle le découvrit, car elle se prit à rire tout bas, et dit à Victor :

— Ah çà, est-ce que vous croyez maintenant un mot de ce que vous avez vu et entendu cette nuit? Mais vous êtes fou, mon bon ami, et je vous assure que vous étiez fort amusant.

J'avais promis la comédie à Charles, et je la lui ai donnée, si ce n'est que je crois qu'il a eu peur quand il vous a vu prendre si sérieusement votre rôle d'Égisthe.

— Quoi! dit Amab pâle de colère, Charles...

— Charles, dit Léona en ricanant, est ici depuis quinze jours, et il demeure avec moi, et il ne paraît pas s'y ennuyer.

— Et il a entendu tout ce que vous m'avez dit?

— Il le savait d'avance...

— Tout ce que je vous ai dit?

— Vous avez très-peu parlé.

— Oh! dit Amab, malheur à lui, malheur à vous! vous vous êtes vengée sur moi, je me vengerai sur lui.

— Je vous en défie, lui dit Léona.

— Adieu, Madame, dit Amab, vous me reverrez plus tôt que vous ne pensez.

— Je l'espère bien ainsi, répondit-elle avec un sourire gracieux. Revenez bientôt.

— Oh ! Madame, c'est trop d'insulte, dit Amab hors de lui et qui sentait sa raison prête à l'abandonner. Adieu... adieu, pour toujours, fit-il en cherchant à ouvrir la porte qui résistait à tous ses efforts.

Puis il ajouta :

— Prétendez-vous aussi me retenir comme votre prisonnier?

— Oh! non... non, Victor, dit tristement et sérieusement Léona, non, quittez-moi avec la pensée que j'ai voulu me railler de vous... allez-vous-en en pensant de moi que je suis la plus audacieuse comédienne qui soit au monde, je le veux bien ; je viens de me donner à moi-même le dernier mot de votre caractère.

Ainsi, je vous ai dit une chose incroyable, impossible, je vous ai dit que j'avais voulu vous rendre ridicule aux yeux de Charles, je vous ai dit... mais en vérité c'est une si absurde plaisanterie, que je l'ai déjà oubliée... et vous y avez cru sur-le-champ, sans discussion, sans étonnement; à défaut de votre raison, votre cœur ne m'a pas défendue; j'ai été pour vous une femme qui joue avec la honte que vous lui avez value.

Allez, Monsieur, allez, je ne vous retiens pas; je sais de vous tout ce que je voulais savoir; c'est encore l'heure où vous pouvez sortir mystérieusement de chez moi. Je ne veux pas vous exposer à rougir, si l'on savait que vous y êtes venu.

Léona ouvrit elle-même, en la touchant seulement du bout du doigt, la porte qui avait résisté à tous les efforts de Victor.

— Adieu, Monsieur, lui dit-elle, adieu.

Amab fut pris d'un vertige inouï.

La porte ouverte, il regarda Léona, fit un pas vers elle qui souriait, recula tout aussitôt avec épouvante, et, la tête perdue, l'esprit bouleversé, il s'échappa aussitôt en s'écriant :

— C'est à en devenir fou!...

Léona, en le voyant partir, répéta encore le mot qu'elle avait dit à chaque fois qu'il était sorti d'avec elle :

— Il y viendra.

La journée qui suivit cette nuit se passa pour Amab dans une sorte de vertige qui était la suite des violentes secousses qu'il avait éprouvées. Livré à lui-même et à ses réflexions, il cherchait le sens de ce qu'il avait vu et entendu, et ne pouvait le trouver.

Quelquefois même il doutait de la réalité des faits et se demandait si cette nuit ne s'était pas passée pour lui dans un rêve fantastique, impossible, insensé, et dont le souvenir ébranlait encore sa raison. Il lui fallait, pour ainsi dire, le témoignage matériel de son absence de sa maison pour ne pas croire qu'il avait été chez lui-même en proie à une fièvre poussée jusqu'au délire.

Alors il se rappelait tout, chaque parole, chaque geste, chaque regard, chaque intonation; et quand il se replaçait en face de tout cela, sa raison recommençait à flotter, incertaine de ce qu'il devait croire, du but que l'on avait voulu atteindre.

Il essaya d'écrire, et sa lettre achevée, il n'osa l'envoyer à Léona.

Il voulut retourner chez elle, et prêt à partir, il recula devant l'idée de se remettre en face de ce fantôme changeant et trompeur, de ce démon railleur et cruel qui avait pris l'enveloppe d'une femme.

Ce fut après s'être encore épuisé dans cette lutte avec ses souvenirs, qu'il prit une résolution décisive, soudaine, irrévocable : celle de ne jamais revoir Léona.

Il ne voulait plus s'exposer à la tentation infernale que cette femme portait en elle; et pour se maintenir dans cette sage résolution, il résolut de mettre entre lui et Léona une barrière que son honneur lui défendrait de franchir.

Il se résolut à demander formellement la main de Julie.

XXIX. — STRATÉGIE. — MARCHE SECRÈTE DE L'ENNEMI.

Avant de commencer le récit de la scène qui eut lieu chez M. Thoré et des aventures qui en furent la suite, nous prions ceux qui nous lisent de vouloir donner un peu d'attention aux indications précises des heures.

Les événements que renferme cette nuit s'y trouvent casés dans un espace si précis, que quelques minutes de différence dans leur combinaison eût pu les faire tous échouer.

Mais une volonté ferme et une audace incroyable les arrangèrent si bien que chacun y trouva sa place.

Qu'on s'imagine un savant général qui a prévu la bataille, qui distribue ses corps d'armée, qui arrête l'heure de chaque attaque, qui en trace la marche et qui prévoit une victoire infaillible.

Telle était Léona à l'heure où nous l'avons laissée.

Et qu'on suppose maintenant que le savant général soit soudainement averti qu'au lieu d'accepter le combat, l'ennemi s'apprête à fuir et à se réfugier derrière des forts inexpugnables.

Alors l'habile capitaine sort tout à coup de ses combinaisons savamment calculées, il les remplace par de soudaines attaques, des marches hardies, des mouvements rapides inspirés, minute à minute, par les circonstances, et il ressaisit la victoire près de lui échapper.

Telle fut Léona dans cette nuit où tout parut perdu pour elle.

Le lendemain de ces luttes imprévues, il se trouve des juges qui découvrent, dans la combinaison de la veille, mille endroits par où elle devait périr : là, se trouvait un poste dégarni ; là, un passage par où l'on pouvait échapper. Il résulte enfin de tous les commentaires du lendemain, que le vainqueur a été un imprudent et un fou : et ces gens-là ont raison.

Seulement l'imprudent reste un homme de génie, car quoi qu'on dise, il n'y a pas de plus sûre couronne que le succès.

Il était sept heures.

La famille de M. Thoré se trouvait réunie dans l'appartement du premier : contre l'ordinaire M. Villon était absent, car, depuis la disparition de Charles, le jeune commis était admis plus intimement dans les habitudes de la famille.

Quand le malheur entre dans une maison, il ferme d'une main la porte aux indifférents, et l'ouvre de l'autre aux cœurs véritablement dévoués.

L'aristocratie marchande de M. Thoré avait changé en habitude journalière les rares exceptions où il daignait admettre M. Villon à sa table; et quoique Mme Thoré fût plus persuadée que jamais que l'amour du jeune commis ne serait jamais qu'un ennui pour sa fille, elle aimait à voir M. Villon près d'elle, M. Villon toujours prêt à écouter ses plaintes, toujours prêt à croire à sa moindre espérance, toujours prêt à se mettre en campagne, à l'apparence d'une découverte possible.

Il est vrai de dire que, ce jour-là, M. Villon avait annoncé qu'il se croyait enfin sur les traces de Charles.

On l'attendait avec la plus grande anxiété et on n'attendait rien que de lui, car Victor avait tant de fois trompé les espérances de la famille en promettant des nouvelles plus certaines, que déjà l'on commençait à considérer sa prétendue intervention comme une excuse à ses visites assidues.

Cependant, Victor arriva comme de coutume; mais, ce soir-là, il avait un air solennel, mystérieux, empressé, et après les premiers moments toujours employés à des paroles d'autant plus inutiles qu'elles sont convenues d'avance, il dit à Mme Thoré :

— Madame, je suis venu ici pour vous dire des choses, et vous révéler un secret que toutes les oreilles ne doivent pas entendre, serez-vous assez bonne pour m'accorder, ainsi que monsieur Thoré, un moment d'audience?

Mme Thoré dit un mot à Julie qui se retira avec la plus vive émotion, et qui devina, aux regards que lui lança Victor, qu'elle était probablement le principal sujet de l'entretien qui allait avoir lieu.

A peine fut-elle sortie, que Victor prit la parole.

— Madame, dit-il, en s'adressant plus particulièrement à Mme Thoré, il est temps que la position pénible dans laquelle vous vous trouvez, que la position fausse dans laquelle je suis maintenant, cessent à la fois.

Je sais où est votre fils, madame, et peut-être est-il en mon pouvoir de le délivrer.

— Peut-être, dites-vous, s'écria Mme Thoré, est-il donc compromis dans quelque affaire politique, car je ne comprends pas quel autre pouvoir que celui du gouvernement pourrait le retenir, du moment où vous savez où il est?

— Madame, reprit Victor, quand je vous aurai expliqué les circonstances qui ont amené la disparition de Charles, peut-être ne trouverez-vous pas si facile de désarmer la vengeance dont tous mes efforts n'ont pu que suspendre les coups jusqu'à ce jour.

— Mais pourquoi ne pas nous avoir avertis plus tôt?

— C'est que chaque jour j'avais l'espoir de la délivrance de Charles, et que c'est lui que je voulais charger de vous exprimer formellement un vœu que mon assiduité vous a fait comprendre, je l'espère.

— Je vous prie de croire, fit M. Thoré avec toute la dignité paternelle et toute l'importance dont il était capable, je vous prie de croire que si je n'avais compris ainsi les visites fréquentes dont vous nous honoriez, je vous aurais supplié de les rendre plus rares.

— Vous avez raison, dit vivement Mme Thoré, et monsieur Amab me permettra de ne pas lui répondre en ce moment relativement à une demande qui nous honore; mais il s'agit de mon fils, il s'agit de Charles, il s'agit de son salut, et j'avoue que ce que vient de nous apprendre M. Victor m'alarme trop, pour que je ne le prie pas de vouloir bien se hâter de nous dire, par quelle démarche, par quelle mesure nous pourrons arriver à la délivrance de Charles.

— C'est très-bien, fit gravement M. Thoré, avec un air de tête tout à fait impérial; mais il était bon de faire comprendre à M. Amab que le chef de la famille dans laquelle il désire entrer sait ce qu'il doit aux convenances et ce qu'il se doit à lui-même.

Maintenant, M. Amab peut continuer.

Mme Thoré frémissait d'impatience, et elle dit d'une voix suppliante :

— Parlez, Monsieur, parlez!

Victor allait commencer la confidence qu'il avait résolu de faire à la famille de Charles, lorsque la porte du salon s'ouvrit tout à coup, et l'on annonça M. le comte Gustave de Monrion.

Cette visite fort inattendue eût étonné la famille Thoré dans toute circonstance; elle parut aussi intempestive qu'inconvenante au moment dont nous parlons.

Monrion fut accueilli par un de ces saluts qui disent volontiers à celui qui arrive qu'il eût beaucoup mieux fait de ne pas venir.

Monrion, accoutumé à la déférence bienveillante de cette famille, comprit parfaitement qu'il troublait un entretien de la plus haute importance; il s'excusa en disant à Mme Thoré :

— Pardon, Madame, de ma maladresse; je ne serais pas venu, si j'avais pensé trouver ici monsieur Amab, qui doit, je l'espère, vous avoir donné des nouvelles plus certaines que celles que je venais vous apporter.

Le cœur d'une mère s'ouvre à tout ce qui vient lui parler du sujet de son inquiétude, et ce fut elle qui dit vivement à M. de Monrion :

— De quelles nouvelles voulez-vous parler, Monsieur?

— Je sais de la façon la plus formelle, dit Gustave, que monsieur votre fils a été vu aujourd'hui dans Paris; monsieur Amab peut vous en dire beaucoup plus que moi, car on m'a affirmé que M. Charles s'était présenté chez lui, et lui avait même écrit.

— Monsieur le comte se trompe, dit Victor, je n'ai point vu Charles chez moi, et je n'ai reçu aucune lettre de lui.

Victor avait fait cette réponse du ton le plus troublé, car les paroles de Monrion lui avaient rappelé dans quelles circonstances il avait vu Charles, et il ne savait pas jusqu'à quel point Gustave pouvait être informé de cette circonstance, soit par des avis secrets, soit par Léona elle-même.

Tout ce qui touchait à cette femme l'épouvantait.

Si, d'un autre côté, l'on veut bien se rappeler que le comte de Monrion venait chez M. Thoré avec la pensée que Victor avait séduit Julie, et que c'était pour échapper à la vengeance de Charles qu'il l'avait fait disparaître, on doit comprendre que le trouble du jeune peintre dut venir en aide à la prévention de M. de Monrion.

— Êtes-vous bien sûr, dit-il du ton le plus sévère, êtes-vous bien sûr, Monsieur, de ne point avoir vu aujourd'hui M. Charles Thoré, ou du moins de ne pas avoir reçu une lettre de sa main?

— Partout ailleurs qu'ici, monsieur le comte, reprit Victor avec hauteur, je me dispenserais de répondre à une pareille question; mais en présence d'un père et d'une mère que vos paroles peuvent alarmer, en présence d'une famille à laquelle je désire appartenir, je ne veux pas laisser un doute sur la droiture de ma conduite dans cette affaire, et je jure sur l'honneur que je n'ai pas vu Charles chez moi, et que je n'ai reçu aucune lettre de Charles.

A son tour, M. de Monrion parut fort embarrassé, non pas tant de ce qu'on venait de lui dire, que des souvenirs qui se présentaient à lui.

— Pardon, dit-il à Mme Thoré, M. Amab désire appartenir à votre famille, a-t-il dit?

— Oui, monsieur, dit Mme Thoré, très-surprise de ce débat auquel elle ne comprenait rien; Monsieur vient de nous faire tout à l'heure connaître ses intentions.

— Tout à l'heure, dit Monrion en ricanant; alors je comprends tout.

Puis il se retourna vers Amab et lui dit avec un parfait dédain :

— Je comprends, monsieur, qu'il y ait des messages qu'un beau-frère futur n'a jamais dû écrire, et qu'un futur époux n'a jamais dû recevoir.

Ces paroles, inexplicables pour tout le monde, avaient trait à cette lettre où Charles accusait Amab d'avoir séduit Julie et lui demandait compte de l'honneur de sa sœur, lettre que Léona avait eu le soin de faire supprimer par Jean après que celui-ci l'eut montrée à Gustave.

Monrion connaissait la lettre; mais Amab, qui ne l'avait pas reçue, demeura fort surpris du ton et des paroles de Gustave, et lui dit sèchement :

— Monsieur le comte, je vous serai obligé de m'expliquer vos énigmes.

— Je pense que vous me comprendrez, lorsque je vous aurai dit qu'en demandant la main de Mlle Julie Thoré, vous avez pris le parti à la fois le plus prudent et le plus honorable.

En prononçant ces paroles, Monrion salua pour se retirer; mais Amab l'arrêta vivement en lui disant :

— Monsieur le comte, vous avez dit que M. Charles s'était présenté chez moi, que j'avais reçu une lettre de lui; j'ai juré sur l'honneur que ce n'était pas vrai.

Pourriez-vous maintenant me dire, vous, comment vous avez été informé de ces prétendues circonstances?

L'embarras de Monrion fut grand à cette question; il ne s'agissait pas moins que d'avouer qu'il avait donné mission à son valet de chambre de surveiller les démarches d'Amab, et que c'était par l'entremise de cet espion qu'il avait appris l'apparition de Charles à la porte de Victor et l'existence du billet dont le secret lui avait été livré.

Gustave eut un moment d'hésitation; mais il était de ces hommes qui acceptent courageusement la mauvaise action qu'ils ont faite, et il répondit :

— J'avoue que ces renseignements me sont arrivés par une voie peu honorable, peut-être.

— Et qui devrait vous faire douter de leur exactitude, dit Victor, qui tremblait de colère, si vous connaissiez parfaitement la main qui a pu vous les fournir.

Ce fut seulement à ce moment que Gustave se souvint que c'était sur le conseil de Léona qu'il s'était adressé à Jean pour s'éclairer sur le compte d'Amab : il se demanda tout aussitôt s'il n'était pas le jouet de cette femme, dont mieux que personne il connaissait l'audace et l'astuce, et il dit à Victor :

— Avez-vous quelque raison de penser que ces renseignements puissent avoir été inventés, qu'on a eu quelque intérêt à me les faire croire?

— Connaissez-vous, dit Victor d'un ton de mystère, quelqu'un qui ait le droit de se venger de vous? Ce quelqu'un est-il une femme? et cette femme s'appelle-t-elle par hasard madame...

— Léona de Cambure! s'écria vivement Mme Thoré, qui acheva à la fois la parole d'Amab et la pensée de Monrion, en exprimant la crainte que lui avait toujours laissée l'apparition mystérieuse de cette femme dans sa maison.

— Madame de Cambure! répéta Monrion stupéfait d'entendre ce nom prononcé par une bouche à laquelle il devait être parfaitement inconnu; madame de Cambure! reprit-il encore; mais en quoi et comment peut-elle être mêlée à la disparition de Charles?

— Dispensez-moi de vous répondre à ce sujet, monsieur le comte, dit Amab avec embarras...

Madame de Cambure pourra vous informer de l'intérêt qu'elle a dans tout ceci, si toutefois elle le juge à propos.

— Soit, monsieur, dit le comte, et je vais m'en informer...

Et tout aussitôt Monrion se retira, la pâleur sur le front, car il soupconnait quelque infamie où on lui avait fait jouer un rôle ridicule et odieux.

Et maintenant, qu'on veuille bien accorder à Victor le temps de raconter à M. et à Mme Thoré la plupart des événements de ce récit, et cela avec toutes les circonlocutions qui devaient pallier à leurs yeux le cynisme de l'aventure, et le montrer, lui Amab, comme un ami dévoué, qui n'avait accepté, depuis la disparition de Charles, les impudiques agaceries de Léona que pour arriver à la délivrance de son ami; qu'on calcule que Victor était entré à sept heures chez M. et Mme Thoré, que le comte de Monrion y était arrivé à sept heures et un quart, qu'il en était sorti à sept heures et demie; qu'on mesure le temps, qu'il fallait à Victor, pour faire comprendre à M. et Mme Thoré la vengeance de Léona, et les incroyables intrigues par lesquelles elle avait voulu l'assurer; et voyons l'emploi que les autres personnages de cette histoire firent de ce temps.

XXX. — ATTAQUE IMPRÉVUE.

A sept heures précises, et au moment où Amab entrait dans la maison de M. Thoré, M. Villon se présentait chez Mme Léona de Cambure.

Le brave commis avait déjà essayé de pénétrer près de la belle dame, en se chaperonnant du nom de sa maison de commerce. On l'avait renvoyé avec une impertinence qui lui montra qu'il avait choisi la plus mauvaise des recommandations.

Une autre fois, et sous un autre costume, il s'était présenté en s'annonçant comme un envoyé du comte de Monrion; cette fois, on avait bien voulu le laisser attendre, dans l'antichambre, la réponse de Madame, et on lui avait donné rendez-vous pour le lendemain.

Mais les projets de M. Villon demandaient une entrevue plus prochaine.

Villon essaya d'un troisième nom d'introduction et d'un troisième costume, et s'annonça de la part de M. Victor Amab.

Cette fois, les portes lui furent toutes grandes ouvertes, car Léona avait dit à ses gens:

— Si M. Amab se présente, ou si quelqu'un vient de sa part, vous ferez entrer sur-le-champ.

Léona n'avait pas douté un moment que Victor ne revînt près d'elle pour lui demander compte de tout ce qu'il avait vu, de tout ce qu'il avait entendu, et pour apprendre enfin la suprême volonté de cette fée aux transfigurations les plus bizarres, et qui depuis si longtemps se jouait de lui.

Léona avait remis à cette entrevue sa dernière victoire sur Amab, et peut-être avait-elle réservé sa propre défaite au succès de cette suprême victoire.

La simple arrivée d'un envoyé d'Amab n'étonna point Léona : elle n'attendait pas plus du désordre où elle avait laissé le jeune peintre; c'était assez pour elle qu'il lui mît dans la main le fil par lequel elle devait le ramener à ses pieds.

Elle reçut M. Villon avec le sourire le plus discret, l'air le plus modeste, comme une femme qui s'attend à une grave explication ; mais elle fut très-étonnée, dès qu'elle fut seule avec cet envoyé, de le voir décrocher de son nez deux épaisses moustaches, et de ses joues, deux énormes favoris.

— Madame, lui fit le commis de sa plus grosse voix, me reconnaissez-vous?

Léona, épouvantée de cette façon d'agir, courut à une sonnette ; mais elle s'arrêta tout à coup devant la crainte de commettre une imprudence, car elle venait de reconnaître le commis de M. Thoré.

Léona avait cette faculté qui donne une si grande supériorité pour l'intrigue à certains esprits : c'était de se rappeler exactement les noms, les lieux et les visages qu'elle n'avait vus qu'une fois, ainsi que la date précise du plus petit événement.

La présence du commis de M. Thoré dans sa maison lui apprit qu'on devait être sur la trace de Charles, et elle voulut connaître la valeur des renseignements que pouvait avoir la famille avant de prendre une décision quelconque.

— Oui, vraiment, dit-elle alors, je vous reconnais, monsieur, vous êtes employé chez M. Thoré, et je vous prie de m'expliquer pourquoi vous vous présentez chez moi d'une façon si étrange.

— Parce que, dit brutalement Villon, je me suis présenté ici ce matin de la part du patron, et qu'on m'a refusé la porte.

— Je n'ai jamais eu d'autre affaire avec M. Thoré que l'achat de quelques porcelaines que j'ai payées, et je n'ai pas besoin qu'on me fasse des offres de service, monsieur. En cas de besoin, je n'ai pas oublié l'adresse de votre maître; mais, encore une fois, pourquoi vous présentez-vous chez moi d'une façon si extraordinaire?

— Parce que, reprit Villon d'un air si mélodramatique, qu'il fit sourire Léona, malgré l'inquiétude cruelle qu'elle éprouvait, lorsque je me suis présenté chez vous une seconde fois, de la part de M. de Monrion, on m'a poliment prié de passer demain, et que c'est ce soir que je voulais vous voir.

— Je ne suis pas toujours visible pour mes meilleurs amis, dit Léona en observant attentivement Villon pour deviner par quel côté on pourrait arriver à tromper ou à effrayer cet homme, s'il en était besoin ; et, ajouta-t-elle, vous vous êtes enfin, à ce qu'il paraît, présenté sous le nom de M. Amab.

— C'est bien à contre-cœur, dit Villon, car c'est un monsieur à qui je ne veux avoir aucune espèce d'obligation.

— Vraiment! fit Léona; en tout cas, vous lui avez l'obligation d'être arrivé où vous vouliez, et puisque vous y êtes, vous pouvez vous expliquer : vous n'avez plus besoin de déguisement d'aucune espèce.

— Si j'ai pris celui-ci, dit Villon, c'est que le même homme se présentant trois fois de suite chez vous de la part de différentes personnes, eût excité des soupçons qui m'eussent peut-être fait refuser votre porte.

— C'est parfaitement raisonné, monsieur, et de la part de quelle personne venez-vous, parmi les trois dont vous vous êtes recommandé?

— De la part d'aucune, dit Villon, qui faisait tous ses efforts pour se maintenir en colère devant cette femme qui lui parlait avec la plus calme politesse, lorsque toute autre, à sa place, eût poussé de grands cris et l'eût fait jeter par la fenêtre : je viens de la mienne.

— Vraiment! fit Léona qui était restée debout jusqu'à ce moment, et qui alors prit un siége, en montra un à Villon, et ajouta, avec un sourire où perçait la plus gracieuse curiosité : Et qu'avez-vous à me dire?

Villon avait arrangé à l'avance l'espèce de réquisitoire qu'il voulait lancer contre Mme de Cambure; il avait rédigé une phrase où il avait accumulé les faits, en style précis et martelé qui devait anéantir la coupable.

Au moment où il fut mis en demeure par elle d'expliquer ses intentions, il fit comme certains avocats qui, ayant appris leur plaidoyer par cœur, se trouvent obligés, par des circonstances de l'audience, d'en déranger l'exorde, mais qui, au moment où ils rencontrent un joint pour placer les phrases sonores qu'ils ont arrangées à l'avance, se posent tout à coup en Cicérons, et débitent leur prose avec une emphase qui fait rire les jeunes juges et qui endort les vieux.

Villon, désorienté jusque-là par le calme de Léona, venait enfin de trouver son joint; il débita donc tout d'un trait la catilinaire suivante :

— Jusques à quand, madame, comptez-vous retenir le jeune Charles Thoré loin du foyer de sa famille ?

Léona servit à merveille le mouvement oratoire du commis aux écritures, car elle fit un geste de surprise, et celui-ci put continuer, en grossissant sa voix et en disant :

— Ne m'interrompez pas, madame, je sais tout : avant-hier au soir, j'étais, à dix heures, à votre porte ; je vous ai vue monter en voiture et je vous ai suivie jusqu'à la place de la Bastille, malgré la rapidité de vos chevaux. J'avais un excellent cabriolet de régie.

» A la place de la Bastille, vous avez pris un monsieur qui, à la lueur du gaz, m'a paru vieux et décoré. Vous avez gagné avec lui la rue de Charonne, pendant que votre voiture allait stationner au coin de cette rue et du faubourg Saint-Antoine.

» Vous êtes entrée par une petite porte de jardin, dans une maison sans numéro.

» Une heure après, le monsieur en est ressorti avec un autre homme ; quelques minutes encore après, ils sont revenus avec votre voiture ; le cocher qui l'avait conduite jusqu'au faubourg Saint-Antoine n'y était plus, et c'est l'homme qui était sorti de votre petite maison qui l'avait remplacé.

» La voiture est restée seule à la porte, et ces deux hommes sont rentrés dans la maison; un moment après, le monsieur en est sorti le premier, puis l'homme inconnu, qui est monté sur le siége, puis vous et Charles Thoré, lequel est monté dans la voiture avec vous. »

Léona écoutait M. Villon avec une attention si calme, que celui-ci commençait à perdre son assurance.

Pour lui, elle avait l'air de ne pas le comprendre, et jamais il ne se fût imaginé que Léona éprouvait en ce moment la plus vive admiration pour l'homme qui avait su se procurer des renseignements si positifs.

— Comment se fait-il, lui dit-elle, que vous ayez vu tout cela et si bien reconnu les personnes, sans que qui que ce soit de mes gens vous ait aperçu?

— C'est que je m'étais tout simplement caché au-dessus de la porte, à cheval sur le chaperon, dans une touffe de lilas qui pendent sur la rue.

— Le poste était bon effet, dit Léona.

Et après?...

— Après, madame? je l'avoue, je ne vous ai pas suivie; quand j'ai pu rejoindre mon cabriolet, votre voiture était déjà hors de ma vue; mais je sais maintenant que vous connaissez la retraite de Charles; je sais que vous seule le retenez captif, que ce sont vos séductions qui l'ont enlevé à sa famille, et c'est en son nom que je viens vous le demander.

— Vous avez donc averti M. et Mme Thoré de votre découverte? dit Léona en baissant les yeux.

— Non, madame, car j'ai voulu vous éviter un scandale; car M. et Mme Thoré n'eussent pas daigné s'adresser à une femme comme vous, et c'est la police qu'ils eussent chargée du soin de vous redemander leur enfant égaré.

Tout le ridicule de M. Villon et toute la prudence de Léona ne purent l'empêcher de ressentir avec la plus extrême violence la grossièreté de cette injure.

A peine Villon eut-il prononcé le mot de police, que Léona était debout devant lui, pâle, terrible et le corps agité convulsivement :

— A genoux! à genoux! s'écria-t-elle avec une telle impétuosité, que Villon recula devant ce geste impérieux et ce regard fulgurant.

A genoux! Et toi, et ton maître et son fils, et vous tous, vous périrez pour l'injure que tu viens de prononcer.

M. Villon était un homme de courage, mais de ce courage relatif qui ne s'étend pas à toutes les occasions de la vie.

Si Villon eût été soldat, c'eût été un très-brave soldat. Dans la vie ordinaire, une rencontre avec un de ses égaux l'eût trouvé parfaitement calme; comptant sur sa jeunesse et sur sa vigueur, il n'eût pas non plus reculé dans une querelle avec un portefaix.

Cependant, s'il avait eu à se mesurer contre un homme d'un rang et d'une fortune qui lui fussent très-supérieurs, il y eût marché avec moins d'aisance.

Ainsi, dans l'ordre de ses idées, Villon se croyait l'égal d'Amab, et il eût accepté avec joie un duel avec lui, tandis que si la chose eût été possible, il eût été sinon épouvanté, du moins embarrassé d'un duel avec le comte de Monrion.

Mais ce dont il n'avait aucune idée, c'était d'une femme comme Léona, la fière lionne, à l'œil sanglant, qui parlait d'une voix si menaçante de punir une injure par la mort!

Villon avait reculé devant le geste et le regard de Léona, il demeura confondu et troublé devant ses paroles, et essaya de lui dire :

— Pardon, madame, vous m'avez mal compris; je n'ai pas voulu vous offenser.

Léona, qui peut-être se repentait d'avoir cédé à ce mouvement de fureur, couvrit Villon d'un regard du plus souverain mépris, et se remit paisiblement sur le siége qu'elle venait de quitter.

— Ah çà! monsieur, reprit-elle, à qui croyez-vous parler?

Villon était tout à fait désorienté.

— Me connaissez-vous? fit Léona.

— On m'a dit... Je sais que M. de Monrion...

— Est de mes amis, voulez-vous dire; mais M. Charles vous a-t-il jamais parlé de moi?

— Jamais, jamais! dit Villon avec empressement; je n'étais pas le confident de Charles.

— Est-ce donc monsieur Amab? reprit Léona en laissant passer ce mot *confident* qui était à la fois une impertinence et une révélation.

— Non, madame, dit Villon qui, au nom de Victor, reprit sa mauvaise humeur; je ne cause de quoi que ce soit avec ce monsieur.

— Qui donc vous a conseillé de surveiller mes démarches? qui donc a pu vous faire soupçonner que M. Charles Thoré était en mon pouvoir? dit Léona qui profita du trouble de Villon, pour connaître toute l'étendue des dangers que courait sa vengeance.

— Mais, madame, mille circonstances : d'abord votre visite, ensuite un mot échappé à M. Amab, mot qu'il n'a pas dit à moi, mais à Mme Thoré, et qui vous désignait comme la seule personne qui pût avoir des nouvelles de Charles.

— Et quand ce mot a-t-il été dit?

— Le lendemain même de la disparition du fils de la maison, le jour même où on vous a envoyé les porcelaines que vous aviez achetées chez nous...

Léona, épouvantée de cette façon d'agir, courut à une sonnette. — Page 53.

— Et dont Mlle Julie m'a fait la facture, fit Léona avec un sourire cruel et satisfait.

— Précisément, madame, et ce sont ces porcelaines emballées par votre ordre, que vous n'aviez pas voulu qu'on vous expédiât, pour lesquelles vous n'avez pas voulu donner votre nom, que vous aviez envoyé chercher par un homme sans livrée, qui ont été reconnues à votre porte par Mme Thoré pendant qu'elle y attendait des nouvelles de son fils, ce sont ces circonstances qui ont fait supposer à Mme Thoré, ainsi qu'à moi, que ce mystère cachait quelque chose.

Malgré la gravité de sa position, Léona ne put s'empêcher de rire de la phrase de M. Villon et surtout de son étrange confusion, et elle lui dit :

— En général, monsieur, tout mystère cache quelque chose; mais vos soupçons, aussi bien que vos découvertes, ne vous rendront pas monsieur Charles Thoré, s'il ne me convient pas qu'il retourne dans sa famille.

— Qu'est-ce à dire, madame? fit Villon en se redressant.

— Supposez, monsieur, que monsieur Charles Thoré soit amoureux de moi; (ne trouvez-vous pas que j'en vaux la peine?) supposez qu'il lui plaise de me voir sans cesse, de rester toujours à mes côtés; supposez que pour cela il lui convienne de demeurer dans la rue de Charonne, ou bien ici, ou ailleurs, qu'est-ce que la police a à voir là dedans?

Monsieur Charles Thoré a quelque vingt-deux ans, je crois; cela le constitue majeur, maître de ses actions, libre de sa personne, et je ne vois pas de quel droit sa famille le ferait appréhender au corps chez lui, ou chez moi, comme un mineur détourné.

Léona était en train de revêtir son costume de cavalier. — Page 57.

Aurait-on à se plaindre de sa conduite depuis qu'il a quitté la maison de son père? Vous a-t-on présenté des mémoires non payés et qui annoncent des dépenses exagérées? Je ne le pense pas!

De quoi donc vous plaignez-vous?

— Madame, dit Villon fort embarrassé du ton de moquerie de Léona, la famille de M. Charles a pu craindre qu'il n'ait été victime de quelque atroce guet apens.

— N'êtes-vous pas là pour attester qu'il se porte à merveille?

— En définitive, madame, que prétendez-vous?

— Moi, monsieur? Je ne prétends rien. C'est à vous qu'il faut faire cette question...

Que prétendez-vous?

— Eh bien! je prétends rendre Charles à sa famille, et s'il ne veut pas y rentrer, je veux au moins le voir.

— Je ne vous en empêche pas.

— Veuillez donc me dire où je pourrai le trouver.

Malgré son assurance, Léona se trouvait poussée dans ses derniers retranchements.

M. Villon, avec sa brutale maladresse, était arrivé à briser cette trame si habilement ourdie.

Léona prit un parti désespéré : ce fut de supprimer monsieur Villon pendant vingt-quatre heures comme elle avait fait de Charles pendant quinze jours.

Elle se leva et répondit à Villon : — Je ne puis vous dire où il est, mais je puis vous y conduire...

Veuillez m'attendre un moment, le temps de passer un autre vêtement.

XXXI.

NOUVEL ENGAGEMENT.

Pareille à notre savant général, Léona maintenait son plan de bataille après avoir écarté un danger imprévu.

En effet, elle passa dans son riche salon de toilette, et était en train de revêtir son costume de cavalier, lorsqu'un coup de sonnette lui annonça une nouvelle visite.

Cette fois elle espéra que c'était Victor, et dit rapidement à la chambrière :

— Ici... sur-le-champ...

Elle se trouvait dans la pièce la plus éloignée de celle où elle avait dit à Villon de l'attendre. Il était impossible que l'arrivée d'Amab ne changeât pas quelque chose à ses résolutions vis-à-vis de Villon.

Elle voulait donc le voir, et elle s'apprêtait à le questionner rapidement, lorsqu'elle vit entrer Monrion.

— Vous! lui dit-elle, sans pouvoir cacher sa surprise, malgré l'empire qu'elle avait habituellement sur elle-même.

— Oui, moi, lui dit Gustave en se jetant sur un fauteuil, de manière à prouver que sa visite devait être longue; moi, reprit-il, qui viens vous remercier des renseignements que vous m'avez fait donner par maître Jean, mon laquais.

— Quels renseignements? dit Léona.

— Eh! cette prétendue lettre de monsieur Charles à monsieur Amab, qui accuse ce pauvre garçon de l'avoir enlevé et d'avoir séduit la belle Julie.

— Qui est une fille innocente et pure, n'est-ce pas? dit Mme de Cambure, qui voulait se sauver, par des épigrammes, du danger de répondre directement.

— Qui du moins, reprit Monrion, en regardant fixement Léona, n'aura pas à rougir de sa faute, si elle en a commis une, car M. Victor Amab l'épouse.

Ce mot foudroya Léona.

— Il l'épouse! répéta-t-elle en attachant dans le vide un regard fixe et sombre.

— Cela vous fait-il quelque chose? dit Gustave.

Léona resta immobile pendant quelques instants.

— Gustave, dit-elle tout à coup, ma vie va se décider d'ici à une heure...

Voulez-vous me donner cette heure, et je vous expliquerai ensuite tout ce que j'ai fait?...

— Non, dit froidement Gustave, je ne sais rien, je ne comprends rien à ce qui se passe; mais cette heure, vous ne l'aurez pas...

Je vous connais, Léona, moins de temps peut vous suffire pour perdre une famille, pour faire égorger deux amis... Cette heure, vous ne l'aurez pas...

— De la violence! monsieur le comte.

— Non, mais une compagnie assidue... Si vous sortez, je vous suis... Allons, Léona, n'arrachez pas la peau de vos mains avec vos beaux ongles roses, c'est un parti pris... et nous en avons pour longtemps, car je suis venu ici pour savoir le secret de la disparition de M. Charles Thoré, je suis venu ici pour savoir de plus le motif de votre passion pour les tableaux de M. Amab, et ensuite la raison qui vous a fait renoncer à ce tableau de la Vierge qui est le portrait de Mlle Thoré...

» Je suis enfin venu pour savoir ce qui vous a fait me pousser à la séduire, et ce qui vous a portée à la calomnier.

— Monsieur le comte, dit Léona, qui pendant cette dernière phrase de Monrion avait repris tout son sang-froid, je ne puis pas vous empêcher de me suivre, si je sors; mais j'ai pour vous une considération que vous n'avez pas vous-même : je ne veux pas vous exposer devant mes gens à jouer un rôle ridicule et misérable; je reste.

Seulement, j'espère que vous ne m'obligerez pas à vous tenir exacte compagnie.

— Pardon, pardon, fit le comte, cet appartement est merveilleusement organisé en entrées et en sorties, et je ne veux pas que vous puissiez m'échapper pendant que je vous croirai occupée à vous mettre en colère contre moi.

— Je vous remercie, monsieur le comte, dit Léona en raillant, les leçons que je vous ai données ne sont pas perdues, et vous mettez parfaitement bien en pratique le précepte que je vous ai cent fois prêché : que lorsque l'on tenait son ennemi dans une position désespérée, il faut l'y achever. Je reste.

Elle s'assit en face du comte, et se prit à le regarder avec une insolence qui eût exaspéré un homme moins habitué que Monrion aux étranges façons de Léona.

— Eh bien! monsieur, qu'avez-vous à me dire?

— Je ne suis pas venu ici pour répondre, mais pour interroger.

— Eh bien! moi, monsieur, je ne parlerai pas.

— Il faudra bien pourtant finir par m'avouer ce qu'est toute cette intrigue où vous avez voulu me jeter.

Léona se tut.

— Vous connaissez M. Amab, M. Charles Thoré? L'un des deux a-t-il l'honneur de m'avoir fait oublier?...

Léona resta immobile.

— C'est donc un parti pris?

— Oui, monsieur; mais de toutes les choses que je hais le plus au monde, c'est le ridicule pour moi et mes amis.

Je vous connais, il me suffirait de rester pendant une heure immobile et muette devant vous pour vous porter aux plus violentes extrémités de la colère et pour que vous fassiez retentir mon appartement des cris les plus absurdes.

— Il ne tient qu'à vous d'éviter ce scandale.

— Et je vous en préserverai, mais à une condition...

— Une condition... je n'en veux pas...

— Alors, je ne dirai rien.

— Et cette condition?

— C'est de vous écrire ce que je ne veux pas vous dire.

— Où écrirez-vous?

— Ici même.

— Soit.

A peine Monrion avait-il prononcé ce mot que Léona avait sonné. La chambrière sourde et muette parut. Léona lui fit un signe.

— Que lui dites-vous? dit Monrion alarmé.

— Vous allez voir, répliqua Léona avec un sourire de dédain.

La chambrière rentra presque aussitôt avec un pupitre renfermant tout ce qu'il fallait pour écrire.

Aucun nouveau signe, apparent du moins, ne fut fait entre la chambrière et la maîtresse.

Un seul regard fut échangé.

Léona se plaça devant une petite table et affecta de se mettre en face de Gustave, de façon qu'il ne pût perdre aucun de ses mouvements. Elle se mit à écrire avec rapidité.

Cependant elle s'interrompit plusieurs fois, comme emportée par la colère que lui donnait la dure obligation où elle se trouvait, et cette colère alla si loin, qu'elle frappa avec violence sur le pupitre où se trouvaient ses papiers, au point qu'elle les dispersa deux ou trois fois.

Mais Monrion lui dit toujours avec un calme désespérant :

— Continuez, madame, continuez.

Elle écrivit, et cinq minutes ne s'étaient pas passées qu'elle prit le papier sur lequel elle avait tracé quelques lignes à peine lisibles et qu'elle le jeta à M. de Monrion, en lui disant insolemment :

— Lisez, monsieur.

Monrion se baissa pour ramasser le papier tombé à terre...

Le rapide moment où Gustave la perdit des yeux suffit à Mme de Cambure pour qu'elle cachât dans l'une des poches de son habit de cavalier deux autres billets qu'elle avait eu l'insolence d'écrire sous les yeux mêmes de son amant.

Au moment où Monrion se préparait à développer le billet que lui avait si dédaigneusement jeté Léona, il s'aperçut que celle-ci faisait un pas pour quitter le boudoir où ils étaient ensemble.

— Vous voulez sortir, lui dit-il avec colère.

— Prétendez-vous me forcer à rester devant vous pendant que vous lirez l'aveu de ma faute? lui dit Léona en entr'ouvrant la porte qui donnait dans la pièce voisine.

Monrion hésita, il eut honte de traiter avec tant de dédain cette femme qu'il avait tant aimée, et lui dit :

— Eh bien! allez; mais cette porte restera ouverte.

Léona fit un mouvement rapide pour sortir, et cet empressement rejeta le doute dans l'esprit du comte de Monrion qui ramena violemment Léona près de lui, en lui disant :

— Non! restez!

Léona laissa tomber un regard de triomphe et de mépris sur Gustave, ferma elle-même la porte et s'assit en face de lui.

Mais ce mouvement avait suffi à Léona pour jeter dans la pièce voisine les deux billets qu'elle avait soustraits au regard du comte de Monrion, et quand celui-ci voulut lire le billet où Léona lui faisait, disait-elle, l'aveu de sa faute, il ne put déchiffrer, au bout de dix lignes parfaitement illisibles, que les quelques mots suivants parfaitement écrits :

« Monsieur de Monrion, vous êtes un imbécile. »

Nous voici en plein champ de bataille.

Nous avons laissé Amab qui radotait chez madame Thoré l'aventure qui avait fait de madame de Cambure l'ennemie jurée de Charles; et nous voici forcés de laisser (pour y revenir cependant) Léona et monsieur de Monrion à la scène violente qui suivit ce billet impertinent, pour suivre les différents mouvements des autres corps d'armée.

Nous avons dit que Léona avait trouvé le moyen de jeter deux billets hors de l'appartement où le comte la tenait enfermée.

La chambrière sourde-muette, avertie par l'imperceptible regard de sa maîtresse, attendait ces billets dans la pièce voisine; elle les ramassa et les lut.

C'était une digne élève de Mme de Cambure, ou plutôt cette femme était précisément la nature auxiliaire qui était l'exact complément de la nature d'élite de Léona.

Il est à remarquer que presque tous les esprits supérieurs rencontrent ou savent découvrir ces esprits secondaires qui les comprennent et les servent mieux que des gens d'une véritable valeur personnelle. César avait Labiénus; Napoléon avait Berthier; Léona avait Dorothée.

Après avoir ramassé les lettres, Dorothée les lut.

Voici la première :

« Je suis entre les mains du comte de Monrion qui a juré la mort » de Charles pour lequel il croit que je l'ai trahi, et dont il a décou-

» vert la retraite. Partez, allez avenue de Madrid, au bois de Boulo-
» gne, vous y trouverez Charles. Emmenez-le en toute hâte, faites-lui
» lire les lignes suivantes...

» A propos, ma voiture est attelée, prenez-la.

» Le domestique qui vous remettra cette lettre vous accompagnera,
» et vous fera arriver jusqu'à Charles. »

Sur un autre papier, il y avait écrit :

« Pour Charles Thoré.

» Mon ami, vous êtes libre, votre famille vous réclame; je ne veux
» pas vous retenir loin d'elle plus longtemps.

» Si après avoir vu à quel crime a failli se porter contre vous celui
» qui a peur de votre vengeance, vous doutez encore de sa perfidie,
» hâtez-vous, rentrez dans votre maison. Puissiez-vous arriver à
» temps pour déjouer le fatal projet qu'il médite! N'oubliez pas qu'il
» faut que je vous revoie. L'on peut venir chez moi toute la nuit. »

Dorothée prit le billet, le remit à son collègue en intrigues : c'est ainsi que se nomment entre eux ceux que la police appelle complices.

Le domestique annoncé reçut ses instructions en moins d'une minute, alla trouver Villon, et partit immédiatement avec lui.

Villon hésita un moment; mais il était jeune, brave, armé de pistolets et d'un large couteau catalan, il se décida.

Une pensée, entre toutes, fit cesser ses craintes :

« Si l'on en veut à ma vie, se dit-il, qu'on la prenne : n'ai-je pas dit
» à Julie que je lui rendrais son frère ou que j'en mourrais ? »

Il avait à peine quitté le salon où Léona l'avait fait attendre, que déjà Dorothée avait pénétré dans un petit cabinet de toilette. Là, elle avait levé l'un des petits carreaux de marbre qui formaient un des compartiments de la mosaïque qui servait de pierre de foyer à une cheminée sculptée. Sous ce marbre elle avait trouvé un très-petit coffre, et dans ce petit coffre un billet.

Elle relut l'instruction qui lui était adressée à elle-même par Léona, et s'assura que le billet qu'elle avait trouvé était bien celui qu'on lui désignait dans ces instructions.

Elle le lut aussi, le mit dans sa poche, prit un châle qui la cachait entièrement, un chapeau profond, sortit de la maison sur les pas de Villon, et alla chercher un fiacre.

Pendant ce temps, Amab racontait toujours, Villon courait à toute bride sur la route de Boulogne, et Léona disputait avec Monrion.

Revenons à ceux-ci.

XXXII. — PETITE MANOEUVRE.

Après avoir lu l'insolent billet où Léona avait écrit: « Monsieur le
» comte de Monrion, vous êtes un imbécile, » Gustave le déchira avec colère et le foula aux pieds.

— Je vous ai blessé, lui dit ironiquement Léona.

— Oui, reprit Monrion, car vous venez de me dire une cruelle vérité. Vous avez raison, je suis un imbécile d'avoir cru, un moment, que vous pouviez céder à une prière.

— Ou à une menace...

— Je suis un imbécile de croire que d'une façon quelconque, dit Monrion, on pût vous arracher un mot de vérité.

— Ce n'est pas ce que vous venez de dire.

— Léona, dit violemment Monrion, je ne sais pourquoi ni de quelle façon vous avez voulu me mêler à vos intrigues avec monsieur Amab ; j'y suis ridicule, je le sens, et peu m'importe ; mais je ne veux pas y être indigne...

Je ne le veux pas, entendez-vous ! et vous me direz quel est le but de la comédie que vous avez voulu me faire jouer et de celle que vous venez de jouer vous-même.

— Je vous ai répété trois fois que je ne voulais pas vous le dire, fit Léona.

— Alors, pourquoi prétendre que vous vouliez me l'écrire ?

— Parce que j'avais besoin de cela pour me procurer ici même, sous vos yeux, des plumes et du papier, et faire parvenir deux lettres de la dernière importance pour moi...

— Que vous avez écrites ?... — Oui.

— Tout à l'heure ?

— Oui.

— Ici ?

— Sous vos yeux.

— Mais, où sont ces lettres ?

Léona écouta et dit en entendant s'éloigner la voiture :

— Tenez, voilà la première qui part...

— Comment, fit Monrion..... Cette porte entr'ouverte une seconde.....

— Une seconde et une porte entr'ouverte, dit Léona, ont déterminé de bien grands événements.

— Mais l'autre lettre, fit Monrion en s'élançant pour sortir du boudoir...

— La voilà aussi qui part, dit Léona, en faisant écouter du geste à Gustave le bruit de la porte cochère qui se fermait.

Monrion rentra et tint un moment ses poings fermés sur son front.

Il fallait que cet homme eût des principes de bonne éducation bien enracinés pour qu'il n'étranglât pas Léona sur l'heure.

Enfin, il redevint un peu plus maître de lui, et dit en se jetant sur un siége :

— Toujours... toujours joué... Et vous, toujours aussi audacieuse, aussi indigne...

— Et vous toujours aussi violent, aussi injurieux... aussi injuste.

— N'oubliez pas que c'est de mon honneur peut-être que je suis venu vous demander compte.

Vous me l'aviez dit, Léona : le jour où je vous parlerais au nom de mon honneur, vous deviez tout me dire. L'avez-vous fait?

— Quand je vous ai dit cela, Gustave, je vous ai dit aussi :

N'abusez jamais de l'empire que la colère peut prendre sur moi, et lorsque je vous demanderai une heure pour vous répondre et me justifier, accordez-la-moi.

Cette heure, je vous l'ai demandée, il y a un instant, une heure pour décider de ma vie... Vous me l'avez refusée... et comment me l'avez-vous refusée !

Elle jeta un regard autour d'elle et sur elle-même, comme pour montrer sa captivité.

— Oh ! vous êtes libre à présent, lui dit Monrion.

— Cela m'est inutile, fit-elle avec dédain, le mal est fait.

— Quoi ! fit Monrion, encore une méchante action ?

— Vous m'y avez poussée.

— Moi?...

— Oui ! avec une heure de liberté, je pouvais trouver mon salut dans le salut de tous; vous m'avez obligée à le chercher dans leur perte.

— Mais qu'avez-vous donc fait ?

— Je ne puis pas vous le dire.

— Oh ! vous parlerez ! s'écria violemment Monrion.

— Je parlerai, car je crains affreusement les coups de poing, fit Léona ; mais je mentirai.

— Vous direz la vérité...

— Et comment saurez-vous que c'est la vérité, monsieur le comte? Il y a une adresse grossière et vulgaire qui fait dire à certaines gens, quand ils veulent obtenir un aveu :

Avouez la vérité..... je sais tout...

Si ceux qui prennent ce moyen stupide, ont assez d'énergie pour faire parler par la peur la femme qu'ils tiennent entre leurs mains, ils ont alors la chance qu'elle n'osera leur mentir, de peur d'être confondue, et ils apprennent quelquefois une partie de ce dont ils prétendent tout savoir.

Mais vous entrez ici en proclamant tout haut que vous ne savez rien, que vous ne comprenez rien à ce qui se passe, et vous voulez que je vous dise tout? C'est par trop niais.

Gustave grondait sourdement; Samson, après les ciseaux de Dalila, devait rugir de cette façon.

— Voyons, reprit Léona, raisonnons froidement. Etes-vous décidé à croire tout ce que je vais vous dire ?

— Vous allez mentir...

— Alors n'en parlons plus...

Monrion dénoua sa cravate et la jeta loin de lui.

— J'étouffe... j'étouffe... murmura-t-il.

— Vous souffrez encore, Gustave?...

— C'est bien long, n'est-ce pas? dit-il en comprimant avec sa main les battements désordonnés de son cœur; je suis dur à mourir...

— Ai-je passé tant de nuits au chevet de votre lit, Gustave, pour que vous me disiez cela?

— Ah! dit Gustave d'une voix haletante, vous avez répondu d'avance à ceux qui diront que vous m'avez tué.

— Vous êtes cruel, Monsieur; vous savez mieux que personne si on m'a calomniée.

— Oui, certes, et on vous calomniera encore...

On dira :

« Ce pauvre Monrion, il est mort à vingt-quatre ans, usé par l'ivresse, » la débauche, les nuits d'excès, les plaisirs furieux... Pauvre sot! »

Ah! que ne puis-je sortir de ma tombe pour leur dire :

« Vous vous trompez... non, non, cette Léona que vous accusez » n'est ni la bacchante échevelée, ni la Messaline insatiable que vous » imaginez; ce n'est point par les sens, c'est par le cœur qu'elle m'a » tué!

» Aimez-la, et vous trouverez une nature glacée qui estime trop sa » beauté pour lui préférer même le bonheur. Ce que vous trouverez, » c'est un esprit de feu qui desséchera en vous tous les sincères sen- » timents, qui tuera la foi dans votre âme, qui la réduira à n'être » qu'un sol aride où rien de jeune, de frais, ne peut plus germer. » Vous l'aimerez, et ce verbe du mal créera pour le bonheur de l'amour » un langage enivrant...

» Et lorsque vous sentirez votre âme s'épanouir à sa parole, elle » jettera sur votre ivresse quelque froide raillerie, quelque doute hon- » teux qui crispera votre cœur dans une étreinte glacée, comme la » fleur, qui s'ouvre doucement à un premier soleil, et que la nuit vient » brûler de sa rosée de glace...

» Si la tristesse vous tient, elle aura des chants, des rires, des fo- » lies, pour fouetter votre douleur jusqu'à ce qu'elle rie, jusqu'à ce » qu'elle chante. Aucune de vos sensations, aucune de vos pensées... » rien de vous-même ne vous appartiendra... Elle imposera des efforts » inutiles à votre lassitude; elle enchaînera votre ardeur dans un re- » pos insupportable...

» Vous croirez en elle, parce qu'un jour elle vous aura stupéfait » par l'audace de sa sincérité; et le lendemain vous douterez de tout » ce qu'elle pourra vous dire, en la voyant se livrer aux mensonges » les plus inutiles...

» Vous l'attendrez confiante et douce, elle arrivera jalouse et em- » portée... Vous craindrez de la voir irritée, elle vous apparaîtra an- » gélique et résignée... Elle était hier à vos côtés, et demain, vous » l'espérez du moins, elle sera près de vous?... Non!... elle a fui à » mille lieues...

» Vous vous croyez échappé de cet enfer, il se rouvre devant vous, » plus séduisant, plus lumineux que le paradis!...

» Ce sera toujours une surprise qui brisera votre joie, irritera » votre douleur, qui mentira à vos espérances comme à vos crain- » tes...

» C'est le cheval lancé à toute course qu'arrête tout à coup un frein » d'acier, et qui se brise les muscles dans cet effort capricieux; c'est » l'homme palpitant sous un ciel de feu et qu'on jette tout à coup » dans une eau glacée; c'est le rêveur perdu de fatigue qu'on » éveille...

» C'est... que sais-je, moi?...

» Pas un jour, pas une heure, pas une minute dans la même voie, » dans la même espérance ou dans la même douleur... pas une seconde » dans la même sensation...

» C'est une caresse et une injure, un abandon insensé et une ré- » serve infranchissable... C'est la soif qu'on irrite et qu'on refuse de » satisfaire.

» Non, elle ne m'a pas tué par les sens, c'est par mon cœur, heurté » à tous les angles de ses caprices, c'est par mon cœur secoué en tous » sens comme un jouet dans la main d'un enfant, et qui maintenant, » saignant... et douloureux... m'étouffe... m'étouffe... m'étouffe... »

Monrion, épuisé par cet accès de colère, tomba sur le divan, et sa respiration haletante montrait combien ce supplice incessant où il avait vécu l'avait épuisé.

Léona s'approcha de lui et voulut lui faire respirer un flacon.

Il la repoussa.

— Ah! lui dit-elle amèrement, vous ne m'aimez plus!...

Gustave se redressa et la regarda d'un air stupéfait, comme s'il doutait qu'elle eût osé lui dire une semblable parole, après ce qu'il venait de lui dire lui-même.

Elle lui sourit doucement.

— Allons, Gustave! calmez-vous... je vous en prie sérieusement... j'ai eu tort, je l'avoue... mais suis-je seule coupable?... Et puisque vous me connaissez si bien, ne savez-vous pas que je serais morte plutôt que de céder à un désir exprimé du ton et de la manière dont vous l'avez fait?

— N'ai-je pas vu mes prières aussi souvent repoussées que mes menaces?... Et de même que vous m'avez bravé jusqu'à me faire lever le poignard sur vous, ne m'avez-vous pas laissé me traîner à vos pieds et m'y tordre dans les larmes, sans que menaces ou prières pussent rien obtenir de vous?

— Écoutez, Gustave, dit Léona avec tristesse, ne discutons pas sur le passé; je pourrais me plaindre aussi peut-être, je ne le veux pas. Vous avez voulu rompre; vous m'avez raconté vos nouvelles amours... je vous ai patiemment écouté; je me suis soumise; je ne vous ai fait aucun reproche; vous venez maintenant me demander compte de ma vie... En avez-vous le droit?

— J'en ai le droit vis-à-vis de vous, Léona, comme j'en ai le droit vis-à-vis de tout homme qui a mêlé mon nom à une intrigue quelconque... seulement, avec un homme on a des avantages...

— Que j'offrirais à tout autre qu'à vous, Gustave.

Vous le savez, je trouve que les femmes ont le droit de venger leurs injures ou de défendre leur honneur avec les mêmes armes que les hommes, et je l'ai prouvé plus d'une fois... mais vous n'accepteriez pas un combat avec moi?

— Avec vous?...

— Et moi-même... je ne pourrais pas...

Elle s'arrêta, une larme vint à ses yeux, et elle dit tristement :

— Mourir de votre main?... ce serait pourtant meilleur.

— Ah! dit Monrion, vous en êtes à vouloir mourir?

— Peut-être, dit Léona d'une voix ferme. Que voulez-vous? ma vie est manquée... vous ne m'aimez plus...

— Encore ce mot! dit Monrion, me croyez-vous de ceux qu'on ramène, avec ces paroles vulgaires, à une passion que vous avez épuisée!

— Non, dit doucement Léona... je vous dis cela non point comme un reproche, mais comme une vérité...

D'ailleurs, la faute en est à moi... Dans tous les cas, je vous l'ai dit, ma vie est manquée.

— J'avoue que je ne comprends pas... je serai bientôt mort, Léona, et vous resterez après moi; riche... jeune... belle...

— Et vaincue...

— Vaincue?

— Oui, et deux fois par vous.

— Par moi?

— Oui, dit Léona. Mais déjà vous êtes tout à fait en dehors de ce qui va... arriver.

— Qu'est-ce donc qui va arriver?

Léona fit un mouvement amical vers Monrion, et reprit avec douceur :

— Laissez-moi seule ici, et je vous affirme que rien de ce qui s'y passera cette nuit ne vous atteindra en aucune façon.

— Je préférerais juger par moi-même des événements; je serais plus sûr de voir mon honneur en sortir sain et sauf.

— Croyez-moi, Gustave, ne tentez pas une épreuve dangereuse.

— Dangereuse... en quoi?

— Vous le dire, ce serait vous dévoiler mes projets, et je ne le puis pas. Seulement, je vous avertis... Si vous restez... prenez garde!

En parlant ainsi, Léona paraissait écouter.

— Ah! dit Gustave, l'heure de quelque grande tromperie est-elle donc arrivée?

— Pas encore, dit Léona en se levant. Mais écoutez-moi bien, Gustave, une dernière fois, voulez-vous me laisser maîtresse d'agir à ma volonté?

— Non... une dernière fois, je prétends voir par moi-même jusqu'où vous oserez pousser vos projets, quels qu'ils soient.

— Vous le voulez?

— Oui.

— Eh bien! lui dit Léona, ne maudissez que vous, à l'heure de votre mort, si les malédictions et les remords pèsent sur votre conscience ; car, du moment que vous ne me laissez pas la liberté d'agir seule, il faut que vous deveniez mon complice.

— Léona, je suis bien averti, et toutes vos ruses n'y feront rien.

— Vous êtes bien averti, monsieur le comte de Monrion, et vous laisserez votre bonneur ici.

— Vous êtes folle...

— Gustave, dit Léona avec un cruel effort, il me reste une heure... J'ai pitié de vous... Je vais tout vous dire ; vous me connaîtrez enfin, et j'espère qu'alors vous vous éloignerez.

— Nous verrons, dit tout haut Monrion, pendant qu'il se disait tout bas : Quel mensonge va-t-elle inventer?

Léona resta pendant quelques minutes immobile, le coude appuyé sur le marbre de la cheminée. Elle méditait ses moyens d'action.

Nous voudrions faire pénétrer nos lecteurs dans le secret des pensées de cette femme, et certes, si c'était une figure de notre création, nous n'hésiterions pas à le faire, au risque de donner des motifs invraisemblables ou infâmes à la façon dont Léona parlait et agissait. Mais ceci est un portrait, et nous ne pouvons que raconter.

En effet, il nous serait impossible de dire si l'avertissement qu'elle venait de donner à Monrion était un de ces mouvements de franche pitié qui se rencontrent quelquefois dans les cœurs les plus pervers, ou si ce n'était encore qu'une de ces insolentes bravades à laquelle elle était sûre qu'on ne croirait pas, et qui l'autoriserait à dire plus tard :

« Je vous avais prévenu, c'est vous qui vous êtes bénévolement pré-
» cipité dans le danger. »

Quoi qu'il en fût, la méditation de Léona ne fut pas longue.

Elle sonna et dit à Gustave :

— Je devais aller souper hors de chez moi ; permettez-moi de quitter ce costume qui m'est devenu inutile.

Une femme de chambre entra.

— J'ai sonné Dorothée.

— Elle est sortie.

— Sans ma permission? dit Léona sévèrement.

Mademoiselle Dorothée prend des libertés que je ne puis admettre. On fera son compte ce soir même. Je veux souper ici.

La chambrière s'inclina et sortit.

Monrion dit à Léona :

— Vous oubliez que Dorothée est sans doute allée porter une de vos lettres, et cette manière de vous informer si elle est rentrée n'est pas d'une adresse digne de vous.

— Relisez mon billet, monsieur de Monrion, répondit Léona en tirant un autre cordon de sonnette.

— Que voulez-vous dire?

— Que Dorothée n'est pas sortie, qu'elle n'a été porter aucun billet et que la voilà.

En effet, Dorothée parut à une autre porte.

Monrion se retourna.

Un signe furtif avait été échangé entre la chambrière et la suivante.

Celle-ci avait sans doute réussi dans ce que sa maîtresse lui avait ordonné de faire, car un sourire de satisfaction cruelle glissa comme un éclair sur les lèvres de Léona.

— Diable ! fit Monrion, qui ne voulait paraître étonné ni mécontent, puisque Dorothée était là, à quoi bon cette question à Lucienne?

— A vous prouver que vous ne devinerez rien de mes façons d'agir, à vous prouver que vous n'apprendrez que ce qu'il me plaira de vous avouer.

Et encore, ajouta-t-elle en prenant une carafe et se versant à boire, êtes-vous ainsi fait que, bien persuadé que je ne puis que mentir et toujours mentir, vous croirez que c'est là du poison si je vous dis que c'est de l'eau, et que vous croirez que c'est de l'eau si je vous dis que c'est du poison.

— Si je tenais à savoir la vérité, je vous prierais d'en boire.

— Et je ferais comme Cléopâtre, je boirais la coupe empoisonnée.

— Et moi, j'attendrais comme Rodogune.

— Ce qui vous montre que votre prétendue preuve n'en serait pas une...

Mais je vous en prie, Gustave, laissons là toutes ces luttes de paroles... nous avons des choses plus sérieuses à traiter. Voulez-vous passer un moment dans la pièce voisine et me permettre de faire ma toilette?

— Vous me permettiez autrefois d'y assister.

— Je crains bien, dit Léona en souriant, que ceci ne soit un soupçon et non pas un regret.

— Je vous laisse à le deviner.

— Ma vanité choisit : je veux croire que c'est un regret, et je ne veux pas mal répondre au dernier des bons sentiments que je vous suppose. Restez.

Léona s'abrita derrière un magnifique écran en tapisserie de Berlin peint à l'aiguille.

— Je vous gêne? dit Monrion.

— C'est fini, dit Léona en reparaissant immédiatement, comme si la baguette d'une fée ou la ficelle d'un machiniste de théâtre eût remplacé ses vêtements d'homme par une ample robe de chambre de satin noir, à bouquets de roses, dans laquelle elle s'enveloppa.

— C'est fini, ajouta-t-elle en serrant à sa taille flexible la cordelière à glands d'or... mais, dans la position où nous sommes...

— La pudeur? dit Monrion d'un ton goguenard...

— Pourquoi êtes-vous grossier avec moi? dit Léona tristement, pendant que Monrion regardait, malgré lui, cette suprême beauté.

Il ne lui dit pas que c'était précisément pour échapper à l'empire qu'elle exerçait toujours sur lui qu'il s'était, pour ainsi dire, réfugié dans le sarcasme injurieux, et il répondit :

— Comment voulez-vous donc que je traduise ces sévères précautions?

— Quand on n'est plus aimée, on n'est jamais assez belle.

— Voilà de la modestie à laquelle vous ne prétendez pas que je croie.

— Je n'ai pas la prétention de vous faire croire à quoi que ce soit.

— Excepté à ce qui va se passer ici.

— Ceci, vous le verrez.

— Et c'est bien extraordinaire?

— Ce n'est qu'un rendez-vous entre deux personnes de votre connaissance.

— Rendez-vous inouï, sans doute?

— Mais non... rendez-vous fort naturel entre des gens qui s'aiment.

— A supposer que ce soit si naturel, comment se fait-il que cela doive amener des résultats si importants pour vous ou pour moi?

— C'est que, dit Léona, pendant qu'on apportait une petite table sur laquelle on avait mis deux couverts, c'est que si la rencontre est vulgaire, les circonstances qui l'ont amenée sont des plus bizarres.

— C'est une histoire...

— Qui part de chez vous, qui devait se finir sans vous, et qui peut-être, ne se dénouera plus que par vous.

— Je vous écoute.

Léona se jeta au fond de son siége, et, de là, regardant Monrion avec le plus gai sourire, elle se prit à dire :

— Quel dommage que nous soyons brouillés, Gustave ! il y aurait au fond de tout ceci la plus joyeuse infamie...

Mais, bah !... vous avez laissé vos plumes d'autour dans la glu bourgeoise de la rue de Paradis-Poissonnière; vous êtes vertueux ; ne faisons plus de folies... causons sagement...

Elle s'approcha et dit à la chambrière :

— Otez ce couvert.

— Est-il devenu inutile, grâce à ma présence, dit Monrion, et celui qu'il attendait...

— Il n'attendait personne que vous, probablement.

Pourquoi avez-vous mis ce second couvert, Lucienne?

— Pour monsieur le comte...

— Monsieur le comte ne soupe plus avec moi, ma fille... cela pourrait le compromettre.

— Et cela pourrait vous ennuyer.

— Je vous hais trop à cette heure, dit Léona en riant, pour que vous puissiez m'ennuyer.

— Et si je vous demandais à souper, reprit Monrion du même ton, vous gênerais-je?

— Pas le moins du monde.

— Ce qui signifie tout le contraire. Voulez-vous me donner à souper?

— Laissez ce couvert, Lucienne, dit Léona d'un air empressé.

— On n'est pas plus insupportable que moi, n'est-ce pas? dit Monrion en s'approchant de la table.

— On n'est pas plus charmant.

— Le dépit vous va à ravir.

— Votre air de tyran vous sied à merveille.

— Et il vous inspire de secrètes envies de m'arracher les yeux.

— Il me donnerait presque le désir de vous séduire, fit Léona avec ses beaux yeux doucement voilés, si je ne savais pas qu'il y a au monde des choses impossibles.

— Qui vous a appris ce mot, Léona?

— Vous-même, fit-elle en le servant gracieusement.

— Ah! c'est vrai, fit Monrion; je me rappelle notre discussion à propos de Mlle Thoré... Vous êtes admirable dans l'art des transitions, car je suppose que c'est à Julie que vous voulez en venir.

— En vérité, je n'y pensais pas; depuis longtemps j'avais reconnu qu'il y avait des choses impossibles pour moi, lorsque vous m'avez appris qu'il y en avait aussi pour vous.

— Ceci tient-il aux révélations que vous vouliez me faire?

— Tout à fait, et nous y voilà.

Ils causaient ainsi tous deux, le sourire aux lèvres, l'aigreur dans l'âme; rien cependant ne trahissait dans Léona le but qu'elle voulait atteindre.

Elle avait accepté la présence de Monrion avec une facilité qui eût pu faire croire que cette présence lui était nécessaire, et ne semblait pourtant avoir aucune envie de le retenir.

Si, d'un autre côté, on se fût imaginé qu'elle pourrait se faire un moyen des moindres circonstances pour égarer la raison de Monrion; si l'on eût pensé qu'au besoin, elle appellerait l'ivresse du festin en aide à ses froides combinaisons, on eût été détourné de cette idée par l'indifférence avec laquelle elle laissait Gustave agir à sa guise, sans le presser, sans l'exciter à rien.

Les aides de camp de Léona étaient partis chacun emportant avec lui l'ordre de la marche qu'il avait à suivre.

Le combat était engagé sur tous les points, et elle venait de recevoir la nouvelle du succès de sa principale manœuvre. Elle s'était réservé Monrion, comme l'ennemi le plus dangereux.

De mots en mots, de retraite en retraite, elle l'avait attiré dans la position où elle voulait le vaincre, et elle réfléchissait avant d'engager cette suprême lutte.

Cependant Monrion attendit quelques instants, et voyant que Léona ne se hâtait pas de parler, il reprit :

— Eh bien! voyons, quelles sont ces révélations que vous m'avez promises?

— Permettez-moi de remonter un peu haut, dit Léona.

— J'ai la nuit à moi, et je vous écoute.

XXXIII. — GRANDES MANOEUVRES.

— Vous souvient-il, Gustave, dit Léona en fronçant ses noirs sourcils, vous souvient-il de ce jour où il me prit fantaisie de vous demander une tasse de porcelaine qui est encore sur l'étagère de votre salon?

— Parfaitement.

— Vous souvient-il de la scène qui suivit ce refus et du dernier mot que je vous dis?

— Parfaitement. Ce fut une menace.

— Vous vous trompez. Je vous promis une leçon.

— Soit, ne discutons pas sur les mots; c'est donc cette leçon qui fut le point de départ de ce qui va se passer?

— Vous avez deviné.

Je voulus vous prouver qu'il était des hommes prêts à me donner plus que vous ne me refusiez.

— Si vous mettiez le passé en ligne de compte, dit amèrement Gustave, vous auriez beaucoup à obtenir d'eux avant de pouvoir me les comparer.

— Apprenez ceci, Gustave, repartit Léona avec un sourire dédaigneux : dès qu'un homme invoque le passé pour défendre le présent, c'est qu'il n'a plus rien dans son cœur ou dans sa caisse, selon la monnaie dont il paie l'amour qu'il veut garder.

« Après tout ce que j'ai fait pour vous, pouvez-vous douter de mon » amour? »

Est une phrase qui veut dire exactement :

« Vous avez eu de moi tout ce que vous pouviez en attendre. »

» Or, j'ai jugé que j'en étais là avec vous, et je n'ai pas voulu accepter cette position.

» Je ne sais comment l'histoire de M. Amab et de la passion qui lui avait inspiré son chef-d'œuvre m'a été racontée à cette époque, mais j'ai désiré vous la faire connaître, j'ai voulu vous montrer quel prix un homme peut attacher à son amour. Je vous ai demandé ce tableau, et je vous ai envoyé chez M. Amab pour que vous puissiez vous assurer par vous-même de quel sacrifice un homme est capable pour la femme qu'il aime, un homme pauvre, entendez-vous, et à qui vous apportiez une fortune. Vous vous rappelez le peu de succès de vos tentatives.

» C'est alors qu'à mon tour j'ai tenté moi-même cette illustre conquête, et que j'ai écrit à M. Amab une lettre dont il ne me convient pas pour le moment de vous dire les conséquences, mais qui m'a donné la preuve que je n'aurais pas plus de succès que vous.

— Ah! fit Monrion d'un ton ravi, on vous a refusé, à vous, ce qu'on avait refusé à mes cent mille livres? C'est humiliant.

— Plus humiliant que vous ne pouvez croire. Et, comme je voulais vous punir de votre refus, j'ai voulu aussi punir M. Amab du sien.

— Peste! dit Monrion, voici qui se complique... Continuez.

Si quelqu'un eût observé froidement Léona, c'eût été seulement à ce moment qu'il eût pu croire au désir qu'elle avait d'égarer la raison de Monrion par une autre puissance que celle de son esprit; elle lui versa quelques gouttes de vin d'un air distrait, et reprit affectueusement :

— Oui, mon ami... j'ai eu un moment de dépit indicible... et je me suis adressée à vous pour me venger. Je vous ai prié d'enlever à M. Amab ce modèle adoré dont rien au monde ne pouvait lui arracher l'image...

J'ai été encore battue de ce côté... vous avez déserté lâchement ma cause... C'est alors que j'ai voulu punir ce monsieur par un autre côté.

Les moyens illicites s'étant trouvés tout à fait impuissants, je me suis tournée vers la morale; j'ai commis pour cela une très-bonne action : j'ai dénoncé à M. Charles Thoré l'intrigue de mademoiselle sa sœur avec M. Amab.

On n'est pas plus malheureuse que moi. Le jour même où ma confidence devait porter ses fruits, M. Charles Thoré disparaît miraculeusement, enlevé par je ne sais qui.

— Vraiment? dit Monrion, qui cherchait à combiner les dates de toutes ces tentatives avortées, et qui croyait y découvrir une grande confusion; mais tout cela me semble bien rapide.

— N'est-ce pas? Et cependant j'ai été battue de vitesse par ce monsieur. Ah! Gustave, ce sera votre maître à tous dans l'art de conduire une intrigue. C'est un esprit toujours prêt à la riposte. Il me restait une dernière ressource; j'allais l'employer ce soir... et ce soir, j'étais déjà vaincue.

— Je ne comprenais guère, dit Monrion; maintenant je ne comprends plus du tout.

— Ce soir, je voulais avertir cette vertueuse famille de l'intrigue qui existait entre Amab et Julie... Eh bien, ce soir, M. Amab la demandait en mariage... C'est vous qui m'en avez apporté la nouvelle, et vous devez vous rappeler ma colère et ma stupéfaction quand j'ai appris cette nouvelle.

— C'est vrai... Mais, dites-moi, Léona, pour engager une lutte si acharnée avec M. Amab, vous n'aviez d'autre mobile que le dépit de n'avoir pas obtenu cette toile qu'il m'a refusée?

— Je voulais me venger...

— D'un refus?...

— Oui...

— Mais ce refus... vous aviez sans doute lieu de croire qu'on ne pouvait pas vous le faire?

Léona montra sa main à Monrion :

— Ne vous ai-je pas dit que le jour où un autre que vous prendrait dans mon cœur la place que vous y occupez, je jetterais cet anneau?

— Ainsi, monsieur Amab...

— Monsieur Amab n'a pas mis à ce tableau un prix que j'aie eu à lui refuser. De ce côté, il est inabordable. Il aime Julie.

— Peste! dit Monrion, c'est un terrible amour!

— Ce qui n'a pas empêché M. Amab de me trouver belle, de me le dire, beaucoup plus souvent que je n'eusse voulu l'entendre... Mais, quant à payer l'amour de Mme de Cambure d'un sacrifice de quelque mérite, c'est... c'est bon pour les lions de l'espèce de Monrion.

— A-t-il dit cela? s'écria Gustave avec colère.

— Non, car je ne suis pas femme à me laisser dire de pareilles insolences; mais c'est sa pensée, elle parle dans ses façons, dans ses dédains, dans ce je ne sais quoi, qu'on sent, qu'on devine et qui ne peut s'analyser.

Le souper continuait, et dans la préoccupation où Léona avait plongé Monrion, elle avait pu déjà endormir en lui la vigilance qu'il voulait apporter à se surveiller lui-même.

Elle lui avait versé souvent à boire... et il en était arrivé à cette limite où l'homme peut encore s'avertir qu'il est près d'aller trop loin; limite qui, une fois dépassée, ouvre devant lui un abîme de déraison où il se précipite avec fureur.

Léona mit à profit le mouvement de colère qu'elle était parvenue à exciter chez Monrion et reprit :

— Oui, mon cher Gustave, nous sommes battus; moi, par un monsieur à qui je n'aurais pas daigné accorder une minute pour se défendre, et vous par une petite fille qui vous a persuadé de sa vertu séraphique.

— Ma foi, dit Monrion en riant, vous triomphez probablement plus que vous ne pensez, puisqu'il épouse...

— Eh! non, lui dit Léona, il n'épouse pas.

— Comment?...

— Il enlève... ou plutôt il fait fuir.

— Quand donc?

— Ce soir même...

— Et cette demande?...

— Un prétexte pour pénétrer une dernière fois dans la maison.

— En êtes-vous sûre?

— Voyons, reprit Léona en s'accoudant gracieusement sur la table, recordons-nous un peu, comme dit Figaro. Avez-vous vu Julie, ce soir?

— Non.

— C'est bien cela! dit Léona, j'en étais sûre...

— Comment?

— Continuons, reprit Léona :

M. Amab, quand vous êtes allé ce soir chez M. Thoré, ne faisait-il pas de grandes phrases aux grands parents?

— Je l'y ai laissé occupé.

— Eh bien! fit Léona en se renversant gaiement sur son siége, pendant ce temps-là, la jeune fille s'échappait.

— C'est impossible, dit vivement Monrion; un enlèvement... ou une fuite pareille... mais c'est un crime prévu par la loi.

— Aussi, M. Amab en sera-t-il parfaitement innocent; il sait où cacher cette jeune fille, comme il a su où cacher son frère.

— C'est donc un démon ou un forçat libéré que ce monsieur?

— Je vous l'avoue, Gustave, cet homme m'a frappée d'admiration; et lorsque Jean m'a raconté sa dernière combinaison, j'ai courbé la tête pour vous.

— Jean?

— Ne l'avez-vous pas mis au service d'Amab, pour vous assurer de la vérité de ce que je vous avais dit?

— Oui.

— Et puis, ne l'avez-vous pas chassé, pour vous avoir remis une lettre qui vous confirmait l'affreuse vérité?

— C'est vrai.

— Eh bien, il est resté au service de son nouveau maître, et il a préparé les choses pour ce merveilleux enlèvement.

— Qu'a-t-il donc fait? reprit Monrion avec calme.

— Gustave, dit vivement Léona, sur votre honneur, me promettez-vous de ne pas faire une querelle sanglante de ce que, dans d'autres temps, vous auriez appelé une excellente plaisanterie?

— Je ne puis vous faire un pareil serment.

— En ce cas, je ne puis rien vous dire.

— Mais si mon honneur est engagé à avoir raison des procédés de ce monsieur, dit Gustave, dont la tête commençait à s'exalter, je dois les punir.

— Vous ne pouvez les punir qu'autant que vous les connaîtrez, et alors, je me refuse à vous les dire.

— Je commence à vous comprendre...

Ne m'avez-vous pas dit que je laisserais ici quelque chose de mon honneur? Léona... Léona... Je veux que vous me disiez tout... il le faut!

— Oh! dit celle-ci en se rapprochant vivement de Gustave, avec cet abandon familier qui la rendait quelquefois si persuasive et en lui parlant à demi-voix, si vous vouliez m'aider à me venger, si vous vouliez vous venger vous-même... non par un duel; cet homme ne mérite pas de recevoir une pareille leçon de vous, mais comme on se venge de ces Céladons d'atelier, comme on se venge de ces Célimènes de boutique; mais non... vous ne le voudriez pas... Vous n'êtes plus capable d'une résolution héroïque.

— Si j'ai été joué, Léona, je m'en vengerai, soyez-en sûre. Seulement je garde le choix de ma vengeance.

Léona, en proie à la plus violente agitation, s'écria, sans répondre à Monrion :

— Et il y a une femme devant laquelle, aussi moi, il faut que je m'humilie. Ah! Gustave, Mlle Thoré fait comme le Cid, elle débute par des coups de maître.

— Aurez-vous bientôt fini vos exclamations!... répondit Monrion brusquement. Voyons, parlez... que va-t-il se passer?

— Monsieur le comte, dit Léona en se plaçant de nouveau devant lui, faisons mieux que de nous venger... prenons-en gaiement notre parti... Et cependant, reprit-elle en frappant la terre du pied avec rage, être dupes à ce point!... c'est affreux...

Mais que faire? ajouta-t-elle dédaigneusement, avec un homme qui ne connaît plus que cette vengeance stupide du duel, et qui va, joué, bafoué, ridicule, déshonoré (car vous le serez), à un combat où il trouvera peut-être la mort, peut-être une blessure qui le défigurera.

— Oh! parlez, parlez, Léona, dit Monrion, dont l'impatience et la colère croissaient à chaque instant. Que signifient ces demi-mots, ces lamentations, ces menaces, et en quoi M. Jean s'est-il mêlé en tout ceci?

— Et que diriez-vous, reprit Léona en se penchant vers lui et en le raillant du sourire, du regard, de l'impertinente oscillation de sa tête, que diriez-vous d'une petite personne qui, très-assurée de l'amour qu'elle inspire à M. le comte de Monrion, s'est imaginé de se servir de lui pour cacher, non pas seulement ses amours avec un autre, mais encore sa fuite avec cet autre.

— Vous êtes folle, répondit Monrion.

— C'est possible, reprit Léona du même air. Mais que penseriez-vous d'un ancien valet de chambre de M. de Monrion qui est venu louer dans ma maison, où monsieur le comte est très-connu, et sous le nom de M. le comte de Monrion, un petit appartement destiné à protéger les amours secrets de M. Amab?

— Comment! s'écria M. de Monrion, ce drôle se serait permis une pareille infamie?

— Que diriez-vous, reprit Léona, de M. Amab, si, pendant qu'il endort le père et la mère de la jeune personne par de magnifiques protestations, celle-ci s'était furtivement enfuie pour gagner le petit appartement dont M. Amab a la clef, et dont M. de Monrion a les honneurs?

— Je vous dis que c'est impossible, fit Gustave, dont la tête se perdait dans ce tissu d'intrigues embrouillées.

— Et que diriez-vous de M. de Monrion, reprit Léona en ricanant, si, pendant que tout cela se passe, il venait durement demander, à une femme qu'il a aimée jusqu'à la folie, compte de l'honneur de cette chère demoiselle et des tourments de ce bon M. Amab?

— Je vous dis que c'est impossible!

— Voulez-vous le voir? reprit Léona.

— Oui. Et pour que vous ne puissiez préparer quelque indigne tromperie, je veux le voir à l'instant même.

— A l'instant même, soit. Et quand vous l'aurez vu?

— J'attendrai cet homme et il me paiera cette insolence de sa vie!

— Et moi, dit Léona, qui me vengera? Non, non, monsieur de Monrion, ce n'est pas ainsi que je l'entends.

— Et que voulez-vous enfin?

— Écoutez, Gustave, reprit Léona, j'ai été insultée, méprisée par cet homme et par cette Julie. Des femmes comme moi ne sont faites que pour des hommes comme vous. Voilà ce qu'ils disent.

Mais, quant à ces précieuses conquêtes, à ces chastes beautés qui crachent au visage des femmes perdues comme moi, les hommes comme vous les respectent ou les épousent; car vous y avez pensé, j'en suis sûre.

— Assez de sarcasmes et d'injures, dit Monrion avec colère; prouvez-moi que ce que vous m'avez dit est vrai, et je vous montrerai si je sais me venger !

Le ton dont Gustave avait prononcé ces dernières paroles montrait assez que les sanglantes railleries de Léona avaient porté coup. Son œil était trouble et égaré comme sa pensée.

— Et que faut-il que vous voyiez, pour être assuré que je ne vous mens pas ?

— Une seule chose, dit Monrion, Julie hors de sa maison...

— Vous aurez mieux, dit Léona.

Elle sonna vivement et dit à la chambrière : — Faites monter à l'instant le concierge.

Une minute après le concierge entra.

— Monsieur Guillaume, lui dit Léona avec vivacité, le petit appartement au-dessus du mien n'est-il pas loué depuis quelques jours ?

— Oui, madame.

— Par qui a-t-il été loué ?

— Mais, madame... fit le concierge embarrassé, je ne sais si je dois...

— Répondez franchement ; monsieur le comte vous le permet.

— Sans doute, dit Monrion.

— Eh bien ! monsieur le comte, c'est Jean, votre valet de chambre, qui est venu le louer en votre nom, et c'est ainsi qu'il est inscrit sur mon livre.

— Mais jamais, s'écria Gustave, jamais on ne s'est permis pareille insolence ! Et que vous a dit ce drôle ?

— Dame, fit le portier avec embarras, je ne sais si je dois...

— Eh ! parlez, parlez, fit Léona, à mon tour, je vous le permets.

— Eh bien ! il m'a dit que monsieur le comte tenait à avoir cet appartement sans que personne le sût, parce qu'il communique à celui de Mme de Cambure par un escalier dérobé.

— Vous le voyez, monsieur le comte, dit amèrement Léona, on nous met en scène d'une manière tout à fait obligeante : vous prenez des appartements secrets qui communiquent aux miens ; c'est une précaution si adroite, que voilà M. Guillaume qui est tout honteux de l'avouer.

— Mais enfin, reprit Gustave furieux, que s'est-il passé depuis huit jours, à propos de cet appartement ?

— Rien, jusqu'à ce soir... mais ce soir...

— Eh bien, ce soir ?... fit Monrion.

— Deux dames se sont présentées ici, une vieille et une jeune ; la vieille est entrée chez moi et m'a demandé la clef de son appartement loué pour M. de Monrion ; elle m'a remis le billet que Jean m'avait annoncé devoir donner aux personnes qui viendraient occuper l'appartement.

— Et ces dames sont montées ?

— Oui, monsieur le comte.

Seulement, un moment après, la vieille est redescendue et m'a remis la clef en me disant :

« Si monsieur Amab (un monsieur qui vient quelquefois chez madame de Cambure) si monsieur Amab se présente, vous lui remettrez cette clef. »

— Eh, dit Monrion, dont le visage altéré annonçait la rage qu'il éprouvait, et monsieur Amab est-il déjà arrivé ? — Pas encore, monsieur le comte.

— Eh bien ! allez me chercher cette clé, allez... Cet appartement loué en mon nom... j'ai le droit d'y entrer, je le suppose.

— Sans doute, dit le concierge en se retirant.

A peine Monrion et Léona furent-ils seuls, que celle-ci changea tout à coup de ton et de manière ; au lieu de chercher à exciter la colère de Gustave, elle s'approcha de lui d'un air alarmé, tandis qu'il parcourait la chambre avec de longs murmures de rage, et lui dit :

— Et que voulez-vous faire, mon Dieu ? Pourquoi voulez-vous monter dans cet appartement ?

— Ma chère Léona, lui dit Monrion en la regardant avec un souverain dédain, je ne suis point la dupe de toutes vos vengeances de vanité ; une femme ne poursuit pas un homme comme monsieur Amab avec l'acharnement que vous y avez mis, parce qu'il ne se sera pas prêté à satisfaire un caprice ?

— Que voulez-vous dire ? reprit Léona d'un ton confus.

— Je veux dire que tant de colère ne peut venir que d'une blessure plus cruelle.

Je comprends la leçon que vous avez voulu me donner ; elle ne vous a pas réussi, j'en suis désolé, quoique, après tout, un successeur comme M. Amab me prouve que vous m'estimez bien peu.

— Pouvez-vous croire, Gustave... dit Léona avec l'accent d'une femme qui plie la tête sous le poids de sa faute, pouvez-vous croire...

Monrion, à qui ce trouble admirablement joué persuada qu'il avait deviné juste, l'interrompit vivement :

— Je vous pardonne, Léona, lui dit-il ; mais, ce que je puis vous pardonner, je ne le pardonne pas à ce monsieur !...

Ah ! il vous aidait à me tromper d'un côté, et d'un autre il riait sans doute avec sa belle de mes soupirs respectueux. Par tous les dia-

— C'est fini, ajouta-t-elle en serrant à sa taille flexible la cordelière à glands d'or... — Page 61.

Paris. — Typ. de Ve Dondey-Dupré, rue St-Louis, 46, au Marais.

bles! fit Monrion avec un sourire forcé, rira bien qui rira le dernier.

En ce moment Dorothée parut et tendit la clef à sa maîtresse ; celle-ci voulut s'en emparer, mais Monrion la lui arracha.

— Restez, je vous en supplie, restez, lui dit en vain Léona, je ne suis pas coupable, je vous le jure devant Dieu !

— Assez, assez, madame, lui dit Monrion en la repoussant, vous ne savez même plus jouer la comédie.

Aussitôt il sortit et monta rapidement vers l'étage supérieur.

Un moment après, il était entré dans l'appartement dont on venait de lui remettre la clef.

Il était alors près de onze heures.

XXXIV. — EMBUCHE.

Que s'était-il passé cependant chez M. et Mme Thoré depuis que Monrion en était sorti et y avait laissé Amab?

Celui-ci, comme nous l'avons dit, avait jugé qu'un aveu complet de tout ce qui s'était passé entre lui, Charles et Mme Cambure, pouvait seul faire comprendre à M. et Mme Thoré le danger qui menaçait leur fils.

Il avait donc commencé le récit de cette longue et incroyable histoire, interrompue à chaque instant par les étonnements de ces honnêtes gens.

Jamais Amab ne parlait assez bas, et il leur semblait que les murs de leur maison allaient crouler au bruit de ces scandaleuses révélations.

Plusieurs fois madame Thoré avait entr'ouvert la porte du salon pour voir si sa fille, poussée par une curiosité très-naturelle, n'était pas aux aguets de ce qui se disait dans le salon.

Son regard comme enchaîné au front pâle de Monrion l'accompagna jusqu'à l'autel. — Page 70.

La première et la seconde fois, madame Thoré avait vu sa fille retirée dans un petit boudoir de l'autre côté de la salle à manger, et fort occupée, en apparence, à un travail de tapisserie; mais, la dernière fois, le boudoir était vide et la lampe éteinte.

Mme Thoré demanda sa fille ; la femme de chambre répondit :

— Mademoiselle m'a chargée de dire à madame qu'elle était fatiguée, et qu'elle allait se reposer.

Mme Thoré, délivrée de la crainte de voir sa fille écouter ou surprendre un mot de pareilles confidences, rentra dans le salon pour les entendre jusqu'au bout, et discuter avec Amab les moyens d'arracher Charles à la vengeance de Mme de Cambure.

La discussion fut longue, ce qui n'est pas étonnant ; mais ce qui l'est beaucoup, c'est que Julie, sachant que c'était d'elle qu'on s'occupait dans le salon, se fût retirée dans sa chambre pour y chercher et y trouver le sommeil.

L'amour des jeunes filles les tient d'ordinaire plus éveillées; aussi Julie ne dormait-elle pas, et si elle avait pris ce prétexte, c'est qu'elle avait quelque chose de très-important à cacher.

En effet, pendant que sa mère et son père écoutaient M. Amab, une vieille dame était venue sonner doucement à la porte de leur appartement.

A la voir si modeste, si grave, si pudiquement embéguinée, et bientôt à l'entendre parler d'une voix si douce et si libre, on ne se fût guère douté que ce fût là la très-belle suivante d'une très-belle dame, la sourde et muette devant laquelle Monrion se laissait aller à tout dire.

Elle avait demandé mademoiselle Julie Thoré, et celle-ci, peu accoutumée à recevoir des messages personnels, avait voulu faire appeler sa mère ; mais cette femme l'avait arrêtée tout court en lui disant à voix basse :

— Si vous voulez sauver votre frère, renvoyez cette fille et ne dites pas un mot.

La femme de chambre s'était retirée sur un signe de Julie, et la vieille avait continué, en disant :

— Voici une lettre de monsieur Amab. Il est ici, n'est-ce pas ?

— Sans doute.

— Il occupe monsieur votre père et madame votre mère ?

— Il leur parle du moins, reprit Julie.

— C'est bien. Ils ne consentiraient pas à vous laisser venir seule, et ce n'est qu'à la condition que vous serez seule que votre frère pourra être rendu à la liberté.

Lisez.

Julie ouvrit et lut la lettre d'Amab, elle en reconnut parfaitement l'écriture, car elle avait lu et relu cent fois le billet par lequel il avait refusé le prix de ses portraits, et quoique cette lettre lui répétât exactement ce que la vieille venait de lui dire, Julie hésita.

— Décidez-vous, reprit la vieille ; dans une heure il sera peut-être trop tard. La vie de votre frère est en danger; s'il meurt, c'est vous seule que vous devrez en accuser.

La plus simple prudence devait ordonner à Julie d'appeler son père, sa mère, de faire arrêter sur-le-champ cette femme, et de lui arracher alors le secret de la retraite de Charles.

Dorothée s'alarma de l'hésitation de Julie, et ajouta tout aussitôt :

— Il y a aussi une chose que je dois vous dire et que M. Amab n'a pas osé vous avouer, c'est que si M. Charles n'est pas délivré ce soir, c'est que si votre père ou votre mère sont avertis, lui-même sera frappé demain. Décidez-vous.

Beaucoup d'hommes d'un âge plus avancé que Julie, d'un caractère déterminé, n'ont pas toujours eu en face de pareilles révélations, la présence d'esprit qui doit les faire échapper à un piége si grossier; faut-il donc s'étonner si Julie y fut prise; faut-il s'étonner que lorsqu'on s'adressait à la fois à son amitié pour son frère et à son amour pour Amab, elle cédât au désir de les sauver tous deux?

— Que faut-il faire pour cela? dit-elle alors.

— Il faut venir avec moi rue Joubert; mais il ne faut pas, ajouta vivement Dorothée en voyant Julie prête à la suivre, il ne faut pas que l'on sache que vous êtes sortie; c'est l'affaire d'une demi-heure tout au plus. Je pars, et je vous attendrai à deux pas de votre porte.

Dorothée sortit, et ce fut quelques instants après que Julie dit à la femme de chambre d'avertir sa mère qu'elle s'était retirée pour se reposer.

Tout aussitôt elle gagna l'escalier particulier qui conduisait aux magasins et qui lui permettait de sortir de l'appartement sans être vue.

Il était alors dix heures à peu près.

Cependant l'entretien avait continué dans le salon de monsieur et madame Thoré, et la conclusion de la conversation avait été celle-ci de la part de la famille :

Portez à cette dame notre parole d'honneur que demain Charles quittera Paris pour longtemps.

Dites-lui qu'avant de partir il engagera aussi sa parole d'honnête homme de ne jamais dire un mot de la fâcheuse aventure qui lui est arrivée avec cette dame.

Dites-lui que vous-même le renieriez pour votre frère, si jamais il manquait à cette parole.

Donnez à cette dame toutes les assurances possibles que son secret sera bien gardé.

Mais avertissez-la en même temps que si Charles ne nous est pas rendu cette nuit même, demain les magistrats seront avertis.

Nous ne sommes que de simples bourgeois, mais nous trouverons des protecteurs puissants, ne fût-ce que M. de Montaleu qui, nous en sommes sûrs, prendra cette affaire à cœur.

Elle aura en lui un ennemi qui sera trop heureux de trouver l'occasion de se venger du mal qu'elle lui a fait dans la personne du jeune comte de Monrion.

Puis, quand vous nous aurez rendu Charles, nous penserons à votre bonheur et à celui de Julie, car nous ne devons pas vous cacher, M. Amab, que si votre recherche nous flatte, nous croyons pouvoir vous assurer que Julie n'y est pas non plus indifférente.

Et après ces paroles, Amab, lié par ses confidences, lié par ses propositions, fort des obligations qu'il venait de s'imposer et qui ne lui permettaient plus de céder aux séductions de Léona, Amab partit pour la rue Joubert, afin de porter à Mme de Cambure l'ultimatum de la famille Thoré.

XXXV. — DÉFAITE ET TRIOMPHE.

Il était à peu près dix heures et demie lorsque Victor sortit de chez Mme Thoré pour se rendre chez Léona.

Au moment où il arriva chez celle-ci, c'est-à-dire quelques minutes après que Monrion fut entré dans l'appartement supérieur, Amab trouva Léona prête à partir.

Avait-elle prévu l'arrivée d'Amab? Ce n'est pas probable, mais elle comptait le voir cette nuit-là même, car elle lui dit en l'apercevant :

— Je me rendais chez vous, monsieur, et je suis charmée de vous voir.

— Qui me valait cette visite?

— Le besoin de sortir d'une position fausse et que la surveillance et l'activité d'un autre que vous ne me permettent plus de garder. Il est temps que je rende Charles à sa famille.

— Quelle raison si puissante vous y oblige?

— La raison bien simple que quelqu'un a découvert que Charles était en mon pouvoir.

— C'est sans doute M. de Monrion qui a enfin pénétré ce mystère?

— M. de Monrion a tout autre chose à faire que de s'occuper de M. Charles.

La personne dont je veux parler est tout simplement M. Villon, de qui j'ai reçu ce soir une visite fort brutale et fort menaçante, et qui ne m'a laissé que quatre heures pour m'exécuter et pour rendre Charles à la liberté.

J'ai demandé ces quatre heures, monsieur, pour pouvoir remettre Charles entre vos mains. Vous seul, en qualité de complice, vous pouvez lui imposer un silence que vous me devez tous deux.

D'ailleurs, ce qu'il eût refusé peut-être à M. Amab, il l'accordera, j'en suis certaine, à son futur beau-frère, au fiancé de sa sœur.

— Quoi! fit Amab avec embarras, vous savez...

— Je sais tout, monsieur; j'ai vu M. de Monrion.

Veuillez me suivre, car il y a loin d'ici au bois de Boulogne et du bois de Boulogne ici, et je ne me soucierais pas que, pour quelques minutes de retard, la police vînt envahir ma maison et y faire quelque odieux esclandre. Il ne serait pas juste, ce me semble, que je fusse en tout et toujours votre victime.

— Ma victime, madame!... dit Amab d'un air surpris.

— J'ai été celle de votre mépris et de votre indiscrétion, monsieur, vous le savez parfaitement; je suis encore celle de vos faux serments, car je leur ai sacrifié un amour sur lequel j'avais appris à compter, et je serai encore la victime de vos hésitations, si M. Charles Thoré n'est pas rendu à sa famille dans quelques heures.

— Venez donc, dit Amab, je suis prêt à vous suivre.

Ils montèrent en voiture et prirent ensemble la route du bois de Boulogne.

Arrivés à ce moment de notre histoire, nous voudrions pouvoir faire suivre à nos lecteurs l'entretien mystérieux et désolé de M. et Mme Thoré, qui continuèrent de parler à voix basse, de peur qu'une de leurs paroles n'arrivât aux oreilles de Julie.

Ils s'estimaient heureux de ce qu'elle s'était retirée dans sa chambre et de ce qu'ils n'avaient point à répondre aux questions qu'elle leur aurait faites, si, par hasard, elle eût été informée de l'espoir qu'ils avaient de revoir bientôt son frère.

Nous voudrions encore faire assister nos lecteurs à la scène qui se passait, en ce moment même, entre Monrion et Julie. Il nous faudrait aussi leur dire le résultat de la lettre que Villon avait remise à Charles; mais comme ce récit a peut-être plus la prétention de montrer le caractère d'une femme trop connue, que de raconter des événements, nous allons dire la scène qui se passa entre Léona et Amab.

La nuit était sombre; la voiture roulait avec rapidité, et déjà elle était arrivée à l'entrée des Champs-Élysées qu'Amab et Léona n'avaient pas échangé une parole.

Amab était profondément embarrassé de ce silence, mais peut-être eût-il été encore plus embarrassé s'il lui avait fallu adresser la parole à Léona.

Quant à celle-ci, elle ne cachait ni son impatience ni son chagrin; son pied battait avec fureur le tapis de la voiture; elle avait baissé et relevé plusieurs fois la glace de la portière; elle avait chaud, elle avait froid, elle étouffait, puis ses dents claquaient convulsivement.

De temps en temps, son mouchoir, porté à ses yeux, semblait plutôt en arracher des larmes que les essuyer.

A peine à l'entrée des Champs-Élysées, elle tira violemment le cordon attaché à la main de son cocher, et fit brusquement arrêter la voiture.

Que prétendez-vous? lui dit vivement Amab.

— Permettez-moi de marcher quelques minutes, j'étouffe, je gèle, je brûle, j'aurais une attaque de nerfs, si je restais ainsi enfermée; ce serait fort ridicule et fort mal venu; je ne veux pas me laisser dominer par une émotion comme celle que j'éprouve.

J'ai l'habitude, ajouta Léona d'une voix entrecoupée, d'être plus maîtresse de moi-même que je ne le suis en ce moment.

Elle descendit de voiture, et se retourna vers Amab en lui disant :

— Si vous craignez la fatigue de la marche, je vous dispense de m'accompagner.

Amab comprit combien il serait grossier à lui de rester dans cette voiture pendant que Mme de Cambure la suivrait à pied; il descendit à son tour et marcha près d'elle.

— Attendez-nous à la barrière de l'Étoile, dit-elle à son cocher, je marcherai jusque-là.

La voiture partit rapidement et les laissa seuls.

Le temps était froid, le ciel obscur, la promenade déserte.

Léona commença à marcher avec une certaine rapidité : c'était à peine si Amab pouvait la suivre.

Tout à coup elle s'arrêta, les deux mains appuyées sur sa poitrine, et se prit à dire d'une voix étouffée :

— Non... non... c'est impossible!

Puis elle s'appuya sur un arbre et parut prête à succomber.

Amab s'approcha vivement d'elle.

— Qu'avez-vous?

— Rien, lui répondit-elle, en détachant le ruban de son chapeau, et en découvrant sa tête pour l'exposer à la fraîcheur de l'air.

— Vous trouvez-vous indisposée?

— Pas assez pour ne pas pouvoir rejoindre ma voiture.

— Voulez-vous que je l'appelle?

— C'est inutile.

Elle remit vivement son chapeau, et reprit sa marche rapide en disant avec un douloureux dépit :

— O mon Dieu! mon Dieu! être faible à ce point-là!

Amab la suivit avec inquiétude; il craignait cette attaque de nerfs dont on l'avait menacé; mais le chagrin de voir souffrir Léona n'entrait pas seul dans cette crainte; il pensait au retard que cet accident apporterait à la libération de Charles ou plutôt à sa propre libération, car il souffrait horriblement de se trouver ainsi seul avec Léona.

Il avait beau faire, il la redoutait, mais il ne la haïssait pas; il la voyait souffrir, et il ne doutait pas qu'il ne fût la cause de ses souffrances. Elles lui causaient cette gêne que donnent les torts qu'on a, quand on est décidé à ne pas les réparer.

Si Léona se fût montrée à lui, la veille, sous cet aspect désolé, il lui eût demandé grâce.

Elle marchait toujours devant lui, mais son pas se ralentissait; sa respiration haletante annonçait qu'elle faisait de cruels efforts pour soutenir la fatigue de cette marche précipitée.

Plusieurs fois elle chancela, reprit courage et s'arrêta soudainement.

Amab s'approcha d'elle; Léona prit vivement son bras.

— Pardon, monsieur, cela va se passer; l'émotion, la colère... le désespoir aussi...

A ce dernier mot, elle essuya encore ses larmes et reprit sa marche, appuyée sur le bras de Victor.

Celui-ci, qui suivait attentivement chacun de ses mouvements, crut voir que les efforts qu'elle faisait sur elle-même n'étaient pas tout à fait inutiles.

Elle parut se calmer, et dit d'une voix entrecoupée :

— Je me croyais plus forte que je ne le suis; j'ai eu tort de quitter ma voiture; elle doit être au bout de l'avenue, et ce sera beaucoup de temps perdu pour la rejoindre : un peu de patience, monsieur, je vous en prie...

— Madame, je suis tout à fait à vos ordres, et si vous désirez vous reposer, voici des chaises.

— C'est qu'il y a quelqu'un, reprit amèrement Léona, qui n'aura pas la même complaisance que vous; il faut que nous arrivions.

Elle tira une petite montre, la consulta, et s'écria vivement :

— Déjà si tard! O mon Dieu! ajouta-t-elle en essayant de hâter sa marche, quelle faute, quelle faute!...

— Voulez-vous que j'aille près de M. Villon, madame? lui dit Amab; voulez-vous que je lui dise d'attendre?

— Eh! monsieur, sais-je où il est! D'ailleurs, M. Villon vous hait; ne lui avez-vous pas enlevé le cœur de Mlle Thoré?

Hâtons-nous, c'est ce que nous avons de mieux à faire.

Ils marchèrent quelque temps en silence; mais, malgré sa volonté, la force de Léona sembla s'épuiser peu à peu; elle s'arrêta tout à coup, s'appuya sur une des barrières qui marquent le bord des allées transversales, et dit d'une voix tout à fait éteinte :

— Je ne puis aller plus loin, monsieur, non, jamais, jamais!

Puis elle ajouta avec amertume :

— Telle est votre destinée de me perdre tout à fait!...

—Moi, madame, dit Amab, que la délivrance de Charles préoccupait déjà moins en face d'une douleur si vraie et supportée d'une façon si résignée; moi! dit-il : je sais, madame, quel tort grave j'ai eu envers vous; mais je ne comprends pas qu'en ce moment je puisse être pour vous la cause de nouveaux chagrins.

— Vous ne le comprenez pas, monsieur...

Oh! s'écria-t-elle avec un accent désespéré, les gens qui n'aiment rien ne comprennent rien...

— Votre douleur est injuste, madame : je sens tout ce que vous devez souffrir, je comprends tout ce que vous pouvez craindre; mais j'en suis innocent...

— Oh! dit Léona avec fierté, je ne crains plus rien, monsieur, je ne crains plus rien... Vous venez de m'apprendre qu'il y a des douleurs plus atroces que celles que peuvent nous infliger le mépris public et la vengeance d'une famille désolée.

— Moi! dit Amab encore tout étonné, m'est-il donc échappé une parole peu convenable, et rien est-il venu de ma part éveiller en vous des souvenirs douloureux?

Léona poussa une sourde exclamation, pressa son front avec désespoir; et comme Amab s'étonnait de ce nouveau transport de douleur, Léona reprit tout à coup :

— Ce n'est pas assez que son silence me montre tout son mépris, il faut qu'il me le dise!...

— Quoi? reprit Amab.

— Mais, reprit Léona en l'interrompant violemment, ces souvenirs que vous ne voulez pas éveiller... ces souvenirs que vous écartez d'une attention si délicate, ils sont donc bien honteux?

— Mais, madame... fit Amab.

— Assez, assez! dit Léona en reprenant sa marche avec une nouvelle rapidité et sous l'impulsion d'un violent désespoir ou d'une terrible colère; assez! votre silence me blesse, vos paroles me torturent, votre présence me tue.

Amab s'arrêta, presque décidé à ne pas suivre Léona.

Elle s'arrêta à son tour, et se retournant vers lui, ajouta avec une ironie cruelle :

— Venez, monsieur, venez... n'ayez pas peur... venez... on tue une femme, mais elle n'en meurt pas sur l'heure; d'ailleurs, ne faut-il pas que votre élève, votre ami, votre frère vous soit rendu cette nuit même...

Oh! venez donc... et surtout ne me laissez pas seule avec lui tant qu'il sera en mon pouvoir.

Amab la suivit, et elle s'avança rapidement en murmurant sourdement :

— Oh! les misérables!... les misérables!...

Amab, qui voyait Léona s'exalter dans une pensée de colère, et qui croyait savoir jusqu'où un pareil sentiment pouvait la pousser, Amab s'approcha d'elle et lui dit de sa voix la plus caressante :

— Écoutez, madame, si la parole de deux hommes d'honneur...

— Qu'est-ce que vous comptez faire pour le nouveau salon? dit Léona en l'interrompant brusquement d'une voix saccadée et vibrante... sera-ce un tableau de sainteté, un tableau d'histoire?... N'exposeriez-vous seulement que des portraits?

— Pardon, madame, dit Amab; mais un pareil entretien...

— On vous donnera la croix, sans doute, cette année, et peut-être vous confiera-t-on les travaux de quelqu'une de nos églises?

— En vérité, reprit Amab, je ne sais à quel propos vous me parlez de cela...

— Que vous importe? dit Léona; parlons-en, je vous en prie... C'est toujours un noble entretien que celui des arts... Je les aimais, je les cultivais aussi... je peignais quelquefois...

— Vous! madame...

Elle ne répondit pas...

Amab put voir qu'elle pleurait; puis elle ajouta, comme si elle se parlait à elle-même :

— Oh! je ne peindrai plus maintenant!...

— Pourquoi cela?

— Pourquoi, monsieur... vous me demandez pourquoi? Oh! misérable que je suis! dit-elle en joignant les mains; cette pensée me tuera...

— Quelle pensée?

— Mais ne comprenez-vous pas, reprit Léona avec des larmes et des sanglots, que là, à l'instant même, j'ai voulu sortir de l'affreuse pensée qui me tient... je vous ai jeté un mot au hasard, je croyais fuir hors de moi... mais j'y suis rentrée aussitôt... oui, monsieur, j'aimais les arts, et j'avais pour les hommes qui s'y font un nom illustre, un enthousiasme, qui, un jour, s'est égaré jusqu'à la folie... eh bien! monsieur, je tuerai cet amour comme j'en ai déjà tué un autre... je ne veux plus voir une toile, un pinceau; car alors... je me souviendrais...

Oh! reprit-elle, est-il besoin de cela pour se souvenir?... Oh! non, non... Dieu est implacable, il nous a refusé l'oubli...

— Du moins, madame, reprit Amab avec soumission, vous pouvez être assurée que le secret le plus profond...

A ce moment, Léona parut se calmer.

Était-ce lassitude, était-ce résignation, était-ce calcul ?...

Elle s'appuya sur le bras d'Amab, et reprit d'une voix brisée mais douce :

— Ah ! vous n'êtes ni bon, ni digne... mais comprenez donc que vous me donnez une assurance qui me remet complaisamment en face de mon malheur...

Vous m'offrez votre parole et celle d'un autre... Je ne vous méprise pas assez pour douter de vous ; et quant à... cet autre, je supposais que vous n'aviez pas besoin de me dire que vous sauriez le faire taire.

D'ailleurs, croyez-moi, monsieur Victor, ajouta-t-elle amèrement, j'attache moins de prix que vous ne pensez à ce mystère... il y a des heures où les hommes impitoyables font les femmes éhontées.

L'honneur d'une femme est comme sa beauté, monsieur ; elle en prend d'autant plus de soin, qu'elle est près de les perdre l'un et l'autre ; elle les plâtre, elle les peint, elle les relève de tout ce que l'art peut lui prêter d'artifice, surtout... ajouta-t-elle en essuyant une larme, lorsqu'elle a une espérance dans le cœur ; mais, le jour où elle perd cette espérance, le jour où il n'y a plus personne au monde qu'elle veuille tromper... beauté et honneur, elle laisse tout à l'abandon...

Oh ! tenez, déshonorez-moi, monsieur, si vous le voulez... je n'ai plus rien à faire, ni de mon honneur perdu par vous et pour vous, ni de ma beauté qui le suivra bientôt, j'espère...

— Pourquoi désespérer, dit Amab, pourquoi ?

— Oh ! ne me consolez pas, monsieur, vous ne le pouvez pas... Supposez que vous êtes près d'une mère dont vous avez tué l'enfant adoré... serait-ce à vous de la consoler?...

— Du moins, est-ce un crime que j'aurais commis sans le vouloir...

— Et voilà ce qui est affreux, monsieur ; voilà ce qui vous défendrait de vous approcher de cette mère éperdue... Mais un crime se pardonne...

Glocester persuade à lady Anne que c'est par amour pour elle qu'il a tué son mari ; il persuade à Elisabeth que c'est pour la replacer sur le trône qu'il a tué ses enfants; et on lui pardonne.

De même on peut dire à une femme outragée :

« Je vous ai livrée à un autre, parce que je vous haïssais, et je me » suis trompé, je vous aime. »

On peut lui dire :

« Je vous trouvais trop heureuse, et j'ai voulu vous faire souffrir, » et maintenant je vous plains... »

Mais on ne lui dit pas ce que vous me dites :

« Je vous ai écrasée sous la roue de mon char, parce que je ne vous » ai pas vue ; consolez-vous donc, car je vous ai perdue parce que je » n'ai pas daigné savoir que vous existiez... »

— Non, non, Victor, on ne console pas ainsi... Taisez-vous, croyez-moi ; ne tentez pas des choses impossibles... Vous êtes jeune, et l'avenir vous reste, si vaste, si glorieux, si magnifique, qu'il faut que vous y marchiez d'un pas ferme et éclairé.

Je comprends l'ambition, je l'admire, je l'honore... Pour marcher à votre but, je comprends que vous posiez impitoyablement le pied sur le cœur qui vous fait obstacle... Avancez, écrasez, s'il le faut, les vulgaires sentiments qui se dresseront en ennemis à votre rencontre... Brisez les liens étroits qui enchaîneraient votre course, mais ne le faites pas en aveugle...

Écartez-vous doucement du fou qui se met en riant au-devant de vos pas... Ne chassez pas brutalement le mendiant qui s'attachera au pan de votre robe... Ne faites pas fouetter par vos esclaves l'enthousiaste qui criera : « Gloire et honneur au prophète ! » parce que sa voix vous déplaira...

Le mal le plus odieux est celui qui ne fait de bien à personne, pas même à celui qui le commet. La vengeance est le droit de tout cœur qui s'estime, la cruauté n'est que la faiblesse du méchant, et je ne vous avais pas fait de mal... moi !

Oh ! quels accents doux, pénétrants, tristes, mélodieux, apportaient ces plaintes désolées aux oreilles du jeune peintre.

— Oh ! si je vous avais connue ! reprit-il d'une voix presque repentante.

— Qu'importe, Victor ? La folle qui vous avait écrit la lettre que vous avez reçue, cette folle eût-elle été vieille et laide, et ce sont là de grands crimes, eût-elle été la fille du monde la plus perdue, cette femme ne vous insultait pas...

— Si vous saviez, Léona?... Mais j'ai redouté toute ma vie le ridicule, et j'ai craint...

— Je comprends cela, Victor ; mais alors on jette cette lettre au feu... on l'oublie... on n'a pas même la peine de l'oublier... on n'y a pas pensé... Oh ! non, non, vous me trompez, ou plutôt vous vous trompez vous-même...

Oui... croyez-moi : habituez-vous à regarder vos sentiments en face, si mauvais qu'ils soient... Ce ne sont pas les mauvaises pensées qui perdent les hommes, ce sont les faux semblants.

— Croyez-vous donc que si j'avais pu prévoir...

— Si vous vous étiez dit, fit Léona en interrompant doucement Amab : « Je vais peut-être perdre une femme pour le plaisir de la » perdre, » certes, vous eussiez hésité !... Personne ne fait une action infâme, c'est le mot, sans y trouver un intérêt.

— Et quel intérêt ai-je pu y avoir?

— Celui de dire tout haut à quelques amis assemblés :

« Mon succès va au delà de vos enthousiasmes ; voyez, on ne m'ap» plaudit pas seulement... on m'aime, on m'adore, on se jette à ma » tête.

» Eh bien ! tout cela n'est rien pour moi ! Je dédaigne ces enthou» siasmes, je les laisse à qui les veut ; il me faut autre chose... »

— Oh ! madame...

— Voilà ce que vous vous êtes dit, Victor, reprit Léona du ton d'une mère qui blâme doucement son enfant; et voilà où vous avez été méchant et cruel sans raison ; voilà le moment où vous avez fait passer insolemment la roue de votre char sur la femme qui, à genoux, battait des mains et du cœur à votre triomphe ; et cela, Victor, lorsque vous pouviez vous détourner d'elle.

— Ah ! ce mal, si j'avais pu le réparer, je l'aurais fait, je vous le jure !...

Léona ne parut pas l'avoir entendu et continua d'un ton résigné :

— Aujourd'hui que vous me tuez, je vous comprends mieux, vous êtes moins coupable...

— Que voulez-vous dire?

Ils avaient atteint la voiture en parlant ainsi, et Amab, en qui la parole mélodieuse de cette femme pénétrait doucement, qui la suivait avec une sorte d'admiration dans les doux replis des caressants reproches qui, doucement, doucement, approchaient de son cœur, Amab lui dit en prenant place près d'elle :

— Aujourd'hui que je vous tue, avez-vous dit, je suis moins coupable ?...

— Ai-je dit cela ? fit Léona... Eh bien ! j'ai eu tort. Je suis calme, je veux l'être jusqu'au bout... Oubliez cette parole.

— Vous avez raison, Léona ; je ne peux me justifier du mal que je vous ai fait ; mais je serais le dernier des misérables, si je vous en faisais encore sans le vouloir.

Léona se mit à rire avec une cruelle amertume, et reprit, mais avec cette voix brisée qui ne peut plus porter les accents de la colère :

— Ah ! mon Dieu ! mon Dieu ! ils vont vous marier... et vous savez que je le sais... et vous dites que vous ne voulez plus me faire de mal... Ah, Victor !

— Pardon ! mais il me semble...

— Puisque vous m'avez rappelé mes paroles, prenez-les toutes... oui, dit-elle d'une voix presque éteinte, aujourd'hui vous me tuez, et pourtant vous êtes moins coupable.

Amab fit un mouvement.

— Ne m'interrompez pas !... J'ai besoin de toute ma force pour suivre le fil de mes pensées... il ne faut pas que mon cœur bondisse jusqu'à ma tête pour y jeter le désordre comme tout à l'heure ; mon parti est pris, résolûment pris ; mais il ne faut pas que vous pensiez que je ne sens rien, que je ne comprends rien...

Vous me tuez... oui, monsieur; car, enfin, ou je suis une femme qui a encore quelque honneur, quelque fierté dans l'âme, un peu de passion vraie, un peu d'estime de soi, ou bien je suis une indigne courtisane, pleine de vanité stupide et de passions violentes...

Dans le premier cas, que pouvais-je espérer qui pût me faire pardonner à moi-même le malheur que vous m'avez jeté : je ne pouvais espérer que votre amour qui m'eût absoute de ma flétrissure... Folle espérance, n'est-ce pas? car vous vous mariez...

D'une autre part, si je suis la femme éhontée et violente que vous croyez peut-être... j'avais dû rêver au moins la vengeance... n'est-ce pas?... Eh bien! la vengeance m'échappe. Et pour que ma misère soit plus insultante, vous épousez la sœur de celui qui m'a outragée... vous l'honorez par votre alliance, vous prenez parti pour lui contre moi...

Ah! tenez... tenez, Victor, ne remuez point ces pensées dans mon âme... ne me remettez point en présence de cette horrible humiliation à laquelle je suis condamnée... je redeviendrais ce que je ne veux pas être... furieuse... folle... et capable peut-être d'un crime...

Amab ne répondit pas d'abord; mais il rencontra la main de Léona, et la serrant doucement, il lui dit :

— Léona, je me confie à votre générosité...

— Ah! merci, lui dit-elle vivement... merci pour ce mot seul... c'est le premier que vous me dites qui soit bon... et ce qui est bon fait naître la bonté... je veux que vous soyez heureux sans regrets... sans remords... Oui! je le veux...

Vous me sacrifiez à une autre... puis-je vous en vouloir... vous l'aimiez avant de me connaître, elle est belle, plus belle que moi, je le sais... Oh! la jalousie et le dépit ne me rendent pas aveugle... Elle est belle, et votre amour pour elle m'assure qu'elle vous comprend...

Oh! heureuse sera-t-elle, reprit Léona avec exaltation, de vous pousser de toute l'énergie de son âme dans la carrière où vous entrez... de vous soutenir aux jours de lutte; car vous êtes destiné à être trop grand pour ne pas avoir bientôt de nombreux ennemis, et il lui faudra lutter contre les colères sublimes de l'artiste qui déchire sa toile et brise son chevalet; il lui faudra lutter contre le désespoir profond qui lui fait abandonner le combat, en se demandant si la gloire vaut toutes ces douleurs; il lui faudra lutter contre le découragement, bien plus fatal que la colère et le désespoir, et qui fait quelquefois que le génie doute de lui-même.

Alors elle aura des cris contre vos ennemis et contre vous-même; des prières pour eux et pour vous, car elle dépassera vos colères par les siennes, et vous reprochera de ne pas être assez sensible à vos injures...

Et puis, elle aura peur, et excusera ces mêmes ennemis, et vous implorera pour eux... et puis encore, aux jours de découragement, elle sera à vos pieds pour vous supplier, au nom de votre gloire abandonnée, ou pour vous irriter, en vous demandant compte de votre génie lâchement délaissé...

Elle vous soutiendra, elle vous aiguillonnera...

Fière de vous, riche de vous, l'amour lui donnera les secrets de vous plaire; mystères d'amour qui n'appartiennent qu'aux fronts couronnés... Elle accompagnera votre triomphe, et, toute parée de votre gloire, elle la voudra encore plus grande pour vous paraître plus belle.

Oh! voilà l'avenir de cette femme, car elle vous aime... Et moi, moi qui n'avais rien rêvé que votre nom... je le sens là... si vous m'aviez appartenu, je vous aurais fait si grand que le monde m'eût pardonné votre amour.

A ce moment, la voiture roulait sourdement dans les sables profonds d'une allée étroite, sombre.

La voix de Léona, vibrante, passionnée, arrivait à Victor comme un chant de triomphe enivrant, parmi les suaves parfums de son haleine...

La main de Léona frissonnait dans celle de Victor.

— Oh! s'écria-t-il, pourquoi... hier... ne m'avez-vous pas parlé ainsi...

— Le sais-je? dit Léona; mais depuis un mois je suis folle... Victor... je voulais votre amour, et...

Oh! vous ne savez pas ce que c'est que le cœur d'une femme qui aime... les hommes ne savent rien de ce qu'il y a d'insensé dans leurs rêves.

Pour votre amour, Victor, je me serais montrée à vous comme une sainte, si je l'avais osé... comme une bacchante... comme une meurtrière... je vous écoutais, je vous regardais, et quand je vous voyais sourire à ces histoires chastes et pures de nos poëtes raphaéliques... je ne sais, mais il me semble que ma pensée s'élevait... que mon visage reprenait la candide expression de l'enfance... et puis, si vous racontiez ces terribles passions, altérées de vengeance, toutes pleines de délire et d'énergie, je croyais que votre âme avait besoin de ces passions de feu, et je me montrais à vous sous cet aspect...

» Mais, Victor... vous ne me connaissez pas... Je ne suis rien de ce que vous avez vu... Je ne suis ni un esprit pervers, ni un cœur implacable, ni une comédienne habile... Je ne suis qu'une femme qui aime... qui voulait votre amour et qui ne l'aura jamais.

— Ah! Léona, Léona, lui dit Amab... si je pouvais vous croire... si vous m'aimiez en effet...

— Si je vous aime!... Mais quelle preuve en voulez-vous, mon Dieu?

— Je veux...

— Prenez garde... lui dit-elle vivement, nous sommes arrivés...

La voiture entrait en ce moment dans la cour de la villa de Mme de Cambure.

Il était minuit.

XXXVI. — SCANDALE TRIOMPHANT.

Plus d'une heure avant cela, et lorsque déjà M. et Mme Thoré commençaient à attendre avec impatience la réponse que leur avait promise Amab, lorsqu'ils se perdaient en conjectures et en craintes désespérées sur ce retard inexplicable, et lorsque déjà ils s'excitaient à user contre cette femme des plus sévères rigueurs, au moment où ils commençaient à craindre pour Amab aussi bien que pour leur fils, un violent coup de sonnette retentit à la porte. Ils coururent au-devant d'Amab, et ils se trouvèrent en face de Charles que ramenait M. Villon.

Ce fut un moment de transport confus, bruyant, et auquel Charles ne put se refuser; mais à peine avait-il passé des bras de son père dans ceux de sa mère qui l'y gardaient, qu'il dit :

— Où est Julie?

— Elle repose... Ah! M. Amab ne nous a donc pas trompés.

— M. Amab! dit Charles, d'un ton brusque.

— C'est lui qui vient d'aller chez Mme de Cambure... c'est lui qui, soit prières, soit menaces, a obtenu enfin ta délivrance.

— M. Amab, dit sèchement Villon, n'est pour rien dans la délivrance de M. Charles; c'est moi qui ai vu cette dame, c'est moi qui lui ai parlé et de *bonne encre*, et c'est moi qu'elle a chargé de vous ramener monsieur votre fils.

— Ah! merci, mon ami, lui dit Mme Thoré...

— Au fait, ajouta fièrement M. Thoré, qu'importe à qui Charles doit sa liberté, puisqu'il nous est rendu?

— Cela importe peut-être, dit Charles.

A quelle heure M. Amab est-il parti d'ici pour obtenir ma liberté?

— Mais il était dix heures et demie, je crois.

— Eh bien! moi, dit Villon, je sortais à neuf heures de chez Mme de Cambure avec l'ordre de mise en liberté dans ma poche.

—Et il me semble, dit Charles, que, depuis qu'il est parti, il a eu le temps d'apprendre le succès des démarches de M. Villon et de venir vous en avertir...

— Peut-être, dit Mme Thoré... Mais pourquoi t'occuper de cela?... pourquoi troubler notre joie par ces réflexions?

— Ma mère, dit Charles avec tristesse, je voudrais embrasser Julie...

— Eh bien! viens, mon ami, viens...

Et Mme Thoré marcha vers la chambre de sa fille en appelant :

— Julie! Julie!

Elle ouvrit la porte en appelant:

— Julie! Julie!

Mais personne ne répondit.

— Julie! Julie! cria Mme Thoré en se précipitant dans la chambre.

— Ah! fit Charles avec un accent terrible et en pénétrant aussi dans cette chambre vide, il est trop tard.

Qu'on s'imagine les cris, le désespoir de cette mère qui, pendant près d'un mois alarmée sur le sort de l'existence de son fils, ne le retrouvait que pour se voir enlever sa fille.

On appela, on chercha, on questionna, enfin on apprit de la femme de chambre qu'une vieille dame était venue demander Julie; qu'après le départ de cette dame, Julie avait dit qu'elle rentrait chez elle, et, comme on questionnait la servante sous toutes les faces, elle finit par répondre qu'elle avait essayé d'entendre ce qui se disait entre cette dame et Julie, et qu'elle avait saisi le nom de M. Amab.

— Mme de Cambure avait raison, dit Charles avec fureur; le lâche savait bien que je le punirais de son infâme séduction!

Qu'on veuille bien se rappeler le conte que Léona avait fait à

Charles; qu'on se souvienne, en même temps, qu'Amab venait de raconter à M. et Mme Thoré ses relations et celles de Charles avec Mme de Cambure, et on comprendra dans quels désordres d'explications ils errèrent pendant bien longtemps.

Villon accusait Amab et acceptait, sans restriction, la pensée que c'était un infâme et lâche ravisseur.

Il criait avec fureur qu'il fallait le poursuivre, l'atteindre, le souffleter.

Mme Thoré, plus désolée, mais plus sage, devinait, dans cet événement mystérieux, la main funeste de Léona; l'honnête femme comprenait l'ardeur de vengeance qui avait dû pousser la femme perdue, si insolemment outragée par son fils.

M. Thoré tonnait au nom de la loi et de l'autorité paternelle, et Charles, qui commençait enfin à comprendre qu'il était une des causes les plus actives de ce désastre, Charles s'offrait à tous les dangers, à tous les sacrifices pour sauver sa sœur.

Après de longs cris, de terribles menaces, d'interminables lamentations, deux résolutions sortirent de ce désordre et de cette douleur : la première fut d'aller immédiatement près des deux seules personnes auxquels pussent s'adresser les soupçons, Amab et Mme de Cambure.

Ces résolutions prises, une nouvelle discussion s'éleva : Mme Thoré voulait aller partout à la fois; elle craignait les violences de son fils s'il allait chez M. Amab avec M. Villon seulement; en effet, ces violences pouvaient, tout perdre, si, comme elle le pensait sans trop oser le dire, Amab avait été un instrument aveugle de la vengeance de Léona.

Mme Thoré s'épouvantait aussi de les laisser aller chez Mme de Cambure, qui, peut-être, avait préparé un scandale où elle ferait tomber leur inexpérience. Elle voulut accompagner son fils.

Quant à M. Thoré, il prétendait aller seul partout, et il faisait son affaire de tout savoir, de tout sauver ou de tout punir.

Il résulta de tout cela que tout le monde dut se rendre à la fois chez chacun des prévenus.

On prit une voiture et on se rendit chez Amab. Amab n'était pas chez lui; il n'y avait pas reparu de la soirée.

Charles insista pour lui écrire, et se fit ouvrir son appartement. Il le parcourut... on lui avait répondu la vérité.

— Il est certain, se dit-il alors, que s'il a enlevé Julie, ce n'est pas chez lui qu'il l'aura cachée.

On alla chez Mme de Cambure.

Mme de Cambure était également sortie.

On voulut aller au delà de ce renseignement; mais on avait affaire à un concierge aristocrate, de ceux qui ne permettent pas qu'on les interroge sur leurs locataires.

On essaya du moyen qui humanise ces superbes discrétions; mais on se heurta au calcul d'un homme qui savait qu'il avait plus à attendre d'une femme qui payait tous les jours pour se taire, que d'un curieux qui lui offrait par hasard quelques louis pour parler.

M. Villon voulait persuader, M. Thoré pérorait, Charles jurait, Mme Thoré arriva et s'y prit avec plus de douceur.

— Je comprends très-bien, dit-elle, que si Mme de Cambure désire être seule, elle ait fait dire qu'elle n'était pas chez elle, et vous devez lui obéir...

Mais il y a des circonstances qu'on ne peut pas prévoir, et où l'on donnerait beaucoup pour être avertie d'un malheur qui arrive, comme par exemple de la maladie subite d'un ami qui vous fait appeler.

— Je comprends très-bien madame, fit le concierge; mais si c'est un malheur, Mme de Cambure n'en peut être informée, car, je vous le jure, elle est sortie, la calèche est partie d'abord...

— Avec moi, dit Villon.

— C'est possible, Monsieur, je ne regarde pas les personnes qui montent dans les voitures de Mme de Cambure. Et puis le coupé a emmené madame ensuite.

— Et vous ne savez pas où on pourrait la retrouver?

— Mme de Cambure ne me dit pas où elle va.

— Pourrait-on s'en informer chez elle?

— A votre aise, madame; il y a du monde.

Mme Thoré monta vite l'escalier et sonna chez Mme de Cambure. Dorothée parut.

— Mme de Cambure? lui dit Mme Thoré.

— Bien, fit Villon, la sourde-muette qui m'a apporté la lettre.

Celle-ci poussa un cri rauque, une autre chambrière arriva.

— Mme de Cambure?

La chambrière consulta la sourde-muette de l'œil; celle-ci lui fit un signe.

— Elle est sortie...

— Est-ce bien sûr?

— Parfaitement sûr.

— A quelle heure? fit M. Thoré.

— Madame sort quand il lui plaît.

Cette réponse, faite du ton le plus insolent, ne permettait pas d'espérer qu'on pût obtenir d'autres renseignements.

Déjà Dorothée avait pris le battant de la porte, lorsque des cris perçants retentirent à l'étage supérieur.

Ils avaient à peine frappé l'oreille des autres personnes assemblées sur le palier que déjà Mme Thoré avait reconnu la voix qui les poussait.

— Julie... c'est Julie! s'écria-t-elle en s'élançant vers l'étage supérieur.

Comme la voix de la fille était arrivée à la mère, la voix de la mère arriva à la fille.

— Ma mère... ma mère! répondit la malheureuse enfant.

Et tandis que le concierge et sa famille, attirés par ces cris, tandis que les domestiques de Mme de Cambure, curieux de ce qui va se passer... tandis que les voisins, troublés dans leur repos par le vacarme qui roule dans le grand escalier, accourent de tous côtés, Charles et Villon, et M. Thoré lui-même, frappent à la porte, la brisent, entrent dans l'appartement, et Mme Thoré reçoit dans ses bras sa fille éplorée, les cheveux épars, les vêtements déchirés, pâle, meurtrie.

Un homme, l'œil hagard, l'écume à la bouche, était debout dans le salon, dans un désordre non moins terrible...

Charles, emporté par sa rage, se précipite sur lui; cet homme, armé d'un poignard, veut l'en frapper, Charles le lui arrache, et, saisi à la gorge par une main de fer, il se débarrasse de la terrible étreinte de son ennemi en le frappant avec fureur, et le jette tout sanglant sur le sol.

Villon, accouru à son aide, veut à son tour s'élancer sur le blessé qui a fait un effort terrible pour se relever; mais il s'arrête stupéfait en reconnaissant le comte de Monrion.

Tous les cœurs étaient pleins de malédictions contre cet infâme; mais elles restent suspendues aux lèvres, devant le corps inanimé et sanglant de Gustave, qui ne donne plus aucun signe de vie.

Quels cris, quelle fureur! que de questions, que d'interventions menaçantes ou bienveillantes suivirent ce premier choc d'une rencontre terrible!

Des femmes offraient leur appartement à la mère de cette belle jeune fille évanouie aussi, et, à ce qu'il paraissait, attirée dans un piége infâme.

D'autres s'écriaient qu'il y avait mort d'homme, et qu'on ne pouvait laisser ainsi s'échapper le coupable.

C'était à ne plus s'y reconnaître, tandis que le prudent concierge, en sa qualité de premier magistrat de la maison, tenait la porte cochère soigneusement fermée, et que sa fille (tous les portiers ont une fille) allait chercher le commissaire de police.

Quand celui-ci arriva, M. de Monrion avait été déposé sur un lit; un médecin, qui demeurait dans l'une des cours de cette vaste maison, l'avait soigné, et avait déclaré qu'il n'était pas en état de supporter un interrogatoire; car, indépendamment de la blessure qu'il avait reçue, M. de Monrion semblait atteint d'une congestion cérébrale très-prononcée, dont le médecin ne pouvait assurer que cette blessure fût l'origine, mais qui le rendait incapable de comprendre rien à ce qu'on pourrait lui dire.

D'un autre côté, Mme Thoré avait accepté l'hospitalité d'une voisine, et on avait conduit chez elle l'infortunée Julie, qui, au moment où elle avait repris ses sens, s'était jetée dans les bras de sa mère, en laissant échapper ce mot fatal :

— Oh! maman, cache-moi!

Les regards de quelques spectateurs rapidement échangés entre eux avaient cruellement commenté ce mot, et peut-être, si Charles, anéanti, éperdu, fou, l'eût entendu, il eût répété le cri qu'il avait poussé dans la chambre de sa sœur :

« Il est trop tard! »

Cependant le commissaire crut devoir procéder à un premier interrogatoire, et, à ce moment, la confusion recommença sous un autre aspect.

Mme Thoré qui avait pu arracher quelques mots au désespoir de Julie, disait au magistrat :

— Que c'était sur une lettre de M. Amab que sa fille avait quitté sa maison.

— M. Amab est donc le nom du coupable, et, par conséquent du blessé ?

— Non, le coupable, c'est M. de Monrion.

Premier embarras.

— A qui a été loué cet appartement, disait le commissaire de police au concierge.

— A M. de Monrion, dans la personne de son valet de chambre... bien connu dans la maison, où il venait souvent chez Mme de Cambure comme messager de son maître.

— A qui devait-on remettre la clef de cet appartement ?

— A M. Amab, répondit le concierge.

— Est-il venu ce soir ?

— Oui ; mais il est sorti presque aussitôt avec Mme de Cambure.

— Et la clef ?

— La clef avait déjà été remise à M. de Monrion.

Ainsi, la clef destinée à Amab avait été remise à M. de Monrion.

Second embarras.

— Cependant il est possible de s'expliquer ceci... Quelle est la personne qui a dit de remettre cette clef à M. Amab ?

— C'est la vieille femme qui avait apporté la lettre à Julie de la part de M. Amab ; mais cette femme avait glissé une bourse dans les mains du concierge de la part de M. de Monrion.

— Où est cette bourse ?

— La voici...

La bourse brodée en perles porte la couronne de comte et les lettres G. M. Elle appartient à M. de Monrion.

— Mais que venait faire ici cette demoiselle ?

— Elle venait, d'après une lettre de M. Amab, demander à Mme de Cambure la liberté de son frère.

— Le jeune homme était donc détenu par Mme de Cambure ? Qu'on fasse approcher le jeune homme... Vous avez donc été enlevé par Mme de Cambure ?

Hésitation de Charles qui répondit :

— Ou peut-être par M. Amab qui savait que je le punirais de l'infâme séduction...

Cri de Mme Thoré qui interrompt son fils qui n'ose plus rien répondre.

— Ce serait donc M. Amab qui vous aurait fait enlever ?

— Je ne sais.

— Ce doit être Mme de Cambure, dit Villon.

— Et pour quelle cause ?

Silence général.

Il faut lui rendre cette justice, le commissaire y mit le plus grand soin, mais il eut beau chercher, interroger, commenter, il ne put y rien comprendre, malgré toute sa perspicacité.

Et comme à toute chose il faut une fin, surtout lorsqu'elle a commencé à minuit et que tout le monde a envie de dormir, le commissaire, qui considérait qu'il y avait un pair de France, une femme immensément riche, et un artiste célèbre mêlés dans cette affaire, pensa qu'il y fallait réfléchir avant d'aller trop loin.

Cependant, comme il y avait blessures et violences des deux parts, il fit arrêter Charles, qui fut conduit en prison, et il mit un homme de garde dans l'appartement de M. de Monrion.

L'habile commissaire ne négligea aucune précaution, il réclama la lettre écrite par M. Amab... elle avait dû rester dans l'appartement où l'une des femmes de Mme de Cambure, Dorothée, avait été appelée pour veiller le malade.

On chercha la lettre de toutes parts. Dorothée y mit tant d'ardeur, qu'elle alla jusqu'à faire fouiller dans les poches de l'habit de M. de Monrion. Elle parut avoir raison ; on y trouva plusieurs lettres.

La première de ces lettres était de M. de Montaleu, elle était foudroyante : après avoir reproché à son neveu ses scandaleuses amours avec Mme de Cambure, il lui demandait compte de son assiduité chez M. Thoré ; l'oncle irrité n'y voyait qu'un plan infâme de séduction.

L'accusation était terrible, et l'événement la justifiait.

Mais ce qui fut épouvantable, ce qui jeta un nouveau désordre dans cette affaire inextricable, ce fut une seconde lettre.

Le commissaire, à qui elle fut remise par son secrétaire qui l'avait trouvée dans la poche de l'habit de Monrion, le commissaire, après l'avoir lue, dit sévèrement à Mme Thoré :

— Mademoiselle votre fille se nomme ?

— Julie, monsieur.

— Est-ce là son écriture ?

Mme Thoré regarda.

— En effet.

— Eh bien, lisez, madame.

Mme Thoré lut :

« Oui, je vous aime... trouvez un prétexte qui m'autorise à quit-
» ter la maison de ma mère... et qui puisse me servir d'excuse à mon
» retour, et j'irai au rendez-vous que vous m'avez demandé.

» JULIE. »

Mme Thoré qui savait le fol amour de sa fille pour Amab, crut qu'elle avait cédé à son entraînement, elle retourna la lettre pour voir l'adresse, la lettre était adressée à M. le comte de Monrion.

Le fatal billet lui échappa des mains, le vertige la prit, elle n'y comprenait plus rien, elle se sentit devenir folle.

Cependant, au milieu de ce tourbillon de ténèbres et de lueurs contraires, une idée constante, immuable, dominait toutes les autres, et parmi cet orage tournoyant et tumultueux qui l'enveloppait de tous côtés, elle voyait planer pour ainsi dire l'image de Léona qui, pareille au milan, tournait, tournait sans cesse au-dessus de cette famille tremblante, l'enveloppait dans le vertige de son vol circulaire, et qui finissait par se précipiter sur elle le bec et les ongles ouverts.

Cette image s'était tellement emparée de l'esprit de Mme Thoré, qu'elle se précipita vers sa fille, l'entoura de ses bras, et s'écria :

— Oh ! viens, fuyons, je te sauverai, moi.

Cependant la lettre de Julie avait été ramassée et jointe au procès-verbal.

Charles, accompagné de M. Villon et d'un agent de police, partit en fiacre pour le poste voisin ; M. et Mme Thoré rentrèrent avec Julie qui ne pleurait plus ; une fièvre ardente, terrible, s'était emparée d'elle.

Ainsi, après la douleur qu'y avait apportée la disparition de Charles, la désolation et le déshonneur venaient d'entrer dans cette maison ; ce père honorable, cette mère si heureuse et si fière de ses enfants, avaient retrouvé leur fille déshonorée et leur fils coupable de meurtre.

Assurément nous pourrions expliquer sur-le-champ à nos lecteurs les quelques circonstances encore obscures pour eux de cette dernière scène ; mais ce serait laisser incomplet le caractère de la femme dont nous avons voulu faire le portrait ; ce serait reculer devant le dernier coup de pinceau qui doit la montrer telle qu'elle fut, telle qu'elle est.

XXXVII. — DERNIER MOT.

Le matin de ce jour, Dorothée, qui avait remis à la vieille femme de charge de M. de Montaleu le soin de veiller sur M. de Monrion (car le vieux marquis avait été averti de l'événement de la nuit précédente par les soins du commissaire de police), Dorothée, disons nous, avait quitté la rue Joubert, et elle était allée rejoindre sa maîtresse au bois de Boulogne.

Il était grand jour quand elle arriva.

Elle pénétra dans l'appartement de sa maîtresse et la trouva dans la petite bibliothèque qui précédait la chambre à coucher.

— Je l'ai entendue arriver... et je me suis levée.

La sourde-muette, qui parlait à merveille, dit tout bas :

— Et lui ?

— Il dort encore... que s'est-il passé ?

Dorothée lui raconta tout.

Léona ne put s'empêcher de rire comme une folle de tous les quiproquos du commissaire de police.

— En définitive, dit-elle enfin, qui soupçonne-t-on ?

— M. de Monrion, grâce à la lettre que j'ai glissée dans la poche de son habit.

— Dans le cas où l'on ferait des perquisitions chez moi, qu'as-tu fait de la facture qui t'a servi à contrefaire si bien l'écriture de cette petite fille? — La facture du thé? Je l'ai brûlée.

Ainsi, rien n'avait été inutile au plan de Léona, pas même cette facture qu'elle avait reçue avec un sourire si menaçant.

Prévoyait-elle, dès l'heure de sa visite chez M. Thoré, l'usage qu'elle en ferait un jour? Non, sans doute! Seulement c'était une arme qu'on lui mettait entre les mains, et dont les circonstances devaient lui dicter l'usage.

— Et la lettre d'Amab? — La voici.

La porte du petit salon s'ouvrit, et Julie, pâle et chancelante, entra. — Page 77.

— Donne, dit vivement Léona, en la cachant dans l'épaisseur d'une reliure en velours à encadrement d'or qui s'ouvrait en pressant une des pierres précieuses dont il était garni, et laissait un espace vide entre les deux cartons qui soutenaient le velours.

Cette lettre n'avait pas encore sans doute produit tout le mal que Léona pouvait en attendre.

Une dernière question fut adressée à voix basse à Dorothée...

C'était là que se trouvait sans doute le danger.

— Et le reste du vin qu'a bu Gustave? lui dit-elle.

— Répandu dans les cendres, et le feu n'a pas cessé de brûler toute la nuit.

— Bien, fit Léona avec un profond soupir, tu as bien fait... je l'avais oublié.

Qu'était-ce donc? un poison, sans doute, versé par Léona dans ce souper où elle avait égaré la raison de Monrion.

L'horrible état où on l'avait trouvé, quand la porte avait été enfoncée, la congestion cérébrale signalée par le médecin venaient-ils de ce poison?

Jamais personne n'eût arraché le secret de cette ténébreuse question, ni à la maîtresse, ni à la suivante, si l'une d'elles ne s'était chargée de le révéler.

Mais, avant d'en venir là, il nous faut dire encore quelques mots de l'explication qui eut lieu entre Amab et Léona.

Elle lui avait tout dit, et lui, tremblant, épouvanté, regardait en frémissant cette femme dont la voix l'avait enivré, dont l'amour l'avait altéré d'une soif qu'elle seule désormais pouvait satisfaire sans jamais l'éteindre.

Il avait tout écouté, tout accepté, elle l'aimait, elle s'était vengée... elle avait été juste.

En effet, elle avait été si fière, si implacable dans ce terrible récit; elle avait dit avec un accent si souverain :

— Le comte de Monrion m'a voulu traiter comme une fille perdue, il mourra ridicule et déshonoré... Un autre (elle parlait de Charles) m'a fait rougir devant vous... j'ai sali son nom du déshonneur de sa sœur et ses mains du sang d'un homme ivre.

Elle avait prononcé ces mots d'une voix si inflexible, d'un ton si impitoyable, qu'Amab avait tremblé pour lui-même, et lui avait dit :

— C'est bien.

Et puis elle lui avait si bien expliqué comment elle avait su le mettre à l'abri de tout soupçon, comment sa folle passion pour lui l'avait inspirée au moment où elle allait le perdre; elle avait si bien pénétré dans son cœur, en lui apprenant qu'il n'aimait pas Julie, qu'il ne l'avait jamais aimée, que le refuge qu'il avait été chercher près de cette fille sans passion, venait du peu d'estime qu'il faisait de lui-même, car il n'avait pas osé croire à l'enthousiasme mérité qu'il inspirait.

Elle lui avait si bien arraché de l'âme le secret de ses rêves ambitieux, et, arrivée là, elle lui avait si bien dit qu'il était un de ces hommes, à qui le monde appartient et que le génie dégage des liens de la morale vulgaire comme il les élève au-dessus de la vulgarité de l'art...

Elle lui avait si éloquemment démontré que tout piédestal où l'on veut monter pose sur des cœurs brisés, sur des réputations détruites, sur des amitiés reniées, comme le piédestal des conquérants pose sur des armées de cadavres...

Elle lui avait si hardiment répété que celui qui a mis un but élevé à sa carrière, ne peut y arriver qu'à la condition de ne pas s'arrêter aux cris de la femme qu'il blesse, de l'enfant qu'il renverse, de l'ami qu'il écrase...

Elle avait entremêlé ces sauvages sophismes de si doux sourires, de si ardentes caresses; elle avait si servilement baisé, comme une esclave soumise, la main à qui elle avait dit : Frappe...

Elle l'avait tellement ébloui, fasciné, le malheureux Amab, qu'il s'était relevé fier, convaincu et prêt à accepter l'avenir qu'on lui montrait si éclatant.

Ne le connaissez-vous point, mon héros?... Ne connaissez-vous pas ce quasi-honnête homme fort ambitieux, mais qui, enfermé dans l'étroite sphère de son imagination, procède par des moyens sagement calculés pour glisser entre les douze cents articles du Code criminel?

Voyez-le tout à coup en face d'une grande audace, d'une puissante imagination qui lui prouve qu'il perd son temps à tourner les obstacles que les hardis sautent à pieds joints : il se croyait habile, il n'est que poltron; il sondera encore le terrain, que d'autres seront déjà arrivés... Il rampe seulement, ils volent à pleines ailes...

Alors, il se trouve honteux, petit, ridicule ;... il veut être de ce petit monde qui mène le reste des hommes; il se livre à qui veut s'emparer de son audace d'emprunt et il devient un merveilleux instrument dans la main qui veut le gouverner.

A la fin de l'explication qu'il eut avec Léona, Amab était son complice, car il regrettait de n'avoir pas aidé à cette infernale combinaison, si triomphalement menée.

L'égoïsme tremblant de l'homme n'eut qu'un retour au milieu de cette ivresse. Au moment de quitter Léona, qui lui avait fait la leçon sur la manière dont il devait répondre à ceux qui viendraient l'interroger, soit que la famille seule s'adressât à lui, soit que les magistrats l'eussent déjà appelé, au moment où il n'eût dû penser qu'à l'heure où il la reverrait, il lui dit encore :

— Mais cette lettre qui a fait sortir Julie, êtes-vous sûre qu'elle a disparu ?

— Puisque vous voulez tout savoir, cette lettre est dans mes mains.

— Oh! rendez-la-moi.

— Bientôt.

— Mais quand ?

— Le jour de notre mariage.

La réponse était cruelle.

Amab pâlit; Léona s'en aperçut, et lorsqu'il fut éloigné elle répéta encore une fois le mot fatal :

— Il y viendra.

XXXVIII.

INTERROGATOIRE.

Quelques heures après, Amab était chez lui, tranquille dans son atelier, écoutant d'un air fort désintéressé le récit d'un grand scandale qui, disait-on, avait eu lieu dans la rue Joubert.

Aucun nom n'avait été prononcé; seulement, on parlait d'une jeune fille attirée dans un piége, et qui, à la place de l'amoureux qu'elle aimait, avait trouvé l'amoureux qu'elle n'aimait pas.

A ces paroles un des élèves dit en ricanant que la rue Joubert était la rue aux quiproquos, et qu'il serait très-plaisant que l'aventure se fût passée dans la même maison que celle de la belle dame qui avait écrit à Amab, et dont Charles avait profité.

Ce rapprochement fit tressaillir Amab, mais il laissa courir les plaisanteries autour de lui comme si elles eussent parlé des aventures de Télémaque.

Cependant, l'impatience que lui donnaient ces mille piqûres d'aiguille qui l'atteignaient à chaque instant allait le pousser à imposer silence à ses élèves, lorsque son domestique, celui qui l'avait quitté pour quelques jours et qui était rentré à son service, lui annonça la visite de M. le marquis de Montaleu.

A la même heure, une femme priait au pied d'un lit. — Page 79.

L'imminence du danger rendit tout son calme à Amab; il déposa sa palette, quitta ses pinceaux et se hâta de se rendre près de M. de Montaleu dans le salon attenant à son atelier; il le salua en homme flatté de l'honneur d'une pareille visite... il lui offrit un siége, mais le marquis refusa en lui disant :

— Ne pourra-t-on pas entendre de cet atelier la conversation que nous devons avoir ensemble ?

— Parfaitement.

— Passons ailleurs...

— Soit, avait répondu Amab que cette précaution avertit de se tenir sur ses gardes.

Aussitôt il avait fait entrer M. de Montaleu dans une autre pièce de son appartement.

Le marquis s'était assis... Il était grave, triste, préoccupé; de profonds soupirs s'échappaient de sa poitrine.

Quant à Amab, il restait devant lui comme un homme qui ne comprend rien au mystère qu'on réclame, ni à la douleur qu'on montre.

Une nuit et une leçon avaient singulièrement avancé Amab. Léona eût été contente du début de son élève, mais non sans être alarmée sur les suites; car il avait affaire à un rude adversaire.

— Vous savez sans doute les événements de cette nuit? lui dit le marquis.

— Quels événements?

— Vous avez écrit à mademoiselle Thoré?

— A mademoiselle Julie Thoré?... Jamais, que je sache.

— Elle prétend cependant avoir reçu une lettre de vous.

— De moi?... Son frère aussi prétend m'avoir écrit, d'après ce que m'a dit monsieur de Monrion... Mais je n'ai pas plus écrit de lettre à mademoiselle Thoré que je n'en ai reçu de son frère.

— Prenez garde, monsieur, il y a eu meurtre, violence, séquestration dans tout cela... C'est une affaire qui se finira en cour d'assises, si elle ne se finit pas aujourd'hui même entre nous.

— Elle se finira où il est convenable qu'elle finisse... cela regarde les intéressés, repartit sèchement Amab.

— Ne nous emportons pas, Monsieur, hier vous êtes allé chez M. Thoré?

— Oui, monsieur.

— Vous lui avez raconté les causes de la disparition de Charles?

— Oui, monsieur... et ces causes, vous les a-t-on dites?

— Je les ignore, monsieur, vous les avez confiées à leur honneur, et bien qu'il s'agisse aujourd'hui du salut de leur fille, ces braves et honnêtes gens ne se croient pas déliés de la parole qu'ils vous ont donnée.

Amab s'inclina, il venait d'être déchargé d'une horrible appréhension, car il n'avait pas osé avouer à Léona l'aveu qu'il avait fait à M. et Mme Thoré.

Le vieux marquis continua :

— Vous avez délibéré avec M. et Mme Thoré, et vous les avez quittés pour aller chez Mme de Cambure?

— Tout cela est parfaitement vrai.

— Vous êtes allé chez elle?

— Pardon, monsieur; mais je ne reconnais à personne le droit de m'interroger comme vous faites... Suis-je devant un magistrat instructeur ?

— C'est pour vous empêcher d'y arriver que je suis venu ici, monsieur.

— Je vous remercie de cette bienveillance; mais comme je ne crains point d'en arriver à l'extrémité dont vous me menacez, je vous prie de me permettre d'attendre jusque-là, afin de répondre à des questions qui, du moins, me seront faites en vertu d'un pouvoir auquel je dois me soumettre.

— Très-bien, monsieur, fit le vieux marquis... vous me rappelez mon devoir..... Je suis législateur pour respecter les lois encore plus que pour les faire. La justice aura son cours.

— Que la justice ait son cours, dit Amab en s'inclinant de l'air d'un homme qui se voit débarrassé d'une visite importune.

Le vieux marquis se leva, prit son chapeau, chercha ses gants, sa canne...

Il se retourna pour saluer, mais il était évident qu'il ne voulait pas partir.

Cette fausse sortie avait été prédite à Amab par Léona; elle lui avait dit :

« Peut-être descendra-t-il, peut-être remontera-t-il en voiture, et » peut-être s'éloignera-t-il, mais un quart d'heure après il sera chez » vous.

» Tant qu'il espérera pouvoir l'étouffer, il ne laissera jamais éclater » une affaire où se trouvera mêlé d'une façon quelconque le nom de » son neveu. »

Amab admira la prescience de Léona, lorsque le vieux marquis lui dit :

— Êtes-vous donc comme Mme de Cambure, et voulez-vous le déshonneur de Gustave ?

— J'ai peut-être à demander compte à M. de Monrion de quelques-uns de ses procédés envers moi... mais ce n'est pas aux tribunaux que je m'adresserai pour cela.

— De quels procédés voulez-vous parler ?

— Ceci est une affaire grave...

— Parlez donc, monsieur, parlez...

— Pardon, monsieur le marquis... Vous êtes chez moi pour m'entretenir d'un événement où il s'agit de meurtre, de violence, d'une lettre écrite par moi, lorsque j'ai moi-même à craindre d'avoir été le jouet de quelque indigne trahison... vous semblez m'accuser... Mais qu'est-il arrivé ?... que s'est-il passé ?

— Quoi ! vous ne savez pas qu'hier Mlle Thoré a été attirée hors de chez elle par une lettre de vous ?

— De moi ? Mais je ne lui ai pas écrit.

— Soit, monsieur; mais ne savez-vous pas qu'elle a été conduite dans un appartement de Mme de Cambure, et que là elle y a rencontré, ou plutôt qu'on a jeté à sa rencontre M. de Monrion, ivre, fou.

— M. de Monrion? mais je l'ai vu chez Mme Thoré.

— C'est vrai, et cette lettre a été remise à Mlle Thoré quelque temps après sa sortie.

— Alors je devais être encore chez M. Thoré?

— Oui, monsieur...

— Et j'aurais écrit à Mlle Thoré pendant que j'étais chez elle.

— Cette lettre lui disait qu'elle seule pourrait obtenir la délivrance de son frère.

— Et je l'aurais engagée dans une pareille démarche, quand moi-même, avec ses parents, je cherchais le moyen d'y arriver?

— Pardon, monsieur, il faut tout vous dire; mais on a cru qu'on voulait attirer cette malheureuse enfant dans le piége infâme où on l'a menée.

— Et j'aurais fait cela au moment même où je demandais sa main!

— Je vous dis toutes les craintes d'esprits désespérés; mais on pourrait prendre cette démarche comme une précaution de plus.

— En tout cas, monsieur, si j'avais eu le grand art des précautions, je les aurais prises de façon à ne pas laisser M. de Monrion profiter de son infamie... car c'est lui qui en a profité, lui... Une seule question à mon tour, monsieur : Cette lettre écrite par moi... dit-on... où est-elle?

— On n'a pu la retrouver.

— Ah! vraiment!

— Mais Mlle Thoré jure devant Dieu avoir reconnu votre écriture.

— C'est un mensonge!

— Ah! monsieur, cette enfant se meurt... elle est folle... mais elle ne ment pas... cela est vrai... c'était votre écriture.

— Mon écriture, fit Amab en paraissant reculer devant cette insoluble difficulté...

Mais cet appartement où l'on a conduit Mlle Thoré, à qui appartient-il?

— A M. de Monrion... Il a été loué sous son nom, du moins, par un certain valet de chambre... un nommé Jean.

A ce mot, Amab poussa un cri.

— Ah! monsieur, ah! monsieur! mais c'est affreux... c'est terrible... monsieur... Ah! quelle infamie!

En disant ces paroles, Amab levait les yeux au ciel et gesticulait, frappait la terre du pied au point que M. de Montaleu fut obligé de le calmer et de lui demander ce qu'il y avait de si étrange dans ses dernières paroles.

— Ce qu'il y a, monsieur; mais vous vous rappelez, n'est-ce pas, la première fois que j'eus l'honneur de vous voir chez M. de Monrion, vous vous souvenez de ce tableau que je n'avais voulu lui vendre à aucun prix?

— Sans doute.

— Eh bien! monsieur, quand vous fûtes parti, M. votre neveu dit qu'il n'était pas homme à subir un refus, et qu'à défaut de cette toile il aurait ma vie... qu'il m'insulterait : je le crus fou...

— Ah! il l'est en effet, dit le marquis.

— Le lendemain, monsieur, je rencontre M. de Monrion, qui me tend la main et qui plaisante, je ne sais trop comment, sur la préférence qu'il accorde au modèle sur l'image.

Je n'y pris pas garde; ce n'était pas cependant une parole vaine... Savez-vous, monsieur, ce que j'ai appris chez moi ce matin ?

— Qu'est-ce donc?

— J'avais un domestique qui me demande une absence de huit jours, et qui m'offre à sa place un de ses camarades... Je laisse faire.....

Ce matin, au lieu du remplaçant, je retrouve mon domestique, revenu sans me prévenir... Fort mécontent, j'interroge, je me fâche, je menace, et j'apprends que le remplaçant que j'avais accepté était précisément le valet de chambre de M. de Monrion, un nommé Jean David... celui de qui sans doute vous venez de parler, celui qui m'a renvoyé mon domestique, ce matin, en lui disant :

« Tu peux reprendre ta place, la farce est jouée. »

— Est-ce possible? dit le marquis anéanti. Mais dans quel but?

— Monsieur le marquis, dit sévèrement Amab, une lettre de mon écriture et que je n'ai pas écrite, a été remise à Mlle Thoré, pour l'attirer dans un piége infâme où elle a trouvé M. de Monrion... et cette lettre a disparu.

M. de Monrion avait placé chez moi un de ses agents, qui a pu en toute liberté s'emparer de papiers propres à aider à contrefaire mon écriture... Cette lettre est un faux...

— Monsieur, fit le marquis de Montaleu en se levant...

— C'est un chef d'accusation que nous avions omis, monsieur, fit Amab avec insolence, parmi ceux dont vous m'avez parlé... mais je ne l'oublierai pas, moi.

— Avez-vous jamais écrit à Mme de Cambure, monsieur?

— Jamais...

D'ailleurs, qu'est-ce que Mme de Cambure a à faire dans tout ceci?... Ce n'est pas elle, je suppose, qui a mis à mon service le valet de chambre de M. de Monrion.

— Mais êtes-vous bien sûr de ce que vous dites?

— Je puis vous en faire instruire à l'instant même par mon domestique.

— Vous n'avez pas chassé ce misérable?

— Il quitte ma maison demain.

— Vous me permettrez de me faire assurer de lui?

— C'est ce que je comptais faire.

M. de Montaleu était dépassé par l'assurance d'Amab et par l'inexplicable mystère qui enveloppait toutes les circonstances de cette intrigue.

Comme Mme Thoré, il ne croyait que faiblement à la culpabilité d'Amab; pour lui, c'était Mme de Cambure, fée malfaisante et invisible, qui avait ourdi toute cette trame; mais il ne pouvait saisir nulle part la main qui avait tout conduit; Léona avait toujours jeté entre elle et les événements un agent aveugle et innocent qui avait accompli ses fatales volontés.

Le vieux marquis restait interdit; enfin, cédant à la pensée qui le dominait, il finit par dire à Amab :

— Une dernière question, monsieur : lorsque vous êtes allé hier chez Mme de Cambure, que vous a-t-elle dit?

— Que sur la réclamation de M. Villon, elle venait de rendre Charles à la liberté.

— Et vous ne vous êtes pas empressé d'aller porter cette heureuse nouvelle à sa famille?

— J'ai cru Charles près d'eux.

— Vous n'êtes pas allé, du moins, vous assurer que Mme de Cambure vous disait la vérité?

— J'ai dû croire à sa parole.

— Vous avez une étrange confiance dans cette dame.

— Vous voyez que cette confiance ne m'a pas trompé.

— Vous avez raison... mais vous n'avez pas été partager la joie de votre famille, car vous pouviez, vous deviez, après votre demande, considérer la famille de Mme Thoré comme la vôtre.

— Après ma demande, monsieur? J'avais reçu une réponse à peu près évasive... on avait remis à décider de mon bonheur après la libération de Charles.

— Eh bien! le moment était favorable.

— Charles avait peut-être à faire à sa famille des aveux, des révélations, où il ne m'était pas permis d'être mêlé... J'ai cru ma réserve convenable... et je pense qu'elle a été à propos, puisque c'est par vous seulement que j'ai été averti du retour certain de Charles et des malheurs de cette nuit.

— Et quelles sont vos intentions au sujet de Mlle Thoré?

— Ah! monsieur... fit Amab en baissant les yeux.

Le marquis le regarda fixement, puis il reprit :

— Pardon; mais comment se fait-il que vous n'ayez pas su que M. et Mme Thoré étaient venus chez vous cette nuit?

— Hier soir j'ai laissé ici ce Jean, le valet de chambre de M. de Monrion; ce matin j'y ai trouvé mon ancien domestique, à qui son camarade n'aura pas jugé, sans doute, nécessaire de rendre compte de cette visite nocturne.

— Vous n'avez donc pas passé la nuit chez vous?

— J'étais tout à l'heure devant un juge... suis-je maintenant devant un maître d'école?

— Non, monsieur, lui dit sévèrement M. de Montaleu, seulement mon âge, mon expérience m'autorisent à vous dire qu'il n'y a rien d'extraordinaire à ce qu'un homme de votre âge passe la nuit hors de chez lui, si ce n'est au moment où il vient de demander la main d'une jeune fille.

— Mais, monsieur...

— Ceci est grave...

— Est-ce une menace?...

— On appréciera, monsieur...

Amab était troublé... il comprenait que la justice n'admettrait pas les réticences chevaleresques d'une discrétion amoureuse.

M. de Montaleu gagnait du terrain, heureusement pour Amab, il se rappela la leçon de Léona... et il repartit aussitôt :

— Soit, monsieur le marquis, dans un quart d'heure, mon domestique sera arrêté, il aura à répondre sur les intentions qui ont pu pousser M. de Monrion à placer un de ses gens chez moi... et on appréciera, comme vous dites...

— Vous ne le ferez pas, monsieur, lui dit M. de Montaleu... vous craignez un éclat autant que je puis le craindre; mais maintenant je suis certain que vous êtes resté cette nuit près de Mme de Cambure... êtes-vous dupe ou complice?... voilà ce que je ne sais pas.

Adieu, monsieur.

XXXIX. — LE DERNIER COUP DE DENTS.

M. de Montaleu se retira pour retourner près de son neveu, que des soins assidus avaient arraché à l'horrible délire auquel il avait été en proie.

Les médecins avaient exigé quelques heures de repos, avant qu'on lui parlât d'aucune affaire grave, et M. de Montaleu avait profité de ce moment de répit pour aller chez Amab.

Une autre en avait profité aussi, c'était Léona.

La vieille femme chargée de soigner le blessé, le voyant profondément endormi, s'était retirée dans la pièce contiguë à celle où se trouvait Gustave.

Celle-ci était disposée de la façon suivante.

Le côté du lit qui faisait face aux croisées était en alcôve; cette alcôve était simplement en tentures d'étoffes, et laissait, comme d'ordinaire, un petit cabinet au pied et au chevet de la couchette; le cabinet du côté de la tête servait de passage pour communiquer de cette chambre dans la pièce où s'était retirée la garde-malade.

L'autre cabinet, celui qui se trouvait au pied du lit, paraissait être sans issue, tant on avait dissimulé avec adresse, sous les tentures qui tapissaient toute la chambre, une porte ouverte au fond de ce cabinet.

Cette porte correspondait à l'escalier secret qui, ainsi que l'avait dit Léona, descendait dans l'appartement de celle-ci.

Ce fut par là que Léona, qui était rentrée chez elle en même temps que Victor était retourné à son atelier, ce fut par là que Léona monta discrètement, avec la lenteur et la légèreté de la panthère qui s'approche de sa proie.

Lorsqu'elle pénétra dans ce petit cabinet, un silence profond, troublé seulement par la respiration pénible du malade, régnait dans la chambre.

Elle s'arrêta et attendit.

Un léger coup de sonnette retentit à l'autre bout de l'appartement; la vieille alla ouvrir, et Léona entendit un de ses gens qui venait de sa part demander des nouvelles du comte de Monrion.

Elle profita de cette distraction donnée par ses ordres à la garde-malade; elle tira vivement la tenture qui fermait l'alcôve au pied du lit, s'accouda des deux bras sur le haut bord de la couchette, comme on se met à une fenêtre, et se trouva ainsi face à face avec M. de Monrion.

Celui-ci, dont le sommeil commençait à peine, fut éveillé par le bruit du rideau. Il vit devant lui cette apparition inattendue, mais son regard indécis ne put pas reconnaître sur-le-champ Mme de Cambure.

Son œil cependant s'attacha fixement sur elle, son regard s'éclaira d'un rayon d'intelligence, la mémoire lui revenait.

Aussitôt un sourire amer glissa sur ses lèvres, et un léger mouvement de tête sembla dire à Léona :

« Je vous attendais... »

— Oui, c'est moi, dit Mme de Cambure à voix basse. Eh bien! Gustave, ce que je vous avais prédit, lorsque vous me reteniez si insolemment près de vous, est arrivé, vous avez laissé ici votre honneur.

Gustave porta la main sur sa poitrine à l'endroit où Charles l'avait frappé, et Léona continua :

— Vous y laissez aussi la vie, voulez-vous dire; non, Gustave, on ne meurt pas à votre âge, quand on a la ferme volonté de vivre.

Monrion répondit encore par un dédaigneux sourire.

— Vous n'avez plus cette volonté, dites-vous, vous ne l'avez plus, n'est-ce pas, parce que votre fortune est perdue, et votre nom déshonoré?

Gustave leva les yeux au ciel et laissa échapper un profond soupir. Il y avait plus qu'un regret dans l'émotion qu'il éprouva, il y avait un remords.

Monrion comprenait enfin qu'un homme de son nom et de son rang doit compte à d'autres qu'à lui-même du nom et du rang qu'il avait reçus dans la société.

Près de comparaître devant Dieu, il croyait aussi qu'il lui devait compte de la beauté, de la force, de l'intelligence qu'il en avait reçues; il se sentait coupable, et il en pleurait.

— Eh bien! lui dit Léona en baissant encore la voix, cette fortune, on peut vous la rendre; votre honneur, on peut le faire sortir immaculé de l'abîme où vous le croyez perdu.

Monrion attacha sur elle un regard défiant, et Léona continua encore :

— Vous savez, je le suppose, en quelles mains vous pouvez retrouver votre fortune?

Monrion ferma les yeux et essaya de détourner la tête pour ne pas voir en face celle qui l'avait dépouillé, et qui venait s'en vanter à lui, auprès de son lit de mort.

Léona ne s'arrêta point devant ce mépris qui accueillait ses propositions, et elle poursuivit :

— Tandis que toutes les apparences vous montrent comme le vrai coupable, j'ai gardé entre mes mains les pièces qui rejetteront le crime sur la tête d'un autre.

Monrion se reprit à regarder Léona; le vif étonnement qui brilla dans son regard pouvait se comprendre comme une espérance.

— Oui, fit Mme de Cambure dont la voix glissait comme un sifflement léger dans le silence de cette chambre; oui, si vous le voulez, Gustave, ce sera vous qui serez demain la victime et non pas le coupable; vous aurez été joué de la façon la plus criminelle par une fille perdue et hypocrite, par un frère jaloux de faire couvrir par un grand nom l'inconduite de sa sœur, et par un amant infâme qui vous aura jeté la fille séduite dont il ne voulait plus.

Dites un mot, et cela sera ainsi, je vous le jure.

— Et quel mot faut-il que je dise? fit Monrion avec effort.

— Dites-moi, et jurez-le-moi sur l'honneur ; dites-moi :

« Dans un mois, vous serez comtesse de Monrion. »

La figure de Gustave resta immobile à cette proposition.

Il leva seulement la main, et saisit le cordon de sonnette placé près de lui.

— Prenez garde, s'écria Léona avec un accès de rage indicible.

Monrion sonna vivement et retomba anéanti sur son lit.

— Chassez cette femme, dit-il à la garde-malade qui venait d'accourir au bruit de la sonnette.

Mais déjà Léona était disparue, et la garde-malade leva les mains au ciel, en disant tout bas :

— Mon Dieu! mon Dieu! voilà son délire qui le reprend.

XL. — REPENTIR.

Peu de temps après, M. de Montaleu arriva auprès de Gustave, qui, depuis la disparition de Léona, n'avait pas fait le plus léger mouvement.

Il apprit de la bouche de la garde-malade la circonstance qui avait renouvelé ses alarmes; mais M. de Montaleu était mieux renseigné que la vieille femme de charge; il avait appris du concierge l'existence de la communication secrète, établie entre le premier et le second étage. Il passa dans le petit cabinet, et reconnut à quelques plis de la tenture qui s'était prise dans la porte fermée avec trop de précipitation, que quelqu'un était entré par là.

— L'infâme ! l'infâme ! murmura-t-il avec colère.

Ce mot tira encore Monrion de l'abattement profond où il était plongé; il vit son oncle, et, se soulevant doucement, il lui tendit la main.

Le vieux marquis la serra dans les siennes, et Monrion les porta doucement à ses lèvres : des larmes vinrent mouiller les yeux du vieillard, larmes de joie et de désespoir, car il venait de retrouver la tendresse de l'enfant qu'il avait tant aimé, et c'était à l'heure où il n'avait plus que quelques jours à vivre, c'était à l'heure où le déshonneur l'accompagnerait peut-être dans la tombe.

Il s'assit près de son neveu dont il n'avait pas quitté la main.

Monrion fit un violent effort, et parvint à prononcer les mots suivants :

— Mon oncle, après toutes les bontés que vous avez eues pour moi, je vais vous demander un suprême service : il faut que vous ameniez près de mon lit de mort M. et Mme Thoré.

— Y penses-tu? dit son oncle.

— Il le faut, continua Monrion, il faut aussi que vous y ameniez le jeune homme qui a si noblement vengé sa sœur.

— Il est arrêté, repartit le marquis de Montaleu.

Monrion tendit un papier, et son oncle y lut la déclaration suivante :

« Je reconnais que c'est moi qui, le premier, ai cherché à frapper M. Charles Thoré, et que c'est en se défendant qu'il m'a atteint et blessé. »

Puis Monrion continua en disant :

— Il faut aussi que vous y ameniez Julie, la pauvre enfant que j'ai si lâchement outragée.

Cette fois, M. de Montaleu ne répondit pas, tant la demande de Monrion lui parut extravagante.

— Faites-le, mon oncle, lui dit Gustave sans se préoccuper de la stupéfaction du vieillard, faites-le, vous serez content de moi.

Ce dernier mot fut comme une inspiration pour le marquis de Montaleu ; il se leva vivement et dit à Gustave :

— Oh ! merci, mon enfant, merci; Dieu qui t'a donné cette bonne pensée, Dieu te sauvera.

Et il sortit en toute hâte pour se rendre dans la famille désolée du pauvre M. Thoré.

A peine son oncle fut-il parti que M. de Monrion appela près de lui sa garde-malade, et lui donna l'ordre de traîner un meuble pesant au pied de son lit.

Celle-ci obéit sans en comprendre la raison, comme on obéit à un caprice de malade.

Une fois cette précaution prise, Monrion demanda de quoi écrire, et il traça ces mots d'une main défaillante :

« Monsieur de Monrion, près de mourir, demande un moment d'en-
» tretien à M. Amab. »

— Faites porter cela à son adresse, dit-il à la garde-malade, et revenez sur-le-champ près de moi.

Il regarda au pied de son lit, et reprit avec une légère convulsion :

— Je ne veux pas rester longtemps seul.

La garde-malade hésitait à le quitter, lorsque le bruit de la sonnette annonça une visite.

C'était le médecin.

— Hâtez-vous de porter ma lettre, lui dit Gustave, le docteur me tiendra compagnie pendant votre absence.

La garde-malade s'éloigna, et Gustave resta seul avec son médecin.

Celui-ci lui tâta le pouls et l'examina avec attention.

— Docteur, lui dit le comte, combien de jours ou combien d'heures me reste-t-il à vivre?

— J'espère, lui répondit le médecin, que nous compterons par années.

— Écoutez, reprit Monrion, j'ai une grande expiation à accomplir ; ce serait un crime que de me tromper ; je me sens tué, mais je ne sais encore quand je serai mort, et il faut me dire la vérité, si terrible qu'elle vous paraisse.

Le docteur parut hésiter.

— Ayez pitié de moi, reprit Monrion ; dites-moi quand je dois mourir; ne pensez pas à ma vie qui est perdue, pensez à mon honneur qu'il me faut racheter.

— Eh bien! répondit le médecin, quand le quatrième jour après celui-ci sera venu, la mort viendra avec lui, ou la guérison commencera.

— Quatre jours, répéta Monrion, c'est bien peu.

— Je vous ai dit que la guérison pouvait venir aussi.

— Je n'en veux pas, docteur, répondit Monrion.

Si je n'avais pas un acte de dernière volonté à accomplir, j'aurais arraché cet appareil, j'aurais rouvert cette blessure. Il faut que je meure, il le faut pour moi et pour une autre.

On peut prendre pour une vaine forfanterie la résolution que je vous dis, lorsque c'est un homme plein de vie qui menace de se tuer; mais lorsqu'on est si près de la mort, on ne joue ni avec elle, ni avec son nom; il faut que je meure, il le faut, et je le veux; seulement, dites-moi, cette espérance incertaine de guérison que vous dites avoir, pouvez-vous la changer en quelques jours certains d'existence?

— Que voulez-vous dire? reprit le docteur avec étonnement.

— Je veux dire, reprit Monrion, qu'au lieu de me ménager avec le soin le plus extrême le peu de forces qui me restent pour en rattacher le dernier anneau à une longue convalescence, je veux dire qu'il vous est peut-être possible d'exciter ces forces mourantes et de les accroître de manière à rendre à la fois l'existence plus longue et la mort certaine?

— Ce serait un crime, dit le médecin, que je ne ferai pas.

— C'est donc possible, et vous le ferez, docteur; car, si vous ne me le promettez pas, c'est comme si vous me disiez que vous me condamniez à mourir ce soir.

— Eh bien! reprit le médecin, après un moment de réflexion, donnez-moi votre parole d'honneur que si, dans huit jours, les efforts que je vais tenter pour prolonger votre existence jusque-là, n'auront pas usé la vie en vous jusqu'à sa dernière ressource, vous vous abandonnerez complétement à mes soins, et qu'une fois votre acte de dernière volonté accompli, vous renoncerez à vos projets de suicide.

Monrion ne répondit pas sur-le-champ; il réfléchit à la condition qui lui était faite, et enfin, il l'accepta en disant au médecin :

— Sur mon honneur, je ne ferai rien pour hâter ma mort.

Cet entretien était à peine achevé que la garde-malade reparut; elle avait été elle-même porter la lettre du comte et rapportait la réponse.

Monrion la prit et trembla en reconnaissant l'écriture de l'adresse; il ouvrit la lettre et la lut; il n'y trouva que ces mots :

« Il ne viendra pas. »

C'était Léona qui répondait pour Amab; elle était donc près de lui, elle avait été sans doute lui imposer la condition refusée par Monrion, et, probablement, il lui donnait en ce moment la parole qu'elle n'avait pu obtenir de Gustave.

Probablement, pour prix de son honneur et de son salut, le jeune et grand artiste lui disait :

— Dans quinze jours, vous serez la femme de M. Victor Amab.

— Le malheureux! dit Monrion, après avoir lu le billet.

Puis, levant les yeux au ciel, il reprit :

— Qui sait? c'est peut-être justice pour l'un et pour l'autre.

Le médecin qui n'avait pas encore quitté Monrion, ordonna quelques nouveaux remèdes, et voulut présider lui-même à leur administration.

Lorsque Monrion eut pris le breuvage que lui avait présenté le docteur, il tomba dans un nouveau sommeil.

— Cet assoupissement, dit le médecin, durera jusqu'à ce soir; mais il ne faut pas que M. de Monrion soit éveillé, car ce serait provoquer une crise qu'il n'aurait certainement pas la force de supporter.

Quand il s'éveillera vous pourrez laisser pénétrer près de lui toutes les personnes qui auraient à lui parler, car la force lui sera suffisamment revenue, pour qu'il puisse supporter un assez long entretien. Jusque-là ne quittez pas cette chambre et n'y laissez entrer personne, excepté M. de Montaleu.

Le docteur sortit, et Monrion resta seul avec la garde-malade.

Cependant, M. de Montaleu s'était rendu chez M. et Mme Thoré.

Il est inutile sans doute de dire à nos lecteurs que, dès qu'il avait été informé de la terrible aventure de la nuit précédente, M. de Montaleu avait supplié M. et Mme Thoré de suspendre toute poursuite.

Les malheureux n'y pensaient pas, ils veillaient près du lit de Julie, dont la raison était assez revenue pour qu'elle se renfermât dans un silence obstiné et désespéré.

En même temps, M. de Montaleu était parvenu à obtenir qu'aucun magistrat ne procédât à l'interrogatoire de Charles.

Il avait promis à tous de savoir la vérité sur cet affreux événement, et chacun se confiait trop à l'honneur de M. de Montaleu, pour supposer qu'il voulût profiter de ce délai pour faire échapper un coupable quel qu'il fût.

En sortant de chez son neveu, M. de Montaleu alla d'abord chercher Charles Thoré et obtint, sous sa caution, la mise en liberté provisoire de ce jeune homme; indépendamment de la déclaration de Monrion, la qualité de pair de France de M. de Montaleu, sa parenté avec la victime, étaient des garanties suffisantes de l'innocence du prisonnier, pour qu'on le lui confiât.

Lorsqu'ils arrivèrent ensemble chez M. et Mme Thoré, Charles était déjà gagné à la cause de M. de Montaleu, et il était tout prêt à l'accompagner près de M. de Monrion.

M. et Mme Thoré furent plus difficilement persuadés. Ils reculaient devant la pensée de voir face à face le misérable qui avait déshonoré leur fille.

Ils demandaient quel était le but de cette entrevue, et quoique M. de Montaleu cherchât à leur faire comprendre ce qu'il espérait lui-même, il n'osait cependant l'affirmer assez hautement pour que M. et Mme Thoré ne craignissent pas de n'emporter qu'une douleur de plus de cette solennelle entrevue.

Cependant les supplications de leur fils et les larmes de M. de Montaleu triomphèrent de leur résistance; mais quand le marquis leur déclara qu'il fallait que Julie les accompagnât, ils se refusèrent complétement à cette démarche; ils firent plus, ils ne voulurent point consentir à ce qu'une si affreuse proposition fût faite à leur malheureuse fille.

La discussion était vive, et M. de Montaleu employait vainement les promesses, les raisonnements et les prières, la volonté de Mme Thoré restait inflexible à ce sujet.

— Non, disait-elle, je ne veux pas qu'on me tue ma fille entre mes bras, en lui faisant cette odieuse proposition; innocente ou déshonorée, je veux qu'elle vive d'abord.

La porte du petit salon, où cette discussion avait lieu, s'ouvrit tout à coup, et Julie, pâle et chancelante, entra en disant :

— Et moi, pour vivre, j'ai besoin de savoir ce que le comte de Monrion peut avoir à me dire.

Cette fois, Julie avait écouté, cette fois elle s'était dit que si elle avait entendu les secrètes confidences, faites à son père par Amab, elle n'aurait peut-être pas cru à l'imposture de la lettre qui l'avait conduite dans le piége affreux où elle avait été perdue.

En effet, Julie avait appris que c'était M. de Montaleu qui était en conférence avec sa famille, elle avait compris que c'était de sa vie et de son honneur qu'on allait décider; cette fois elle s'était dit qu'il était bien juste qu'elle connût l'arrêt qu'on allait prononcer sur elle.

Ainsi, elle avait entendu la demande de M. de Montaleu, le refus de Mme Thoré, et elle était entrée pour accepter ce rendez-vous que sa mère n'osait lui proposer.

XLI. — RÉPARATION.

Le jour s'était passé dans toutes ces démarches.

D'ailleurs, Mme Thoré avait demandé la nuit pour quitter sa demeure, la nuit pour traverser la rue, la nuit pour entrer dans la maison où elle avait trouvé sa fille déshonorée et où M. de Monrion l'attendait.

Lorsque M. et Mme Thoré et leurs enfants arrivèrent, conduits par M. de Montaleu et accompagnés par M. Villon, Gustave n'était pas encore éveillé.

Ils trouvèrent le médecin près de lui. Il les introduisit silencieusement dans la chambre, où chacun s'assit silencieusement.

M. Thoré s'était assis près de l'alcôve du lit, une main dans la main de son fils, une autre dans celle de M. Villon; la douleur avait effacé le ridicule et la sotte importance de cet homme. Il pleurait.

Mme Thoré et sa fille s'assirent aussi l'une près de l'autre; mais là les rôles étaient changés.

D'un côté, le fils soutenait le courage de son père; de l'autre, la mère soutenait le courage de sa fille.

Mme Thoré tenait la main de Julie; mais ni l'une ni l'autre ne pleuraient; non-seulement les femmes ont le courage de leur désespoir, elles en ont aussi la dignité.

M. de Montaleu et le docteur, et bientôt après, M. Villon, se réfugièrent dans un coin, où, après quelques minutes d'attente, le médecin dit au vieux marquis :

— Je vais bientôt me retirer avec monsieur, car le malade ne va pas tarder à s'éveiller.

Un profond soupir, parti du lit de Monrion, sembla répondre à ces paroles, un frémissement involontaire fit tressaillir toutes les personnes présentes et les laissa immobiles à leurs places : leur destinée à toutes allait se décider.

Le docteur et Villon firent un pas pour se retirer, tandis que Monrion promenait autour de lui un œil satisfait, et qui ne rencontra pas cependant un seul regard.

Gustave vit le mouvement du docteur et de Villon, et leur dit d'une voix défaillante :

— Restez, messieurs, restez, je n'ai rien à dire que des hommes d'honneur et des amis de ma famille et de celle de M. Thoré ne puissent entendre, restez; car, si j'avais pu rassembler ici tous ceux dont la parole est un témoignage irrécusable, je l'aurais fait.

Restez, et écoutez avec attention ce que je vais dire; sur mon honneur de gentilhomme, c'est la vérité.

Ce peu de paroles semblaient avoir épuisé les forces de Monrion, sa tête, qu'il avait légèrement soulevée, retomba sur son lit, et sa respiration devint plus pénible.

Le docteur lui fit prendre quelques gouttes d'une potion qu'il avait fait préparer.

Monrion se ranima, et d'un signe de la main, il sembla appeler plus près de son lit toutes les personnes présentes. Toutes se rapprochèrent, à l'exception de Mme Thoré et de Julie, qui restèrent immobiles.

— Vous, madame, dit Monrion; vous surtout, mademoiselle, approchez.

Julie se leva brusquement, s'avança vers le lit du mourant et resta debout devant lui, pendant que Mme Thoré tombait sur le siége que lui avait approché son fils.

Monrion regarda pendant quelque temps en silence Julie, puis, comme s'il avait puisé des forces dans la contemplation de sa victime, il dit tout à coup d'un accent plus ferme :

— Si la parole d'un gentilhomme est sacrée devant les hommes, si la parole d'un mourant est sacrée devant Dieu, croyez à ce que je vais vous dire.

Monrion reprit haleine, et continua ensuite d'un ton presque solennel, en s'adressant à Mme Thorée :

— Madame, votre fille est entrée pure dans cette maison, et elle en est sortie pure.

Personne ne répondit à cette déclaration.

Julie resta toujours immobile et droite, mais un amer sourire de dédain glissa sur ses lèvres.

Monrion, que chaque phrase semblait épuiser, reprit encore haleine.

— Mais ce n'est pas assez, dit-il, que vous ayez tous la certitude de l'innocence de Julie, il faut que le monde entier partage cette certitude. Écoutez-moi donc, Julie.

Ce n'est pas seulement de l'outrage que je vous ai fait que le monde cherchera à vous flétrir; une main infernale et impitoyable s'est étendue sur votre destinée. Cette main sait préparer le poison de la calomnie comme elle sait pousser ses esclaves au crime.

On ne dira pas seulement que M. de Monrion a déshonoré la fille innocente de M. Thoré, on dira peut-être que j'ai dérobé à son amant la maîtresse de M. Amab.

Mme Thoré poussa un gémissement profond et s'élança vers sa fille; mais Gustave l'arrêta en lui disant :

— Elle me comprend; votre fils aussi doit me comprendre; il sait par qui cette calomnie a été préparée; il sait avec quel art elle l'a été, car il y a cru.

Mme Thoré regarda son fils, qui baissa la tête en disant :

— C'est vrai.

— Mais vous n'y croyez pas, vous, monsieur? reprit Mme Thoré.

— Moi, madame, dit Monrion, j'ai entendu les serments de votre fille; j'ai vu son noble désespoir, lorsque, dans cette chambre même, elle se débattait autant sous l'horreur de mes accusations que sous l'insulte de mes prières.

On m'avait fait assez ivre et assez fou pour me rendre impitoyable comme une bête fauve; mais on ne m'avait pas rendu assez stupide et assez imbécile pour m'ôter la mémoire. Deux heures durant, le délire m'a tenu, et je n'ai pas cru; mais le délire s'est éteint, et je me suis souvenu.

Je me suis souvenu, et je me suis jugé.

Je me suis souvenu, et j'ai vu que votre fille était perdue, perdue par moi, et plus encore par un autre.

Mme Thoré leva les yeux sur M. de Montaleu pour lui demander si c'était là ce qu'elle était venue entendre.

M. de Montaleu se tut; personne n'osait parler quand Mme Thoré ne parlait pas.

Julie se tenait toujours droite et immobile.

Cependant Monrion, après un moment de silence, reprit d'une voix qui s'affermissait de plus en plus :

— Au milieu de toutes les folies et de toutes les fautes de ma jeunesse, il est une chose que j'ai du moins respectée, c'est l'honneur du nom que j'ai reçu de mes ancêtres.

Il y a une femme à qui j'ai livré ma fortune, mon avenir, mes espérances; cette femme, je lui ai tout donné de moi, je lui ai donné ma jeunesse, mon ambition, l'amour et la vie de ma mère, la tendresse de mon oncle, la considération de mon nom, l'amitié de mes amis, l'affection et l'estime des honnêtes gens, je lui ai tout donné, excepté mon nom.

C'était là cependant le but de sa vie; mais je lui ai toujours répondu, et tous ceux qui me connaissent le savent, le monde entier le sait, que jamais je n'allierais le nom de Monrion à celui d'une femme sur laquelle pourrait planer le plus léger soupçon.

Tout le monde s'était penché avidement sur le lit du malade pour écouter ses dernières paroles; on attendait avec anxiété la conclusion de cette solennelle déclaration.

Monrion, dont la force semblait s'accroître à chaque instant, se souleva sur son séant, et d'une voix haute, il ajouta :

— Ma résistance inébranlable à des vœux poursuivis avec acharnement pendant de longues années, mon inflexible volonté à cet égard, au milieu des plus inconcevables faiblesses, ont, je l'espère, rendu inattaquable pour tous le dernier asile où s'était réfugié mon honneur.

— C'est vrai, dit M. de Montaleu, et jusqu'à ce jour ce refuge a été la seule espérance par laquelle je m'étais rattaché à toi.

— Eh bien! dit Monrion, en tendant la main à Julie, cet asile, je vous l'offre, ce nom que j'ai juré de ne jamais donner qu'à une femme irréprochable, le voulez-vous?

Mme Thoré poussa un cri de joie, et Julie tomba à genoux devant le lit de Monrion.

— Ce n'est pas seulement contre mon infamie que ce nom vous protégera, ce sera contre les calomnies qu'on voudrait vous infliger.

Personne n'osera douter de l'honneur de la comtesse de Monrion. Ce nom, je ne vous l'aurais pas offert, si je n'avais su qu'un autre ne pouvait vous donner la même réparation.

Les larmes de Julie éclatèrent en ce moment.

— Ce nom, dit Monrion d'un ton plus bas, comme s'il ne voulait être entendu que de Julie, il ne sera pas un lien bien pesant pour vous; celui qui pourrait vous le rendre odieux aura peut-être à peine le temps de vous le donner.

Les larmes de ceux qui écoutaient Gustave répondirent seules à ces paroles.

Personne n'osait prononcer un mot pour exprimer sa pensée; enfin Monrion reprit une dernière fois en s'adressant à Mme Thoré :

— Me refuserez-vous, madame?

En ce moment neuf heures sonnèrent, Julie se leva et répondit d'une voix ferme et digne :

— J'accepte, monsieur le comte, et si Dieu vous fait vivre, ce que je lui demande à genoux..... je serai pour vous une épouse fidèle et dévouée.

— Merci, Julie, lui dit Monrion en souriant et en lui prenant la main qu'il porta à ses lèvres, je ne fais pas les choses à moitié.

Mme Thoré avait pris sa fille dans ses bras, et croyait avoir à consoler le désespoir d'un cœur obligé de s'arracher à celui qu'il aime; elle fut étonnée de trouver Julie plus calme qu'elle ne l'était elle-même.

Elle craignit que cette résolution ne cachât de funestes pensées, et elle dit tout bas à sa fille :

— C'est un affreux sacrifice, mais il est nécessaire.

— Non maman, répondit Julie, c'est un honneur dont je veux être digne.

Madame Thoré, dont cette réponse renversait toutes les idées, regarda sa fille avec stupéfaction.

Celle-ci la comprit et ajouta :

— C'est que j'ai trompé votre surveillance, ma mère, c'est que je lui ai écrit; car moi, j'avais compris où M. de Monrion voulait en venir, et je l'en ai averti, lui, et je lui ai demandé s'il voulait faire pour moi qu'il aimait, ce que ferait un homme qui ne m'aimait pas; je lui avais donné jusqu'à neuf heures pour me répondre ici même : l'heure est passée, ma mère, cet homme est un lâche.

Cependant, Charles s'était approché de M. de Monrion, et après lui M. Thoré, et puis le docteur et M. de Montaleu, et tous lui avaient pressé la main, avec des larmes de reconnaissance et d'admiration dans les yeux.

Puis était venu le tour de M. Villon, à qui Gustave avait fait signe d'approcher tout à fait.

— Vous aimez Julie, vous, lui dit tout bas Monrion, je vous la confie, protégez-la, quand elle ne m'aura plus pour la protéger; ce sera bientôt, soyez-en sûr.

Villon, que les larmes suffoquaient, ne put répondre qu'en serrant les mains à Monrion.

— Ce n'est pas tout, lui dit celui-ci; il faut que vous restiez près de moi jusqu'à ce que je puisse quitter cette maison pour rentrer dans la vie ou pour aller ailleurs.

— C'est moi qui veillerai sur toi, dit M. de Montaleu, en montrant de l'œil le passage secret par où Léona s'était introduite.

— Comme vous voudrez, dit Monrion, je viens de vous donner ma vie, c'est à vous à la bien garder; seulement, mon oncle, voudriez-vous satisfaire mon dernier désir?

— Tout ce que tu voudras sera fait, dit le marquis.

— Vous savez, reprit de Monrion, cette pauvre tasse de porcelaine dont se servait ma mère lorsqu'elle est morte; je voudrais l'avoir, envoyez-la-moi par quelqu'un.

— Si monsieur le marquis veut me la confier, dit Julie, qui s'était approchée de Monrion, je vous l'apporterai demain?

— Vous, dit Gustave avec un élan de joie, oserez-vous donc remettre les pieds dans cette maison?

— Je ne crains plus rien, je ne crains plus personne, dit Julie, ne suis-je pas votre fiancée?

— Oh! docteur, fit Monrion, dont une larme vint mouiller les yeux, je voudrais vivre maintenant.

Le médecin ne répondit pas, et Monrion ajouta d'une voix douce:

— Vous avez raison, ce sera mieux.

Le lendemain les bans qui annonçaient le mariage de M. Gustave de Monrion et de Mlle Julie Thoré étaient publiés par les soins du marquis; mais comme pour leur donner un insolent parallèle, dans le même cadre se trouvait l'annonce du mariage de M. Victor Amab avec Mme Léona de Cambure.

La position désespérée de Monrion fit obtenir à M. de Montaleu que les délais exigés par la loi fussent rapprochés.

M. de Montaleu voulait, non-seulement hâter ce mariage, que la mort de Gustave pouvait à chaque instant empêcher de s'accomplir, mais il voulait aussi éviter le scandale d'une rencontre entre lui et Mme de Cambure dans la même salle et devant le même magistrat.

Cependant l'intrigue de Léona fut aussi active que la prévoyance de M. de Montaleu, et elle obtint les mêmes faveurs qui avaient été accordées à l'état désespéré du futur époux.

M. de Montaleu redoutait tellement cette rencontre, qu'il prit enfin un parti extrême.

Les magistrats furent sollicités, des demi-confidences furent faites sur la nécessité de ce prompt mariage, et huit jours après on annonça à Monrion que, le lendemain, les registres de l'état civil seraient portés chez lui, que les magistrats s'y transporteraient, et que le mariage se ferait dans son appartement.

Monrion écouta son oncle sans lui faire la moindre observation; puis, quand M. de Montaleu crut lui avoir prouvé la nécessité d'agir ainsi, Gustave lui dit:

— Non, mon oncle, ce n'est pas ainsi que je veux épouser Julie; si la force me manque pour monter à l'autel, on me portera; je veux d'autres témoins à ce mariage que ceux exigés par la loi.

— Mais, lui dit M. de Montaleu, sais-tu ceux qui y assisteront peut-être?

— Je les connais, repartit Monrion, et je les espère.

Que Mme de Cambure et M. Amab se marient devant le même magistrat et au même autel où j'épouserai Mlle Julie Thoré, je le souhaite, je veux le voir, ce sera ma vengeance et ma consolation.

La volonté de Monrion fut inflexible à cet égard; il fallut lui céder.

M. de Montaleu espéra cependant qu'il pourrait obtenir que le mariage de son neveu précédât celui d'Amab; mais les heures étaient définitivement arrêtées, et il n'était pas permis à M. de Montaleu de pouvoir remettre cette union à un jour plus tard.

Cependant, grâce aux délais apportés au départ des fiancés, grâce à la marche lente du cortége de Monrion, ils arrivèrent à la mairie, lorsque déjà Amab et Mme de Cambure en étaient partis.

Ce fut un bizarre spectacle pour les habitants de ce quartier que de voir sortir de l'hôtel où demeurait Mme de Cambure, ses somptueux équipages à chevaux fougueux, ses laquais resplendissants, elle-même parée, brillante et le triomphe dans les yeux; puis, quelques moments après, une civière qu'on avait vainement habillée de velours, mais où l'on voyait à travers la mousseline dont on l'avait recouverte, le pâle visage d'un mourant.

Tous deux partant pour la même fête, celle qui était si belle et si parée, la rage et le désespoir dans le cœur, celui qui se mourait, heureux et fier de ce qu'il allait faire.

Mais ce fut un bien plus étrange spectacle encore, lorsque Gustave et Julie, unis déjà devant les magistrats, se rendirent à l'église.

La messe pompeuse qui avait célébré le mariage de Léona et d'Amab venait à peine de s'achever, les époux sortaient de la sacristie, entourés de femmes brillantes, d'élégants amis, ils étaient déjà sous le porche de l'église, la voix d'un laquais avait appelé l'équipage de Mme Victor Amab, et les chevaux fringants, les laquais galonnés arrivaient avec fracas, lorsqu'ils furent tout à coup arrêtés devant la porte où leur nouveau maître les attendait, par la civière fatale sur laquelle Monrion était étendu.

Comme si les chevaux eussent reconnu la main qui les avait si souvent menés, comme si cette odeur de mort, qui s'exhalait du lit ambulant de Monrion, les eût saisis d'un effroi indicible, ils s'arrêtèrent subitement, et, la tête penchée en avant, les oreilles couchées, ils flairèrent de leurs naseaux fumants le cadavre qui passait devant eux.

En effet, Monrion semblait avoir perdu ses dernières forces.

A cet aspect, toute joie se tut; les vœux, les promesses d'avenir s'arrêtèrent.

Chacun s'écarta silencieusement, comme pour laisser passer un convoi, et quoiqu'on ne fût déjà plus dans l'église, toutes les têtes se découvrirent comme devant un cercueil.

Léona qui, la dernière, avait quitté la sacristie avec ses amies, traversait la nef en ce moment pour regagner sa voiture, elle s'étonna de ce silence qui avait succédé au joyeux tumulte d'une fête qui s'éloigne.

Elle arriva juste à la porte du temple au moment où Julie, conduite par son père et Monrion toujours couché sur son lit, et accompagné par M. de Montaleu, en franchissaient le seuil; elle s'arrêta et les regarda passer.

Jamais pâleur plus livide n'avait altéré les traits d'une femme: son regard, comme enchaîné au front pâle de Monrion, l'accompagna jusqu'à l'autel.

Vainement, pendant les quelques instants que dura la cérémonie précipitée que le prêtre accomplit pour ce mourant, vainement plusieurs de ses amies avertirent Léona qu'il était temps de se retirer, vainement Amab lui-même vint la solliciter tout bas de ne pas donner le spectacle de sa colère impuissante aux nombreux amis qu'ils avaient invités, et qui avaient voulu aussi rester les spectateurs de cette union extraordinaire...

Léona était sourde, elle ne répondit rien, et demeura immobile à sa place jusqu'au moment où le prêtre, ayant recueilli le consentement des époux, leur eut donné son austère bénédiction.

Le soir même de ce jour, au premier étage de l'hôtel de Mme de Cambure, un orchestre bruyant animait la danse; la joie, les rires, les propos joyeux couraient dans une foule éblouissante de soie, de diamants et de fleurs. L'or brillait sur les tapis des tables.

Jamais fête plus éclatante n'avait célébré le mariage de deux époux plus charmants et plus beaux, les lumières ruisselaient partout, se réfléchissant à l'or des bronzes; les fleurs embaumaient l'atmosphère, les riches valets promenaient partout sur de magnifiques argenteries les breuvages les plus frais et les plus exquis, c'était une féerie comme on les rêve quand on croit aux songes de l'Orient.

A la même heure, une femme seule, à genoux dans une chambre éclairée par une pâle bougie, priait au pied d'un lit et près du cadavre de son époux mort, après lui avoir donné son nom; elle jurait à Dieu qu'elle garderait ce nom pur et intact de toute souillure, et qu'elle le porterait noblement comme il lui avait été noblement donné.

Quelques planches seulement séparaient ainsi la fête du deuil; mais la colère, le doute, l'épouvante riaient au milieu de la fête, tandis que l'espérance et la résignation étaient dans la chambre du mort.

Cependant la fête dut finir, et la tendresse de Mme Thoré arracha Julie à sa longue prière.

Le jour venait de poindre, Mme Thoré emmena sa fille chez elle, et, dans la chambre virginale où elle rentra avec le titre de comtesse de Mourion, elle ne trouva rien de changé, si ce n'est qu'on y avait posé, sur un meuble, la petite tasse de porcelaine qui avait appartenu à la mère de Monrion.

Un petit billet avait été placé dans cette tasse. Il était de la main de Gustave.

« Les lèvres de ma mère pressaient les bords de cette tasse au mo-
» ment où elle est morte ; c'est aussi le dernier objet que mes lèvres
» aient pressé ; gardez-le comme je l'ai gardé. »

Julie prit la tasse à son tour, et elle la pressa sur sa bouche en disant tout haut :

— J'accepte votre présent, et je prends pour moi le baiser que vos lèvres y ont déposé.

Ailleurs, Léona, fière de sa splendide beauté, attendait dans la chambre nuptiale l'époux qu'elle s'était donné.

Amab entra ; et, malgré l'ivresse qu'elle avait su lui inspirer, il resta épouvanté en reconnaissant suspendu au fond du lit nuptial le chef-d'œuvre qui lui avait valu tant de renommée et tant de malheurs.

Léona avait mis au-dessus de sa couche le tableau qui representait Julie dans les voiles de la Vierge immaculée.

C'était une insulte et un blasphème, c'était aussi une menace de malheur pour Amab ; il le comprit ainsi, du moins.

Peut-être raconterons-nous un jour s'il devina juste.

Paris. — Typ. de Ve Dondey-Dupré, rue St-Louis, 46, au Marais.

44

www.ingramcontent.com/pod-product-compliance
Lightning Source LLC
LaVergne TN
LVHW020958090426
835512LV00009B/1944
9782012154131